碩学叢書
Sekigaku Library

マーケティング戦略は、なぜ実行でつまずくのか

実践のための新しい理論とモデルの探究

鈴木 隆
【著】

WHY DO MARKETING STRATEGIES NOT WORK?:
Research on a New Theory and Model for Practice

発行所:碩学舎
発売元:中央経済社

《はじめに》

　現代経営学の父といわれるピーター・F・ドラッカー。彼によると、企業の目的は顧客の創造と維持であり、その基本となる機能は２つだけです。マーケティングとイノベーションです。マーケティングとは、セールスをしなくても売れるようにすること。イノベーションとは、よりよい商品やサービスを提供することです[1]。

　ところが、この２本柱のうちのひとつであるマーケティングについて、従来の理論が現場の現実と乖離し、実践では役に立たないのです。もちろん、マーケティングの顧客中心の発想[2]は有効です。また、従来の理論も、マーケティングを検討し、結果を分析する枠組みとしては便利です。しかし、いざ現場で実践するとなると、現実は従来の理論のとおりにはいかず、役に立ちません。マーケティング戦略は、実行でつまずいてしまうのです。

　わたし自身、大阪ガスの社内起業でネットビジネスを立ち上げたときに、そのことを痛感しました。国内初の住宅リフォーム仲介サイト「ホームプロ」です。2013年度にはリフォーム工事の仲介成約実績が年間200億円を超えましたが、当初は悲惨な状態でした。きっちり分析して計画を立てたにもかかわらず、いざサービスを始めてみると理論どおりにはいきません。想定外の連続です。調査ではニーズがあるはずなのに、いくら広告を出しても反響が得られません。試行錯誤を繰り返し、なんとか反響を得られるようになったら、当初思いもしなかったニーズがあることが判明します。戦略は変わらないのに、もっぱら戦術と実行を改善し続けることで実績が300倍になるのです。

　2013年度には売上が2,000億円を超えたDeNA（ディー・エヌ・エー）。実は一時業務提携していたことがあるのですが、当時は"不格好な経営"でやはり理論どおりにはいかず失敗を重ねていました。また、ホームプロがその後グ

ループ入りしたリクルートでも、理論どおりにはいかず赤字を重ねていた事業が、営業利益100億円の基幹事業として生き返ります。

　実務家には、「役に立たない理論など、端から無視しておけばよい」という声も少なくありません。しかし、勘と経験と度胸だけで対応するのは、属人的、場当たり的でいかにも非効率です。しっかりとした理論の裏付けがあれば、だれでも常に的確に対応しやすくなります。そこで、現場の現実と乖離しない「もうひとつの新しい理論」を探し求めることにしました。その探究の成果をまとめたのが本書です。ドラッカーに倣えば、"実学としてのマーケティング生態学"をめざしたものといえるでしょう[3]。

　本書の概略は、以下のとおりです。
　第1章では、理論が現実と乖離してしまっている事例を4つとりあげます。先にあげた、自ら経験しあるいは見聞きした事例について、マーケティングの現実の姿をみていきます。また、そうした乖離の存在を認め、問題を提起し、解決に取り組んでいる研究の動向についても押さえます。
　第2章では、なぜ理論が現実と乖離し役に立たないのか、理論の根底にある基本的なものの見方であるパラダイムから解きほぐします。「機械論」と「生命論」の2つのパラダイムです。従来の理論と新しい理論に対応しています。この2つのパラダイムの特徴を7つの視点に整理して対比します。
　第3章では、従来の理論は、対象が偏っており現実の一部しか対応していないことを明らかにします。理論の対象を、戦略と戦術（局面）、計画と実行（段階）、結果と過程（実践）の3つの次元でとらえます。従来の理論が対応してこなかった戦術を実行する過程を新しい理論の対象に据えます。
　第4章では、従来の理論は、主体について4つの要素、すなわち無意識、感情、（間）主観性・（間）身体性、状況・文脈が欠けていることを示し、「行動モデル」としてまとめます。主体の間の関係であるコミュニケーションについても、「通信モデル」から「対話＝学習モデル」へと見直します。新しい理論

を、現場の実践でも役立つ「統合モデル」にまとめあげて提示します。調査、広告・宣伝、ブランド、営業・顧客対応、購買・消費について、実際に現場で経験した13の実例をこのモデルで切り込みます。

　第5章では、従来の理論と新しい理論の使い分けを提案します。あれかこれかの一本槍ではなく、あれもこれもの二刀流のすすめです。

　これまで、ホームプロをはじめ社内外で、さまざまなマーケティング活動を自ら行ってきました。消費者向け、事業者向け。物販、サービス。ネット、リアル。戦略立案、事業計画から、広告執筆、訪問販売まで。数多くの失敗もしましたが、トップの販売実績をあげ、国内No.1の事業を育て上げることもできました。本書はこうした現場での実践経験を踏まえています。

　また、本書は、マーケティング論、消費者行動論や経営学の枠にとらわれず、哲学、科学論、心理学、認知科学、脳科学、人工知能、経済学、社会学、文化人類学、国際関係論、戦略論、言語学、情報理論、コミュニケーション理論などから、多くの新しい理論をとりいれています。従来のマーケティング論が前提としている他分野の旧来の理論を超える新しい理論が続々と登場してきているからです。物理学者のアルベルト・アインシュタインが言ったとされているように、問題がつくられたときと同じ思考レベルのままでは解決することはできません[4]。従来のマーケティング論の思考レベルを超えなくてはなりません。

　本書は、マーケティングや戦略において、理論と現場の実践との失われた環をつなぐ挑戦の旅の記録です。

　従来のマーケティング論、消費者行動論は十分役に立っており問題はないとお考えであれば、本書は読まないでください。せっかく現状で満足しておられるのに、本書の内容を知ってしまうと、不満に思うようになるからです。

　従来の理論は役に立たないことがある、問題があるとお考えであれば、ぜひ本書を読んでみてください。従来と異なる理論を知れば、従来とは異なるマーケティングの世界が見えてきます。マーケティングや戦略の理論について真剣

に考えておられる実務家あるいは研究者、院生、学生であるあなたのご参考になるものと確信しています。

　　　注：本書では一律に敬称を省略しています。故人や外国人であることなどで区別しないためです。意見を異にする方も含め、とりあげさせていただいたすべての方に感謝します。

2016年1月

鈴木　隆

目　次

はじめに・i

第1章　現実は理論どおりにはいかない
── 根強いマーケティング神話 ──────────── 1

業績不振は理論のせい？ ································ 1

現場を知らない頭でっかち ······························ 2

ホームプロを起業して理論と現実の乖離を痛感 ············ 3

理論が現実と乖離する世の中の事例 ······················ 8
 DeNAの場合・8
 リクルートの場合・11
 ホンダの場合・13

現実と乖離する理論とは ······························· 15
 マーケティングの中心的な理論──R⇨STP⇨MM（4P）⇨I
 ⇨C・16
 消費者行動の中心的な理論──消費者情報処理理論・19

研究者も認める理論と現実の乖離 ······················· 21
 マーケティングの神話・21
 解釈学アプローチの展開と限界・24
 日本マーケティング学会の設立・29
 消費者行動論のマーケティング論、実務からの離脱・30
 パラダイム転換のとき・33

第2章 理論の前提まで遡る ― 2つのパラダイムの相克 —— 35

乖離の根底にある2つのパラダイム 35
パラダイムとは何か 35
パラダイムが見え方を決める 36
パラダイムの決着のつき方 38
実験によって体感してみる 39
機械論と生命論の歴史的変遷 41
機械論と生命論の7つの視点 49
　第1の視点：【世界観】「機械的世界観」から「生命的世界観」へ・52
　第2の視点：【方法論】「還元論、分析」から「全体論、解釈・システム」へ・52
　第3の視点：【着眼点】「数量・機能」から「性質・意味」へ・57
　第4の視点：【因果律】「直線的因果律」から「円環的因果律」へ・57
　第5の視点：【立脚点】「主客分離」から「主客一体」へ・60
　第6の視点：【科学論】「論理実証主義」から「社会構成（構築）主義」へ・62
　第7の視点：【人間観】「完全合理的経済人」から「限定合理的経営人」へ・68

第3章 理論の対象の偏りを正す
　― 3つの次元の全体像 —— 73

対象の3つの次元と偏り 73

第1の次元：戦略だけでなく戦術も（局面）————— 76
　　戦略と戦術は表裏一体・76
　　戦術まずありき・78
　　戦略はコモディティ化・85
　　実行が戦略を創り出す・90
　第2の次元：計画だけでなく実行も（段階）————— 99
　　計画が先行するとは限らない・99
　　計画は実行のための資源・105
　　90％は実行でつまずく・109
　　実行のためのヒント・111
　第3の次元：結果だけでなく過程も（実践）————— 114
　　渦中の判断は後知恵で語れない・115
　　動けばわかる、わかれば動ける・120
　　エスノグラフィから行動観察まで・125
　　マーケターは省察的実践家・132
　数字によって失われる意味 ————————————————— 135

第4章　理論の主体の欠落を埋め、関係を見直す
　—— 4つの要素と新しい理論・モデル ———————— 141
　従来の理論の主体に欠ける4つの要素 ————————— 141
　　第1の要素：知らず知らず —— 95％を占める無意識・143
　　第2の要素：好き嫌い —— 98％を占める感情・148
　　第3の要素：わたし（たち）—— 世界を創り出す（間）主観性、
　　　　　　　　（間）身体性・154
　　第4の要素：時と所 —— 60〜70％を決める固有の状況・文脈・163
　新しい理論における主体のあり方 ————————————— 178

システム1（速い思考）とシステム2（遅い思考）・178
　　　システム1（速い思考）におけるヒューリスティクスとバイアス・180
　　　システム2（遅い思考）における精緻化見込みモデル・183
　　　4つの要素と統合した「行動モデル」・186
　　新しい理論における主体間の関係のあり方　188
　　　主体間の相互作用としてのコミュニケーション・188
　　　機械のような「通信モデル」でいいのか・189
　　　人間らしい「対話モデル」とは・191
　　　違いを生む違い・196
　　　有益な誤解による理解・200
　　　市場を生成しイノベーションを生み出す学習Ⅱ・202
　　新しい理論の「統合モデル」なら現場の現実に切り込める　206
　　　調査の実例・207
　　　広告・宣伝の実例・209
　　　ブランドの実例・210
　　　販売・顧客対応の実例・212
　　　購買・消費の実例・215
　　サービス・ドミナント・ロジックとの共創　216

第5章　2つの理論を使い分ける ──一本槍から二刀流へ── 221

　　パラダイムはほんとうに共存できないか　221
　　2つのパラダイムと理論の使い分け方　222

おわりに・231
参考文献・235
索　引・271

第1章

現実は理論どおりにはいかない
根強いマーケティング神話

業績不振は理論のせい？

　マーケティングの理論を生み出してきた中心は、米国のビジネススクール（経営大学院）です。そこで理論を学んだMBA（経営学修士）が経営する会社の業績が良くありません。

　業績不振の米国企業のエグゼクティブでMBA取得者の比率は90％
　業績好調の米国企業のエグゼクティブでMBA取得者の比率は55％
　　　　　　　　　　　　　　　　（Adage.com 2006年3月21日より[1]）

　誤って数字が逆になっているのではありません。米国では、業績の良くない会社ほどMBA取得者の比率が高かったのです。
　2年間の猛勉強に耐え抜いたMBA取得者のほうが、MBAを持たない者よりも、やる気も能力も相対的に高いとみてよいのではないでしょうか。にもかかわらず、業績がかえってよくないということは、MBAとして学んだ理論、背景となっている理論に問題があった可能性が考えられます。マーケティングの理論だけには限りませんが、現実と乖離した理論を一生懸命習得し実践した結果と考えることもできるのではないか、ということです。

調べてみると、さまざまな調査で、ビジネススクールで学んだことは、実際にはほとんど使いものにならない、との回答が出ていました。ある調査では、対象となったMBA取得者の実に73％が「管理職としての初仕事で、MBAのスキルは何の役にも立たなかった」と答えています[2]。1990年の時点で、ハーバード・ビジネススクールで最も優秀な卒業生とみなされていたトップ（CEO）19人のうちで、破産や更迭、大型買収の失敗などの失態なくして職責を全うしたのは、5人だけでした[3]。

現場を知らない頭でっかち

米国では、現場の業務をまったく経験せずに、あるいは2、3年以下の実務経験だけで、ビジネススクールへ入学する者が大半です[4]。

実際にあった事例について議論することによってビジネスを疑似体験させる、いわゆるケース・メソッドも行われています[5]。しかし、事例の内容が、情報がわざと不足していたり曖昧にしてあったり現実に近づける工夫がしてあるにしても、取捨選択された事実が文字で記述されていることからして現実とは異なります。また、実際に行動することはありませんし、行動によって状況が変化することもありません。顧客や競合企業が行動したり反応したりすることもありません。ケース・メソッドは、分析や議論、意思決定の訓練としては有効だと思いますが、「実体験を補足するものであって、実体験の代用品になるものではない」[6]でしょう。これだけで現場の現実がわかったつもりになっては、頭でっかちになってしまいます。

白状すれば、わたし自身がかつては理論偏重、典型的な頭でっかちでした。わたしはMBAの出身ではありません。マーケティングとはおよそ縁遠い、法学（学士）と国際関係学（修士）の出身です。大阪ガスに入社して以来、総務、企画、人事、情報化など、もっぱら社内向けの管理業務に携わってきました。ところが、インターネット革命に参加できる千載一遇のチャンスが訪れ、この

機会を逃すと一生後悔すると思い、ネットビジネスを起業することになったのです[7]。事業計画を立案するために、マーケティングの理論を必死で勉強しました。そうして、新入社員のときの3ヵ月間の飛び込み営業くらいしかマーケティングの現場での実務経験もないままに、理論偏重の頭でっかちとなったのです。

ホームプロを起業して理論と現実の乖離を痛感

　いざ起業してみると、現実は理論どおりにはいきませんでした。後ほど現場の実例として何度も部分的にとりあげますので、少し長くなりますが起業の舞台裏をひととおりご紹介することにします。

　2001年2月、大阪ガスの社内起業として、インターネットで住宅リフォーム会社を比べて選べるサービスを立ち上げました。国内初の本格的なリフォーム仲介サイトの「ホームプロ」（http://www.homepro.jp）です（図1-1）。
　ホームプロのミッション（使命）は、「お客さまが最適な住まいのプロ（優良業者）を簡単に選ぶことができるようサポートし、しつこい勧誘を受けたり、劣悪な品質の施工をされたり、不当に高い料金を請求されたりすることのない『失敗のないリフォーム市場』を提供する」ことにしました。専任のメンバーが1社1社訪問し、顧客へ聞き取り調査もして、独自の基準で評判の良いリフォーム会社だけを厳選しています。利用者は、希望するリフォームの内容と地域を匿名で入力すれば、対応可能な会社を最大8社まで無料で紹介されます。利用者は、最適な住まいのプロを安心して簡単に選ぶことができます（図1-2）。
　NTT西日本とNTT東日本の出資も得て、大阪ガスの100％子会社であるオージーキャピタルとの3社で、事業会社を設立しました。2006年には、リクルートが資本参加し、筆頭株主となっています。
　2012年には非常勤として残っていた取締役も退任しましたが、ホームプロは

図1-1：ホームプロのサイト

図1-2：ホームプロのしくみ

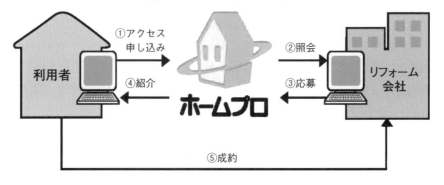

成長を加速しています。2013年度には、紹介申し込みが7万件、200億円を超える工事を仲介成約し、ダントツ実績No.1の住宅リフォーム仲介サイトとなっています。しかし、1年目の2001年度には、紹介申し込みがわずかに2,000件、6,700万円の工事しか仲介成約できない悲惨な状態でした。これではとても事業として成り立ちません。

　2000年当時の市場調査では、縮小する新築市場に対して、リフォーム市場は底堅く、年率1.6％で成長、2005年には8兆円規模に拡大する見込みでした。インターネットの世帯普及率も、2003年には80％を超えるまで増加が予想されていました。リフォーム一般についてのアンケートでも、困りごとでは、価格の情報不足が68％、依頼先の情報不足が46％と、上位1、2位を占めています。リフォームでのインターネットの利用意向を聞いてみても、「絶対使う」と「多分使う」との合計が、情報収集で48％、業者選択で36％ありました。ニーズは充分あることを確認できました。

　2001年2月15日のサービス開始とともに満を持して、広告をさまざまな媒体に出しました。バナー広告、テキスト広告、メルマガ広告、オプトインメール、ポイントサービス、アフィリエイト、新聞広告、雑誌広告、ミニコミ誌広告、チラシ配布などなど。ところが、わずかな反響しか得られません。紹介の申し込みも、月100件にも達しません。
　反響が得られず苦戦しているのに、ホームプロをそっくり真似てとりいれたサイトまで現れます。対抗上、加盟会社の開拓計画を半年前倒しし、当初の関西圏に加えて、6月に首都圏、7月に中部圏をカバーエリアに加えました。

　サイトを見直していろいろな広告を試してみますが、1年経っても反響はなかなか改善しません。こんな状態が続くようでは、もはや撤退するしかありません。もし撤退することになれば、責任をとって辞職する覚悟でした。そんな中、心の支えとなったのは、お客さまの声です。件数は少ないながらも、実際

にご利用いただいたお客さまには満足していただき感謝の言葉も頂戴していました。ひとりでも多くのお客さまにご利用いただけるようがんばろうと、メンバーと自らを励ましました。

　そうした中、2002年2月、藁にもすがる思いで、神田昌典[8]と小阪裕司[9]による"伝説の軽井沢セミナー"に参加しました。

　このセミナーは、2001年の秋を最後に、もう2度と行われないことになっていました。それが、キャンセル待ちで参加できなかった27人だけを集めて急遽追加で実現した、本当の最後のセミナーだったのです。わたしも、そのキャンセル待ちをしていたうちのひとりとして、参加できることになりました。今にして思えば、もしこのセミナーに参加できなかったら、ホームプロは早晩撤退していたかもしれません。

　しかし、白状すれば、実際に参加するまでは、果たして役に立つのかどうか半信半疑でした。神田は実践マーケター、小阪は商いのエバンジェリスト（伝道師）として今では有名ですが、当時はまだほとんど知られていなかったのです。それもあって、メンバーには内緒で、有休をとり自腹で参加しました。セミナーの前日に特急しなのと長野新幹線を乗り継いで、雪の軽井沢に向かったときの、不安と期待の入り混じった気持ちを今でも思い出します。

　セミナー合宿の3日間は、朝から夜中まで会議室に缶詰めでした。ダイレクト・マーケティングの実践的なノウハウ全般についての解説、事例紹介、演習の繰り返しです。息つく暇もありません。戦略についての内容もありましたが、わたしにとって必要だったのは戦術に関する実践的な内容でした。「あっそうか！　紙媒体での実践ノウハウをネットに応用すればいける！」まさに目から鱗が落ちた瞬間でした。

　当時は、インターネットの特殊性や手法ばかりが強調されていました。ダイレクト・マーケティングの応用という視点からは、ほとんどとらえられていなかったのです。「ネット」ビジネスもネット「ビジネス」であることに気がつ

いたというわけです。

　このセミナー参加を転機に、やるべき内容を次々に実践していきました。うまくいっていることは続け、そうでなければ違うことをしました。2年目には1年目の10倍の6億円、さらに3年目には2年目の4倍の24億円、4年目には37億円の仲介成約実績をあげ、No.1サイトの地位を固めることができました。その後も紆余曲折があり試行錯誤を続けましたが、具体的な実践の内容について、後ほど該当するところでふれることにします。

　こうして反響を得られ成約するようになったら、思いもしなかったニーズがあることが判明しました。しつこい営業を嫌って、リフォームを躊躇していた方がホームプロを利用されるであろうことは事前に予想していました。ところが、成約した案件をよく調べてみると、全体の10％以上が現住所とは異なる遠隔地でのリフォームだったのです。

　遠隔地のリフォームには、3つのパターンがありました。一番多いのは、転勤など引っ越し先の中古物件をリフォームするための会社選びに利用するものです。引っ越し先では、どこにリフォーム会社があって、どのリフォーム会社がいいのかわからないからでしょう。2番目は、実家の親御さんがリフォームをされる際に、お子さんが業者選びに利用されるものです。悪質業者にひっかかったりしないよう気遣われてのことでしょう。ホームプロでは、「親孝行リフォーム」と名づけました。3番目は、数はぐっと少ないのですが、海外から帰国する際に国内の留守宅のリフォームに利用されるものです。これらの遠隔地のリフォームへのニーズは、事前の調査では全くわかりませんでした。ホームプロのインターネットを利用した仲介サービスの登場によってはじめて顕在化したリフォームといえるでしょう。

　ホームプロの事業計画は、従来のマーケティング理論に則って2000年につくりました。その内容は、目標数値を除けば、今日でも大筋は変わらず当ては

図1-3：ホームプロのポジショニング

まっています。例えば、競合と差別化するポジショニングは、厳選された質の高いリフォーム会社を複数比べて選べるとするもので、創業以来不変です（図1-3）。にもかかわらず、年間ベースで6,700万円と200億円、300倍の仲介成約実績の違いが生じています。この違いは、戦略、計画によるものではありません。環境の変化などもありますが、大半は現場での日々の試行錯誤の積み重ねによって生み出したのです。

理論が現実と乖離する世の中の事例

世の中を見回してみると、マーケティングの現実が理論どおりにはいかない事例があちこちにあることに気がつきます。

■ DeNAの場合

ホームプロが2002年から業務提携していたことのあるDeNA（ディー・エヌ・エー）の場合がそうです[10]。

ホームプロを利用してリフォームをされるお客さまから、不用な家具の処分に困っている、売却先を紹介してほしいとの要望が、1件2件と寄せられるようになっていました。確かに、そうした不用品処分のサービスがあれば、お客さまにとっても便利です。とはいえ、全国の優良なリサイクルショップを自ら開拓するだけの余裕はありません。かける労力に見合うほどの利用も見込めません。そこで、インターネットで調べてみると、「おいくら」というサイト（http://www.oikura.jp、2009年にプロトコーポレーションへ譲渡）がよさそうです。早速連絡をとり、当時、京王線の幡ヶ谷駅の裏手にあった事務所を訪れました。話をしたところ、サービス開始がホームプロと全く同じ2001年2月15日だったことに盛り上がり、とんとん拍子で業務提携の話がまとまりました。そうです、この「おいくら」の運営会社こそ、DeNAだったのです。

　2002年当時、DeNAの主力事業は、「ビッダーズ」（htt://bidders.co.jp、2013年から「DeNAショッピング」）というネットオークションでした。1999年11月、国内初となったヤフーオークション（ヤフオク）から2か月遅れでサービスを開始。その後、トップのヤフオクには大きく水をあけられ、その差は開くばかりでした。2002年2月、ヤフオクが値上げした際には、千載一遇のチャンスとみて、社員とその家族総出でヤフオクの商品を落札し、出品者に手数料の安いビッダーズを紹介することまでしました。しかし、ヤフオクとの差は縮まったものの、結局追い付くことはできませんでした。クリックひとつで自由に移動できるインターネットは、独り勝ち（Winner takes all.）の世界です。No.1のサイトへアクセスが集中します。ビッダーズは業界の負け組と言われるようになりました。

　DeNAは、劣勢が明らかにとなったパソコンから、成長著しい携帯電話へ新天地を求めます。2004年、携帯電話向けのオークションサイトの「モバオク」（http://www.mbok.jp）を他社に先んじて開設します。ビッダーズとは切り離して、携帯電話に特化した使いやすさも功を奏して急成長し、No.1の携帯サイトとなります。それを足がかりに、2006年には携帯電話向けのゲームに進出。

それがかの「モバゲータウン」(http://www.mbga.jp、2011年から「Mobage（モバゲー）」)です。その後の大ブレークはご存知のとおりです。今やDeNAは、2013年度には売上高が2,000億円を超え、プロ野球球団「横浜DeNAベイスターズ」を擁する東証一部上場企業となっています。現在は、スマートフォンの普及により、ゲームの主戦場がブラウザーからアプリへ移行しており、任天堂と提携するなど新たな展開に注力しています。

DeNA創業者の南場智子は、ハーバード・ビジネススクールのMBA、世界的なコンサルティング会社であるマッキンゼーのコンサルタント、パートナー（共同経営者）の出身です。理論を知り尽くしていたにもかかわらず（その頭でっかちさたるや、わたしどころの比ではありません）、いざ事業を開始してみると、「失敗のフルコースを片っ端から経験」、まったく理論どおりにはいきませんでした。

「それにしても、マッキンゼーのコンサルタントとして経営者にアドバイスをしていた自分が、これほどすったもんだの苦労をするとは……。経営とは、こんなにも不格好なものなのか」「本当に重要な情報は、当事者となって初めて手に入る。だから、やりはじめる前にねちねちと情報の精度を上げるのは、あるレベルを超えると圧倒的に無意味となる。それでタイミングを逃してしまったら本末転倒、大罪だ」「事業を実行に移した初日から、企画段階では予測できなかった大小さまざまな難題が次々と襲ってくるものだ。その壁を毎日ぶち破っていかなければならない」「ビジネススクールで学ぶことは役に立つかとよく訊かれる。自らの経験から率直に話すと、私はかなり懐疑的だ」と南場は述べています[11]。

現実は、ビジネススクールで学び、コンサルタントとしてアドバイスしていた理論のとおりには、いかなかったのです。実践する中で失敗から学びチャンスをつかみとって成功したのです。

南場を黒子として支えてきた春田真も、「DeNAは、先を見越しながら戦略

的にモバイル事業に軸足を移し、飛躍的な成長を遂げてきたと捉えている人も いるかもしれないが、実際にはそうではない。戦略的に先々を見通しても、思 いどおりに進むわけではなく、その場その場で挑戦し、試行錯誤を繰り返して やっと今の成功をつかむことができたのである」といっています[12]。

■ リクルートの場合

　また、2006年からホームプロの筆頭株主となったリクルートにも、理論どお りにはいかなかった事例があります。クーポンマガジンの『ホットペッパー (HOT PEPPER)』です[13]。

　ホットペッパーは2001年の創刊です。実はその前身として1994年創刊の『サ ンロクマル（360°）』という雑誌がありました。

　それまでのリクルートの事業は、就職、転職、住宅、結婚、旅行といったイ ベントを基軸としたビジネスでした。それに対し、サンロクマルは日常の生活 を基軸とした地域情報ビジネスを目指していました。

　サンロクマルは、特定エリア（街）のあらゆる（360°）領域情報を掲載する 情報誌としてスタートしました。広告付き電話帳を目指して、すべての店を対 象にローラー飛び込み営業をかけました。しかし、集めてきた情報は、業種ご とで見ると数件ずつに過ぎず、比較して選ぶこともできない中途半端なものに なっていました。

　そこで、飲食が読者にアピールするキラーコンテンツだとの方針を出したり もしたのですが、営業は動かず実行しませんでした。歩合報酬での業務委託に よる営業ということもあり、広告を売りにくい飲食よりも売りやすいエステに 向かいました。サンロクマルは、怪しいエステ本になっていました。12あった 地域の版は、ばらばらに家業的に運営され、やみくもに試行錯誤を繰り返すば かりでした。

　こうして、サンロクマルは、7年間で36億円もの累積赤字を抱えたお荷物事 業となっていました。

再建を託され2000年に事業部長に就任した平尾勇司は、唯一収益化していた札幌版に着目します。札幌版では、広告の50％以上が飲食店で、すすきのを中心に半径2km以内に30％が集中、クーポン掲載が90％と徹底し、働く20代女性を対象としオフィスでも35％を配布していました。この札幌版の取り組みを再生モデルとし、すべての版で徹底させます。札幌版を基本としながら、新版のホットペッパーも立ち上げます。

　平尾は、「全国114の生活圏×領域」からなる「狭域ビジネス」として事業を再定義します。領域としてはまずは飲食に集中することにします。「クーポン文化を醸成しデフレスパイラルを止めて日本の街を元気にする」ことをビジョンとして掲げます。クーポンは、広告効果を捕捉でき、値下げをせずにお得感を出せます。このクーポンを前面に打ち出して他のタウン情報とも差別化、あらゆる記事を「写真とキャッチコピーとクーポン」で標準化します。コアとなる商圏内の飲食店なかでも居酒屋を1日に20件訪問し、1／9ページ広告を3回連続で受注すれば1／36ページのインデックスを無料で付ける「インデックス営業」を行うことを、「念仏」のように繰り返し浸透させます。組織をフラット化し、会議を見直し、情報の共有を徹底し、数字を重視したオペレーションを行い、契約社員制度を導入します。パターン化した簡易コンサルティングの「プチコン」など、次々と現場で生まれる成功例をモデル化し、組織全体で共有していきました。

　こうしたさまざまな仕組み化によって、ホットペッパーは、2001年の創刊から4年で42版を発行、売上300億円、営業利益100億円をあげ、リクルートの基幹事業に成長しました。

　「『戦略は正しいがどうしても結果が出ない。そして、戦略を練り直す』。そんなことを繰り返している事業は多い。特に経営企画室とかの現場を知らない『企画坊や』がいると延々と戦略を練り直し続ける。けれどじつは、決めたことが実行されないから結果が出ないことに気づかない。考えるなら、どうすれば『決めたことをやり切れるか？　やり続けるか？』を考え、行動レベルに落

とし込むことを考えなければならない。そんなバカな……と思うかもしれないが、実は『実行しない』ことこそ、事業が成功しない最大の原因である」と平尾は指摘しています[14]。

現実は、理論どおりに正しい戦略を立てさえすればうまくいく、というものではなかったのです。札幌での実践で見つかったパターンを仕組み化し、徹底して実行したからこそ成功したのです。

■ ホンダの場合

さらに広く世界を眺めると、かつて米国で議論を巻き起こした古典的な事例があります。ホンダが米国のオートバイ市場へ進出した事例です[15]。

米国のオートバイ市場では、1959年には、英国企業が49％を占めていました。ところが、1966年には、ホンダ1社だけで市場全体の63％を制するようになりました。そこで、英国政府は、世界的なコンサルティング会社のボストン・コンサルティング・グループ（BCG）に、ホンダが成功した理由についての調査を依頼しました。

1975年、120ページに及ぶ報告書が提出されました。そこには、入念に考え抜かれたホンダの戦略が書かれていました。ホンダは、1車種あたりの生産量を大きくすることにより、資本集約的かつ高度に自動化された技術を使って高い生産性を可能にしました。こうした日本国内向けの生産の規模をテコに低コストに徹し、小型オートバイを米国の中流階級へ販売しました。新しい市場セグメントからの参入について、合理的なポジショニングに基づいて入念に計画された戦略を実行したというのです。報告書がよくできていたのですぐに要約され、ハーバード・ビジネススクールなどのケースにも使われるようになりました。

日本的経営を研究していた経営学者のリチャード・T・パスカルは、その内

容に疑問を抱きます。1982年、日本のホンダを訪れ、当時の担当マネジャー6名へのインタビューを決行します。すると、報告書とは全く異なり、以下のような内容であることが判明したのです。

　1959年の夏、ホンダは米国進出を開始しました。創業者の本田宗一郎は、250ccと305ccの大型バイクに自信を持っていました。ハンドルの形が仏様の眉の形に似ており、セールスポイントになるからというのが理由でした。そこで、米国や英国のメーカーなどと同様に、大型バイクを売ることになったのです。

　当時は大蔵省の規制があり、現金は11万ドルしか持っていけませんでした。経費節減のため、ロサンゼルスに安アパートを借りてみんなで雑魚寝、スラム街にある倉庫は自分たちで整備しました。

　1960年の春から大型バイクが1台2台と売れ始めました。ところが、時をおかずして、故障が続出しました。米国では日本よりも長距離を高速で乗り回すからです。

　日本国内で大ヒットしていた50ccのスーパーカブも米国に持っていっていました。何もかも大きくて贅沢な米国にはまったく向かないと思い、自分たちの移動用手段としてもっぱら利用していました。それを見かけた大手小売チェーンのシアーズなどのバイヤーから、引き合いが来るようになりました。それでも、革ジャンの男臭い米国市場でホンダのイメージを傷つけることを恐れ、8か月間はスーパーカブを発売しませんでした。

　しかし、大型バイクの故障が続出したことで、売ろうにも売る商品がなくなってしまいました。もはや選択の余地はありません。50ccのバイクを売ってみることにしました。すると、中流階級の普通の人たちが次々とスーパーカブに乗り始めたのです。後になって大型バイクにも乗るようになり、ホンダは米国のオートバイ市場を席巻するようになったというのです。

　ホンダの成功は、理論的な分析によって合理的にもたらされたのではありません。「正直なところ、われわれはアメリカ市場でなにが売れるかを見るというアイデア以上の戦略はもっていなかった」と、最初に赴任したマネジャーで

米国総支配人となった川島喜八郎が述べています。現場で悪戦苦闘する中で商機をつかんだ結果だったのです。

　もちろん、既存の商品サービスの拡販など、勝手の分かった見通しのきく市場でのマーケティングでは、理論のとおりにいくことも少なくないでしょう。しかし、ここでとりあげた４つの事例のような、新規の商品サービスの導入など、勝手のよく分からない見通しのきかない市場への参入あるいは新たに市場を創り出すような場合には、理論のとおりにはいかず、大なり小なり実践でつまずいてしまいます。新商品や新規事業の開発で、「千三つ」すなわち千のうち実際にうまくいくのは３つだけなどと、昔から言われているとおりです。アマゾンの創業者で強気のジェフ・ベゾスですら、起業時に「失敗する確率は70％」と公言していました[16]。「十三つ」です（ベゾスは、起業一般では「十一つ」とみていたので[17]、アマゾンはその３倍とやはり強気でした）。とりわけ情報通信技術（ICT）の飛躍的な発展と浸透によって、過剰なまでに結合し[18]加速度的に構造変化する環境下においては、既存の商品サービスであっても、理論どおりにはいかなくなる場合が確実に増えていきます。

現実と乖離する理論とは

　これまで理論の中身については触れませんでした。ここで、理論の中身についてもざっとみておくことにしましょう。
　理論とは、『広辞苑』によると、「科学において個々の事実や認識を統一的に説明し、予測することのできる普遍性をもつ体系的知識」をいいます[19]。
　マーケティングにも、新旧大小さまざまな理論があります。すべてをとりあげていると、それだけで１冊の本になってしまいます[20]。ちなみに、マーケティング論を専門とする野口智雄は、これまで莫大な事実は蓄積してきたが、実際のビジネスで有効な理論は11くらいしかない、としています[21]。有効性の高い順にあげると、「ブルーオーシャン理論」「不合理な経済行動の理論」「ラ

テラル・マーケティング理論」「市場細分化理論」「製品ライフサイクル理論」「ティッピング・ポイント理論」「ロングテール理論」「市場のダイナミズムと競争戦略の理論」「単品大量陳列効果」「ステルスマーケティング」「フリー価格理論」ということです。

以下では、広く通説と認められており中心となっている理論を、マーケティングと消費者行動でひとつずつとりあげることにします。

■ マーケティングの中心的な理論 ── R⇨STP⇨MM（4P）⇨I⇨C

まずは、マーケティング論から。

今日のマーケティング界の第一人者は、フィリップ・コトラーであることに異論はないでしょう。代表作である『マーケティング・マネジメント』は、1967年の出版以来版を重ね、現在第15版が出ています[22]。日本語版は、第12版まで出ています[23]。実に50年近く、教科書の世界標準であり続けています。コトラーは、1931年生まれなので、すでに80歳を超えていますが、いまだ現役の教授として第一線で活躍しています。

2013年6月には、10年ぶりに来日し、「コトラーカンファレンス2013」で講演しました。会場の東京ビッグサイトの国際会議場は、約1,000人の聴衆で満員でした。実は、一目見ようとわたしも参加してきました。日本復活のレシピとして、イノベーションの実現、顧客との共創、ソーシャルメディアの活用、CMO（Chief Marketing Officer）の設置、製品ではなく顧客志向、ブランドの意味の6つをあげていました。さほど目新しい内容はありませんでしたが、年齢を感じさせない元気な姿には驚きました。

そのコトラーがつくりあげたマーケティング・マネジメントの総合的な体系が、R⇨STP⇨MM（4P）⇨I⇨Cです（図1-4）[24]。これだけでは、いったい何のことやらわからない実務家もおられるでしょう。アルファベットは、それぞれ以下の内容を表しています。

図1-4：マーケティング・マネジメントの体系

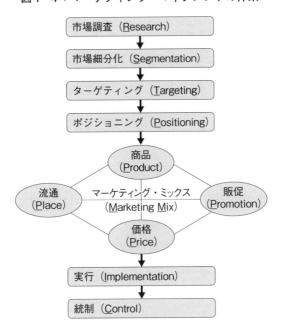

R：市場調査（Research）── 市場のニーズを調べます。
S：市場細分化（Segmentation）── 市場を同じニーズをもつ部分ごとに分割します。
T：ターゲティング（Targeting）── 分割した市場の部分の中から、自社がうまくニーズを満足させられる標的となる部分を選択します。
P：ポジショニング（Positioning）── 選択した市場の部分で、競合とは違った高い価値を認められるように位置付けます。
MM：マーケティング・ミックス（Marketing Mix）── 商品（Product）、価格（Price）、流通（Place）、販促（Promotion）の4つのPからなります。選択した市場での位置付けに応じて、整合性のあるように4Pの内容を決めます。
I：実行（Implementation）── 4Pの計画を市場で展開します。

C：統制（Control）── 結果に基づいて計画を見直します。

　この手順に従って分析し計画を練り上げきちんと実行すれば、マーケティングはうまくいくというモデルです。マーケティング研究の主流を占めてきた、いかにすべきかを提示する規範的なアプローチです[25]。
　経済学、数学からマーケティングへ転じたコトラーらしく、「応用経済学の1つ」として、「『4つのP』に基づく科学的理論を構築し、意思決定に貢献」しようとしたものです[26]。
　この体系のうち、STP⇨MM（4P）が（広義の）マーケティング戦略、さらにSTPが全体戦略（狭義のマーケティング戦略）でMM（4P）が個別戦略と整理できます[27]。コトラーの教科書では、戦略について広義と狭義の両方の記述が散見されます。本書では、広義にSTP⇨MM（4P）を戦略とすることにします。
　現在書店に並ぶマーケティング関連の書籍のほとんどは、基本的にコトラーのR⇨STP⇨MM（4P）⇨I⇨Cの体系を踏襲しています。

　しかし、先に見たホームプロ、DeNA、リクルート、ホンダの事例では、理論どおりにはいきませんでした。正しい計画さえつくればあとは粛々と実行するだけでうまくいく、というわけではありません。現場の現実は、理路整然と直線的に進むわけではありません。コトラーも実際は行きつ戻りつしながら計画を詰めていくとしてはいますが、そもそも体系のあり方、前提としている考え方そのものが現場の現実には合わないのです。

　なお、コトラーは、先の講演で、「日本では、いまだに1P（Promotion、販促）だけがマーケティングだと勘違いしている企業が少なくない」と指摘していました。また、マーケティングは市場調査（Research）のことだと誤解している人も少なくありません。もちろん、1Pや市場調査は、マーケティングの体系の一部にしか過ぎません。もしそうした勘違いや誤解があるとすれば、

マーケティング理論のあるべき姿について考える以前の状態です。そのような場合には、まずは通説の体系についてひととおり理解することが先決です。理解するだけなら、コトラーも言っていますが、1日あれば十分です（残念ながら、使いこなすには一生かかる、とも言っています）[28]。ただし、先のコトラーの教科書（日本語版）は967ページもあるので、他のもっと薄い入門書や教科書のほうがいいでしょう。それらで通説を理解してから、また本書に戻ってきてください。

■ 消費者行動の中心的な理論 ── 消費者情報処理理論

次は、消費者行動論です。
「消費者行動は、マーケティングの一部ではないの」と思われたかもしれません。確かに、コトラーが登場した1960年代まではもっぱらマーケティングの中で論じられていました。しかし、1969年に米国消費者行動研究学会が設立され、ひとつの専門分野として分離独立し、現在に至っています。日本では、米国に20年余り遅れて、1992年に日本消費者行動研究学会が設立されています。

消費者行動論の中核となっているのが、消費者情報処理理論です。認知心理学を手本にして、消費者をひとつの情報処理システムに見立てます。言うなれば人間コンピュータです。消費者行動は、そのシステムを流れる情報のプロセスとして探究されます。情報の計算操作が主眼であり、意味の構成は捨象されます[29]。その代表的な包括的モデルが、ジェームズ・R・ベットマンの「消費者選択情報処理モデル」です[30]。
モデルの概要は、図1-5にあるとおりです。能動的な消費者が、情報処理能力の範囲内で、目標に役立つような情報に注意を払い、記憶の中にある情報に照らして判断します。不十分な場合は、外部の情報を探索します。そして、代替案を比較検討して購買の意思決定を行います。購買後に消費する中で学習し情報を記憶します。ごく概略だけを説明したのですが、それでもかなり複雑です。

図1-5：消費者選択情報処理モデル

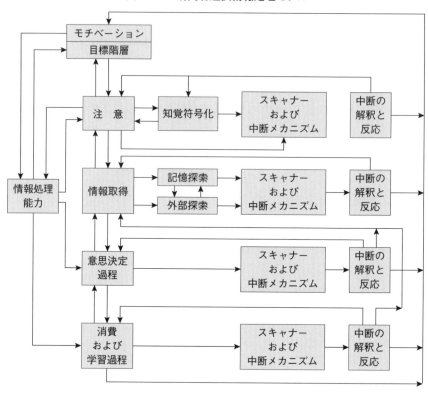

出所：青木幸弘、新倉貴士、佐々木壮太郎、松下光司（2012年）『消費者行動論』有斐閣。

　ベットマンは、数理経済学から消費者行動論に転じています。概念的なモデルの構築はお手のものだったことでしょう。

　全国的に人気のゆるキャラ「くまモン」[31]。熊本県の調査によると、関連商品が2012年だけで293億円以上も売れています。日本銀行熊本支店の調査[32]によると、2012～13年の2年間における熊本県への経済波及効果は、1,244億円にのぼるとのことです。キャラクターグッズ以外の関連商品そのものは、他の商品と特段違うわけではありません。「くまモン」がパッケージなどに印刷さ

れているかどうかだけの違いといってもいいでしょう。

　消費者行動論の「消費者選択情報処理モデル」では、「くまモン」現象はどのように説明されるのでしょうか。能動的な消費者が、「くまモン」のロゴの有無という情報だけを合理的に比較検討し、関連商品の購買を決定した結果なのでしょうか。

　携帯電話では、アップルのiPhoneがよく売れています。日本の携帯電話メーカーの多くは、液晶画面が大きい、何万画素だのバッテリーが何時間持つなどの製品機能の情報をアピールしてきました。アンドロイド端末同士では、それくらいしかできないのかもしれません。一方、アップルはもっぱらiPhoneのさまざまな利用シーンを訴求するだけです。iPhoneを買った人たちは、液晶画面や電池などといった情報を逐一収集して比較検討した上で購入していたのでしょうか。

研究者も認める理論と現実の乖離

■ マーケティングの神話

　実はこうした理論と現実の乖離については、一部の研究者からも指摘されています。その先駆的な代表例が、マーケティング論が専門の石井淳蔵による『マーケティングの神話』[33]です。今から20年以上も前の1993年になされた画期的な問題提起でした。そこで、日頃からビジネス書をよく読んでいる実務家にも薦めたことがあるのですが、よくわからないと怒られました。ここでは、ポイントだけをできるだけやさしくまとめてみます。どこが現実離れした"神話"とされているのか、ざっと目を通してみてください。

　現場では、マーケティングの常識が通用しなくなってきています。ヒット商品は、科学的な調査・分析によって理路整然と生み出されたものとして一般に説明されます。しかし、こうした成功物語は、開発現場の実態とは合致しない

ことが多いのです。

　例えば、花王のコンパクト洗剤「アタック」は、当初はバイオによる白さを強調したものの反応は芳しくなかったのですが、少量の洗剤で済むことが評価されヒットにつながりました。日立製作所の静音型洗濯機「静御前」は、低騒音性、高速洗濯、高洗浄力、経済性のうちどの点を訴求するのか最後の最後まで決まらなかったのが、実際には低騒音性が評価されヒットしました。TOTOの洗面化粧台「シャンプー・ドレッサー」は、普通の洗面台にシャワーを付けただけだったのが、洗髪や洗濯にも使われるようになりヒットしました。

　消費者自身が、ニーズや欲望を表現できないだけでなく、十分に自覚さえできません。消費者のニーズ・欲望は、発見されるのを待っている確たる実在ではありません。消費しながら欲望を持つにいたることも多いのです。一方、企業も自社が開発する製品の機能・シーズについて、客観的に意味を評価することはできません。市場に出す前に、製品のコンセプトやターゲットを十分に確定することはできません。欲望が存在してはじめて定義できるのです。製品開発は、いつにおいても商品（売り手）にとって、どうなるかやってみないとわからない「命がけの飛躍」なのです。

　目的を決め戦略を立てて資源を集める米国流のコンセプト先行の進め方は、合理的で効率的です。一方、資源を集め運用する場を考え目的が決まる日本流の資源先行の進め方は、「思わぬ偶然」が生まれやすくなります。実はこの偶然性こそマーケティングの成功に作用する大切なものなのです。

　そもそも消費は、何かを達成するための手段というだけではありません。それ自体としても意義のある行為です。人はモノの消費を通じて、文化的意味を可視化し、自らのアイデンティティを確保し、自らを再定義します。消費行為それ自体が自己目的化します。消費行為の楽しさや感動は、合理的消費者が情報処理するという従来のモデルでは説明がつきません。機能の消費以外に、文化的な意味の消費という観点から評価し直さなければなりません。製品に意味を与えるのは生産者ではなく消費者です。製品の属性は主観的に意味づけされます。その意味はコンテクスト（文脈）に応じて変化し、多義的であり無限で

す。

　消費者を理解するためには、消費のコンテクストを重視した消費経験の観察が近道です。従来の調査はもっぱら購買行動や製品選択の意思決定に限られていました。その後に続く消費行為そのものにも注目しなければなりません。また、消費行為の現場を離れ抽象化された状況でのアンケートやインタビューではなく、生活というコンテクストの中での消費経験の実際の観察を重視しなくてはなりません。一方的に原因と結果の関係を見出して組み立てるのではなく、消費者との深い対話を通じて、全体を理解しながら部分を解釈し、部分を理解しながら全体を解釈しなければなりません。全体と部分の解釈が循環するので「解釈学的循環」といいます。この循環は無限に続き偶然的要素も作用しますが、繰り返されることによってより確かな解釈となっていきます。消費者の多面的な活動にわたって理解を深めることが必要なのです。

　因果関係あるいは合理主義といった神話に取り込まれ、身動きできなくなっているマーケティングの現場の幻想を、打ち破らねばなりません。そのためには、主体とは無関係に客観的事実の存在を仮定する「実証主義」ではなく、構成された現実を仮定する「解釈主義」に立たねばなりません。現実は社会的に構成され複数ありえます。解釈するごとに局面やコンテクストが変わり、原因と結果を区別することは困難です。人間は自省する存在であり、環境の刺激に対して単純に反応するのではなく、自らの行為の結果を考え評価して行為します。現実を安易に概念や変数に断片化することを避け、ダイナミックに現実が形成される全体をとらえなければなりません。研究者は優越的立場から独立に対象者を調査するのではなく、相互作用しながら一緒に現実を構成するのです。

　解釈主義は理解を目指します。解釈主義の根拠は、現象の核となるパターン（コンテクスト）を発見する主観的了解にあります。目から鱗が落ちるような発見を通じて自らが変わらずして、現象を理解したとは言えません。そうした理解は、解釈学的循環の中でしか得られません。そして、対話による相互理解によって、個人の主観に頼りすぎない理解が可能となります。

　マーケティングの世界は、実証主義が想定する世界とは程遠いところにあり

ます。消費者自身が自覚できないニーズ、いまだ現実化していないターゲット、未来の需要といったまだ見ぬ世界、トレンドやライフスタイル、イメージやファッションなど。こうした構成された現実を扱うには、解釈主義によらねばならないのです。

　以上、『マーケティングの神話』のポイントを、簡単にまとめてみました。いまはまだよくわからなくても、読み進んでいくことで理解できるようになります（まさにこれも解釈学的循環です）。
　「今やマーケティングの神話を信じている人などはおらず、いまだに神話を信じている人がいるなどということこそ神話ではないのか」という声を聞くことがあります。確かに、先の4つの事例でもみたように、実務の現場では従来の神話はすでに崩壊している、といってもいいかもしれません。しかし、これからみていくように、こと理論に関しては、従来の神話が20年以上たった今日でも根強く残っているのが現状です。

■解釈学アプローチの展開と限界

　この『マーケティングの神話』をきっかけに、解釈主義、解釈学アプローチ（ポストモダン・アプローチともいわれます）に基づくマーケティングの研究が進展していきました[34]。従来の理論とは異なる新しい理論の模索です。最近の代表的な研究もいくつかみておきましょう。

　石井は、『マーケティング思考の可能性』[35]で、他でもありえた可能性である「偶有性」に着目し、新しいマーケティング思考の可能性を探っています。唯一の現実という実在を前提とし、物事の必然性を信奉する伝統的な理論とは異なる考え方です。マーケティングの10のテーマについて、研究上の思考の系譜をたどっています。石井も自ら言っていましたが、先の神話以上に学術的な内容なので、実務家は手を出さないほうが無難です。
　実務家には、エッセイをまとめた『寄り添う力』[36]のほうがいいでしょう。

プラグマティズム（実用主義）の視点から、マーケティングの実践は、マーケティングの理論の限界を乗り越え、マーケティングの現実の壁を乗り越えることをテーマにして書かれています。人に寄り添い自分が変わるというインサイト（気づき）、自分が変わり相手が変わるというコミュニケーションの2つがマーケターの課題だとします。

偶有性に着目する新しい理論として石井[37]がとりあげているのが、マーケティング論を専門とする栗木契の『リフレクティブ・フロー』[38]です。第2章以降の内容にも関連しますので、ポイントをできるだけやさしくまとめてみます。

マーケティングにおけるコミュニケーションは、情報伝達のはたらきと、創発的なはたらきであるリフレクティブ・フローとからなります。

リフレクティブ・フローとは、情報の受け手が対象を知覚し評価するときに、その前提となる必要や観点を思い起こさせることで生じる、さまざまな再帰的（リフレクティブ）な情報の流れの総称です。再帰的とは、ある状態を導く前提をその状態が規定することをいいます。例えば、「仕事に疲れを感じたので、家に帰りたくなった」のが、「家に帰りたくなったので、仕事に疲れを感じた」となることです。この反転をきっかけに、お互いに強化し合う循環する関係を生じるようになります。どんどん仕事に疲れ、ますます家に帰りたくなります。

リフレクティブ・フローは、多義的であいまいな反情報があることによって生じます。反情報とは、情報の伝達を阻害しかねない情報のことで、ユーモア、詩的な表現、美的な演出、色彩、サウンド、スタイルなどがあたります。

リフレクティブ・フローが伴うことで、商品サービスやその情報に対する知覚や評価、さらにその前提となる必要や観点が確定しやすくなります。そうなれば、当然購買の可能性が高まります。そのメカニズムは、以下のとおりです。

情報伝達だけだと、論理的には、伝達する必要や観点、その必要や観点を知覚し評価するための前提となる必要や観点、さらにその必要や観点を知覚し評

価するための前提となる必要や観点……と無限に後退を続け、どこまで行っても確定することがありません（実際には、情報処理能力の限界から、後退は有限となり、どこかで確定します）。例えば、コーヒーを飲む⇨気分転換をする⇨集中力を保つ⇨……です。そのような必要や観点の後退によって、必要や観点そして知覚や評価の他でもありうる可能性（偶有性）がどんどん広がっていってしまうことになります。気分転換をするなら、コーヒーを飲まなくても、日本茶を飲む、顔を洗う、体操をすることなどでもできます。集中力を保つには、深呼吸をする、携帯電話の電源を切る、会議室にこもることなどでもできます。

　一方、リフレクティブ・フローでは、必要や観点を間接的に気づかせることで、その元になる知覚や評価がとりあえず行われます。そして、その知覚や評価が今度は逆にその必要や観点を妥当なものとする転倒が生じます。こうして、必要や観点と知覚や評価がお互いに強化し合う循環する関係となります。例えば、気分転換をする⇨コーヒーを飲む⇨気分転換をする⇨コーヒーを飲む⇨……です。こうして循環している間は、必要や観点と知覚や評価が後退することなく確定しているわけです。

　企業は、消費者の反応にゆだねるのではなく、リフレクティブ・フローを喚起し、情報伝達と連動させて、循環する関係をつくるよう工夫すべきです。「サービス伝説」は、そうした触媒の一例です。例えば、ノードストロム百貨店のサービス伝説が頭をよぎると、行き届いた店員の対応を思い起こします。すると、行き届いた店員の対応という観点からディスカウントストアではなくノードストロム百貨店が選ばれるようになります。それがまた行き届いた店員の対応を思い起こさせ、循環していきます。また、「ブランド連想」も触媒となります。例えば、SONYのロゴマークを見ると、創造性・最先端といったイメージを連想します。すると、創造性・最先端の観点からPanasonicではなくSONYが選ばれるようになります。それがまた創造性・最先端を連想させ、循環していきます。

　このように、必要や観点を間接的に想起させるはたらきを、マーケティン

グ・コミュニケーションに組み込みます。そうすることで、他でもありうる可能性（偶有性）を高めてしまう必要や観点の相対化を遮断することができるのです。

　いかがでしょうか。この『リフレクティブ・フロー』も、実務家にはかなり手強かったかもしれません。いまはまだよくわからなくても、読み進めていけば、理解できるようになります。

　石井は[39]、経営論が専門の沼上幹の『行為の経営学』[40]も、偶有性に着目する新しい理論としてとりあげています。

　沼上は、「行為の意図せざる結果」[41]に着目します。ある意図をもってなされた行為が意図しなかった結果をもたらすことをいいます。「この〈意図せざる結果〉の探究こそ、これまでの法則定立的な研究の生み出した知見を十分に生かしながら、同時に解釈学的な研究様式を取り込むことを可能とし、両者の対話可能性を取り戻すための共通の土俵を提供するもの」とします。
　事業成功の背後にある論理、実践的指針として、意図せざる結果を活用する「間接経営戦略」をあげることができます。軍事戦略論では、孫子の「戦わずして勝つ」をはじめ、「間接的アプローチ」[42]の有効性が昔から主張されています。相手と直接戦うのではなく、戦闘意欲を殺いだり、補給線を混乱させたり、墓穴を掘るような罠をしかけたりします。経営戦略では、自社・他社・顧客などの行為の意図せざる結果を意識的に取り込むことで、間接的なアプローチが可能となります。間接経営戦略は、周りの人や企業が自然に生み出す意図せざる結果を利用するので、自社がコストを負担しなくても周りが勝手に助けてくれる、という安上がりな戦略です。
　間接戦略の好例として、モスフードサービスの事例があります。モスフードサービスは、1972年の創業から20年で、1,147店舗、売上高457億円、営業利益44億円の一大ハンバーガー・チェーンとなりました。教科書的な直接戦略での

解釈によれば、リーダーのマクドナルドやチャレンジャーのロッテリアに対して、定石であるニッチ戦略（すきま市場に集中する戦略）をとって、二等地で女学生やOLに日本的な味で勝負して成功したということになります。しかし、それでは、なぜニッチを維持できたのか、なぜニッチは成長したのかには答えられません。間接戦略に基づけば、女学生やOLはマクドナルドの顧客である子供と同席すると居心地が悪いという感情にただ乗りした差別化を、意図的かどうかはさておき結果的に行っているからということになります。また、マクドナルドとロッテリアの激しい販売競争によるハンバーガー市場の拡大にただ乗りし、子供から大きくなった女学生やOLを取り込んでいったからということになります。

　これまで、敵にしない戦略、競争しない戦略が、最高の競争戦略だといわれてきました。しかし、間接経営戦略に基づけば、単に競争を避けるばかりでなく、他社間の競争がもたらす行為の意図せざる結果をうまく利用するのが最高の競争戦略ということになります。

　このような行為の意図せざる結果が生じるしくみについて、後ほど第4章の新しい理論のところでみていきます。

　実は、沼上は、解釈学アプローチについて、一時真剣に採用しようと考えたこともあったそうです。しかし、「おそらくどれほど議論を単純化したとしても、経営の実践家に解釈学系の立場そのものと、そこから得られる知見の重要性を理解してもらえないであろう、と著者には思われたのである」といっています[43]。

　実務家からすれば、沼上の指摘にうなずかざるをえないのが現状であるように思います。解釈学アプローチは、理論と現実の乖離を解消するのに学術的には成果をあげてきています。しかし、単純な法則を否定し現象の深い理解をめざすという解釈学の性質上、どうしても内容が複雑でわかりづらくなってしまうきらいがあります。別名ポストモダン・アプローチとも呼ばれるように、総

じて難解なポストモダン思想の理解を前提とした議論が多いことも障害となっています。全体として理論が体系化されておらず、実務にも使えるわかりやすいモデルも提示されていません。そうしたことから、実務家が理解し現場で役立てるまでには至っていないのでしょう。本書では、解釈学アプローチの問題意識を継承しつつ、実務家にも理解でき実践にも使えて役に立つ新しい理論とモデルを、主要な先行研究も踏まえたうえで創ることに挑戦します。

■日本マーケティング学会の設立

　こうしたなか、マーケティングの実践と理論の融合を図るため、2012年11月に「日本マーケティング学会」が設立されました。会長は石井です。先にふれた「コトラーカンファレンス2013」を主催したのもこの学会です。

　学会員は、設立3年で1,700名を超えています。実務家が67％、研究者が33％です。わたしも設立当初からの会員です。伝統的な学会、例えば1950年に設立された日本商業学会では、学会員は1,000名ほどですが、研究者がほとんどを占めており、実務家は数えるほどしかいません。

　石井は、「理論のない実践は支離滅裂な試行錯誤に陥る危険がある一方、実践に結び付かない理論は空論でしかない。巷間言われるところの日本ビジネスの限界は、それこそマーケティング実践と理論づくりの営為がうまく融合できなかったところにあるのではないかと思う人は少なくない」「まずは本学会は、『実践と理論のあいだ』、そして『マーケティングが関わる異分野のあいだ』での、深い深度での交流を目指したい」と設立の背景を述べています[44]。

　2014年11月に開かれた「マーケティングカンファレンス2014」では、マーケティング論が専門で米国で教鞭をとる小田部正明が、米国内でのマーケティング戦略論の研究の現状について基調講演を行いました。マーケティングは、他からの理論の借り入れがほとんどであり、80％が方法論についての議論で肝心の中身がなく、偏狭で国内志向が過ぎ、過去の話ばかりで視点が時代遅れで、流行ばかり追って全体像を見据えていない、などとの批判があり、小田部自身

も含めて多くのマーケティング研究者がマーケティング学会から他のマネジメント関連の学会へ流失しているそうです。こうした惨状を改善するために、実証研究を過度に重視するのではなく斬新な理論について討論し、コンテクストによらない研究よりも特定のコンテクストにおける研究を奨励し、データ中心の研究から事例に基づく研究へ軸足を移し、実務家との関係を重視して共同研究を行うことを提案していました。本書は、まさにそうした取り組みをめざしたものといえます。

■ **消費者行動論のマーケティング論、実務からの離脱**

マーケティング論から独立した、もうひとつの専門分野である消費者行動論についても、研究者から理論と現実の乖離についての指摘がなされています。

まず、消費者行動論は、マーケティング論から乖離しています。
マーケティング論が専門の南千惠子は、「マーケティング論における消費者行動研究上の問題点は、マーケティング活動の標的となる消費者行動を研究対象とすることにおいて、個々の消費者行動の認知的な理解というミクロ的な研究焦点が、逆に消費者行動研究をマーケティング論から遠ざける結果となったということにある。つまり個人の認知レベルでの消費者行動を集計する形で市場を認識するという点においては、個々の消費者の同質性を仮定せねばならず、これは現実の市場認識から乖離していくことになる」とします[45]。

現在も消費者行動論の中心にある消費者情報処理理論では、まさにそのとおりでしょう。マーケティング論以上に現実から乖離してしまっています。後ほど第4章でみていく新しい理論とモデルでは、消費者の異質性や偶然性を取り込み、現実の市場認識へ接近していくことが可能となります。

こうした理論そのものの研究スタンスからくる乖離に加えて、消費者行動論がマーケティング論から独立し、心理学や社会学の出身の研究者が多くなってきていることも、マーケティング論からの乖離に拍車をかけているでしょう。

さらに、消費者行動論は、経営の実務からも乖離しています。

マーケティング論が専門の山下裕子は、「〔1980年代に、〕消費者研究を行う研究者の間で、科学的な方法論に関する激しい論争があり、厳密な実証主義アプローチの有効性に対する批判がなされた。このような論争は、さらに激しい反動を呼び、消費者研究は、経営的な視点とは無関係に、それ自体で行われるべきだという考え方が主流になっていく」としています[46]。

実学として経営実務に役立つことよりも、科学として専門分野を確立することを選択したわけです。理論と現実との乖離は、意図せざる結果などではなく、意図した結果としての離脱だったのです。

消費者行動論の研究者自身はどのように考えているのでしょうか。

消費者行動論を主導してきたひとりである阿部周造は、研究の現状について、以下のように指摘しています[47]。

「今日消費者行動の説明を目的とした研究が盛んに進められていることは望ましいことだと言える。ただ、指摘されるべきは、そうした説明目的に向けての努力にもかかわらず、実用目的に照らして有用性を持つような理論構築が未だなされていないということである。それは部分的な説明はできても、説明し残された部分が大きいということ、あるいは予測に結び付けた表現をするなら、高い精度の予測を可能とするような理論構築が未だなされていないということである」「筆者の率直な現状認識を述べれば、消費者行動論の理論的水準は決して満足のいくものではない。われわれはまだ消費者行動についての統一的な知識体系を構築しているわけではない。おびただしい数の新しい研究がなされていることは好ましいことであるが、それらはより細分化された、より断片的な知識の追加という色彩を帯びている。消費者行動の一貫した説明、そうした説明に基づく高い精度の予測を可能にする理論構築の努力は遅れたままになっている」。

従来の研究を今後も続けていけば、高い精度の予測を可能にするような理論構築の道が開ける可能性はあるのでしょうか。

また、最近の代表的な消費者行動論の教科書でも、以下のように現状をとらえています[48]。

　「消費者行動研究の領域では、世界中で多数の研究者によって、毎年膨大な研究成果が生み出され続けている。しかし、その莫大な量にもかかわらず、その成果は、少なくとも日本において、マーケティングの実務に対して大きな影響を与えてきたとは言い難い。マーケティングの応用領域として頻繁にあげられる、マーケット・セグメンテーション、需要予測、新製品開発、広告・販売促進政策等の分野であっても、過去の知見が活用されているかと問われれば、現場において活用されている程度は低いと言わざるをえないであろう」。

　これを読んだ学生はどう思うのか心配になります。

　わたしの場合でも、消費者行動論に関する内容で実務に使っていたのは、せいぜいAIDMAと『影響力の武器』[49]くらいでした。AIDMAとは、購買行動が、注目（Attention）⇨興味（Interest）⇨欲求（Desire）⇨記憶（Memory）⇨行動（Action）の段階を踏んで起こるという、1920年代から提唱されている仮説です。『影響力の武器』は、人が要求に応じる理由を、返報性（借りは返さないと）・一貫性（いつもそうしている）・社会的証明（みんなそうしている）・好意（好きな人の言うことなら）・権威（専門家の言うことなら）・希少性（なくならないうちに）の6つの心理的な基本原理から説明した本です。消費者行動論ではなく社会心理学を専門とするロバート・B・チャルディーニのロングセラーです。

　わたしが消費者行動論を学び始めたのは、ホームプロから大阪ガスへ帰社し、2012年からエネルギー・文化研究所で研究するようになってからです。実務の参考になる内容もないわけではありません。しかし、これを知っていれば実務でも大いに役立ったのにと後悔するような消費者行動論に固有の内容には、先の研究者自身の指摘にもあるように出会えていません。

　もちろん、実務には直接役立たない研究であっても、学術的な意義があり必要なこともあるでしょう。しかし、消費という実務に直結した領域における研

究のほとんどが実務の役に立たないという現状には、驚きを禁じ得ません。

■ **パラダイム転換のとき**

こうしてみてくると、研究への素朴な疑問が浮かんで来ないでしょうか。現場の現実と乖離した従来の理論の中で、ひたすらその精緻化に精を出しているだけでいいのでしょうか。

ノーベル経済学賞を受賞した経済学者にして、経営学者・政治学者・認知心理学者・情報科学者などでもあるハーバート・A・サイモンも、「企業の論理は、ビジネス・スクールや学部において、企業があたかも現実の世界でも理論どおりに動くあるいは動きうるかのごとく、〔……〕広く講義されている。しかし、残念なことに、そのような描き方は、現実を説明するのにあまりにも単純すぎるといえよう」と指摘しています[50]。

ある学会で遭遇した象徴的な出来事を思い出します。新しい理論から伝統的理論を再考する発表を行った研究者に対し、伝統的理論をリードしてきた研究者が感情を露わにして極端な質問を投げかけて反論していたのです。

科学革命において、「パラダイムからパラダイムへと説を変えることは、改宗の問題であって、外から強制されるものではない。創造的な生涯を通常科学の古い伝統に賭けてきた人たちが、生涯をかけて抵抗するということは、科学的規準の冒瀆ということではなくて、科学研究そのものの本質を示すものである」とされています[51]。パラダイムとは、一定の期間、専門家に対して問い方や答え方のモデルを与える一般的に認められた科学的業績、ひとことで言ってしまえば、考え方の枠組みです。

先の学会の出来事は、こうしたパラダイム転換への抵抗だったのではないでしょうか。マーケティング論、消費者行動論は、今まさに科学革命の渦中にあるのではないでしょうか。

研究者としては、積み上げてきた研究が根底から覆りかねないので、転向するのでなければ、戦うしかありません。一方、実務家としては、特定の理論や

研究に賭けたり殉じたりする必要はありません。実務に役立つのであれば、パラダイムや理論を乗り換えるだけです。

　次の第2章では、理論の根本にあるパラダイムにまで遡って考えてみることにします。マーケティングからはいったん離れ、より普遍的で抽象的な内容が多くなるので、少々とっつきにくいかもしれません。細部にはこだわらずざっとでもいいので、ひととおり目を通してみてください。大局的な見方ができるようになり、いろんな気づきも得られるでしょう。マーケティング以外でも参考になるはずです。
　一刻も早く新しい理論を知りたいという場合は、第2章をとばして第3章へ進んでいただいても、理解できなくなるということはないでしょう。第2章は、必要に応じて参照し、できればあとからでも通読してください。

第2章

理論の前提まで遡る
2つのパラダイムの相克

乖離の根底にある2つのパラダイム

　理論と現実の乖離の背後には、2つのパラダイムの対立が隠れています。後ほど詳しくみていく「機械論」と「生命論」です。

　なぜ背後のパラダイムにまで遡って考えてみることが必要なのでしょうか。パラダイムによってわたしたちの基本的なものの見方が違ってくるからです。同じ対象を見ても違ったものが見え、しかも、2つの見え方は同時に共存することができないのです。

　わたしたちは、機械論パラダイムの支配下に長くあり、もっぱら機械論の見方しかしなくなっています。生命論パラダイムを知り、生命論の見方をできるようになることが、実は役に立つ新しい理論につながります。

　機械論と生命論の2つのパラダイムの中身の話に入る前に、まずはパラダイムという考え方からみていきましょう。

パラダイムとは何か

　パラダイムとは、科学史家のトーマス・クーンが科学の断続的転換を説明するために提唱した概念です[1]。第1章の終わりでもふれましたが、「一般に認

められた科学的業績で、一時期の間、専門家に対して問い方や答え方のモデルを与えるもの」と定義されています。

科学活動が社会制度化されてからは、教科書がこうしたパラダイムを提供します。パラダイムが定着しているときに、特定の科学者集団が準拠して行う一連の研究が「通常科学」です。通常科学は、あるパラダイムのもとでのパズル解きにたとえられます。ところが、パラダイムにそぐわない変則事例がいくつも現れ、パラダイムによる予測がひんぱんに外れるようになると、パラダイムは危機に陥ります。そして、ついには科学者集団が古いパラダイムから新しいパラダイムに乗りかわるパラダイム転換、すなわち「科学革命」が起こります。

パラダイムは、本来はこのような専門用語ですが、今日では日常語としても浸透しています。ものの見方、考え方の枠組み、世界観といった意味に拡張して使われています[2]。科学の専門家以外にも与えた影響が大きかった証といえるでしょう。

パラダイムが見え方を決める

そもそも、わたしたちは、何の囚われもなく純粋無垢の事実を見ることは不可能です。理論という色メガネを通してしか物事を見ることはできません。観察とは理論を前提とした解釈なのです。観察の「理論負荷性」といいます。

こうした考え方を提唱した科学哲学者のノーウッド・R・ハンソンは、「理論と解釈とは、見ることのなかに、始めから"ある"のである」「《見ること》は、"理論負荷的な"試みなのだ、〔……〕xについての観察は、xについて予めもっている知識によって形成される」とします[3]。明け行く東の空を眺めても、地動説のヨハネス・ケプラーは太陽が静止していると見るのに対して、天動説のティコ・ブラーエは地球が静止していると見る、ということになります[4]。あるいは、同じレントゲン写真でも、素人の患者には濃淡からなる単なる図形にしか見えませんが、医学を学んだ医者はそこに病巣を見出すことができます。理論を抜きにして、データだけを取り出すようなことはできません。

身近な例として、業績不振に陥った会社を、コンサルタントが診断する場合を考えてみましょう。戦略コンサルタントは、経営戦略上の問題を指摘します。生産コンサルタントは、生産管理の改善を進言します。営業コンサルタントは、営業技能の訓練を推奨します。人事コンサルタントは、人事制度の見直しを提案します。財務コンサルタントは、財務政策の必要を訴えます。コンサルタントがそれぞれ掲げる理論に応じて、同じ会社を診断しても違う課題を発見することになるわけです。

　パラダイムは、現象を説明する理論のおおもとにある、いわば理論の理論（メタ理論）です。パラダイムにも、観察の理論負荷性があてはまります。パラダイムが違うと、同じものを見ても違って見えることになります。クーンが言うように、「異なった世界で仕事をしている二つのグループの科学者は、同じ点から同方向を見ても違ったものを見る」ということになります。
　教育学者の板倉聖宣が明らかにした脚気の原因探究の歴史は、痛々しい事例です[5]。脚気とは、ビタミンB_1の欠乏により起こる病気です。手足がしびれたりむくんだりすることから始まり、悪化すると神経障害や心不全で死に至ります。白米を常食とするようになった明治時代に国民病となります。日露戦争では、戦傷病死者総数8万5,000人のうち、脚気による病死者が2万7,000人（32％）にのぼりました。当時、脚気の原因はまだ解明されていませんでしたが、麦飯が脚気に効くことは漢方医が経験から知っていました。しかし、陸軍と東大医学部の指導者たちは、麦飯による脚気の予防効果を迷信と決めつけ、頑なに受け入れませんでした。なかでも排撃の急先鋒だったのが、陸軍軍医であった森林太郎（森鷗外）でした。当時の西洋医学のパラダイムのもとで、脚気は病原菌による伝染病であると考え、ひたすら原因となる細菌を探していたからです。陸軍では麦飯をとりいれることなく、脚気をはやらせ病死者を発生させ続けました。脚気の原因がビタミンB_1不足だと決着したのは、大正も末期になってからです。板倉が「証拠より論」と評したように、森らはパラダイムを権威主義的に信奉し、反する事実を認めようとはしなかったのです。

経済学者の佐和隆光が自らの経験を反省しているように、パラダイムは自明であるはずのことを見えなくさせます[6]。「1950年代後半から1960年代にかけての時期に経済学を学び始めた経済学徒、つまり主流派経済学のパラダイム（手本となる枠組み）の圧倒的支配下で育ってきた（私と同世代の）経済学徒にとっては、パラダイムのもつ『ものを見えなくさせる構造』のせいで、これほどまでに自明なことが、ごく最近に至るまで、幸か不幸か見通せなかったのである。少なくとも1970年代の初頭までは、経済学は自然科学のようであるべきであり、（市場経済を前提とする限りにおいて）時代と社会を超えて〈有効〉な経済理論が存在しうるかのような、（今にして思えば）とんでもない錯覚に、（よほどの卓見家は別として）誰もがひとしく陥っていたのである」。

パラダイムの決着のつき方

異なるパラダイムには、その優劣を比較する共通の尺度、評価基準が存在しません。パラダイムの「共約不可能性」あるいは「通約不可能性」といいます。

そもそも新しいパラダイムは、古いパラダイムを乗り越えるために現れるものであって、両者は相いれない内容となっています。パラダイムの移行が、科学者の「改宗」にたとえられるゆえんです。クーンは、「ある意味では対立するパラダイムの主張者は、異なった世界で仕事をしているのだ」といいます。パラダイムが違うと、たとえ同じ用語や概念であっても、その意味や適用可能性の条件が微妙に変わってしまいます。いわば、辞書が異なってしまうので、唯一の正しい翻訳はありえなくなるのです。

クーンは、「対立するパラダイム間の移行は、同一の基準で測り得ないものの間の移行であるがゆえに、論理や中立的経験に迫られて一歩を踏み出す、というようなことはあり得ない」「パラダイム間の競争は、証明によって決着をつけられるような種類の戦いではない」とします[7]。科学哲学者の野家啓一は、新旧２つのパラダイムの間の対立は、同じ土俵の上で同じルールに従って闘われる勝負ではなく、決着は「土俵の外で」つけられる、と日本人向けにわかり

やすく説明します[8]。真偽にかかわる論理学ではなく、態度決定にかかわる心理学や社会学の問題ということになります。

実験によって体感してみる

　抽象的な話が続いたので、どうも腑に落ちない、と思われたかもしれません。実は、視覚ゲシュタルト転換として知られている心理学の実験で、「理論負荷性」と「共約不可能性」を疑似的に体感することができます。厳密にいうと、以下の視覚ゲシュタルト転換の例は、知覚の概念負荷性であって、観察の理論負荷性ではありません。共約不可能性も、観察の内容そのものではなく、観察を制御する選択や再構成に関わるものです[9]。あくまでイメージをつかむための疑似的な体感です。

　図2-1は、先のハンソンが著書の中でも紹介している鉱物学者のルイス・アルバート・ネッカーの考案による立方体の図形です。上から見た箱にも下から眺めた箱にも見えます。図2-2は、哲学者のルートウィヒ・ウィトゲンシュタインが著書[10]の中でも紹介している心理学者のジョセフ・ジャストローの考案によるアヒル－ウサギの絵です。右を向いているウサギにも左を向いているアヒルにも見えます。

図2-1：ネッカーの図

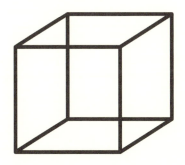

図2-2：ジャストローの絵

　2通りに見えたでしょうか。アヒル－ウサギの絵で言えば、アヒルというものを知っているので、絵の中にアヒルを見つけます。ウサギというものを知っているので、絵の中にウサギを見つけます。しかし、アヒルとウサギを同時に見ることはできません。
　同じ対象を見ても違ったものが見え、2つの見え方は同時に共存することができない、とはまさにこういう感覚です。

　クーンも、これらの心理学の実験をとりあげています。「パラダイムの変革は、科学者たちに彼らが研究に従事する世界を違ったものと見させる。彼らの世界との交渉は、自ら見、かつ為すことに限られるかぎり、革命後は科学者は異なった世界に対処していると言いたい。視覚ゲシュタルト切り変えの実験がうまく示しているようなことは、科学者の世界の変革の基本原型である。革命前に科学者の世界で鴨であったものが、後には兎となる。はじめ箱の外側を上から見た人が、後にはその内側を下から見るのである」[11]。ただし、クーンの本には肝心の図と絵が載っていません。これまでに図と絵を一度も見たことのない人には、何のことやら意味不明でしょう。これでは、パラダイム・シフト以前にパラダイム・ロストになってしまいます。

機械論と生命論の歴史的変遷

対立する２つのパラダイムの中身の話に進みましょう。

ひとつは、自然や物事を機械のように見立てて理解する「機械論」。もうひとつは、生命のように見立てて理解する「生命論」です。

実は、生物と物質との関係について、同質であり物質一般の原理に従うのみとする立場を「機械論」、異質であり生命独自の原理があるとする立場を「生気論」とする分け方が古くからあります[12]。生命論は、生気論と同じ系統の立場です。しかし、生気論は、生物学の分野でもっぱら生命観について用いられ、近代以降はオカルト的だとして厳しく批判されました。本書では、より広く自然観をカバーした中立的な名称にしたいことから、「生命論」を採用しています。

自然や物事を機械や生命になぞらえる考え方は、昨日今日現れたものではありません。実に、2,500年余にわたる歴史的な変遷があります[13]。実際には常に批判や反批判が行われていましたが[14]、本書ではごく大筋だけに単純化すると、図２-３のようになります。

そんな歴史などどうでもよい、と思われたかもしれません。しかし、歴史の大きな流れを知るだけで、物事の理解が深まり発想が広がります。マーケティングの従来の理論と新しい理論の生まれる背景もよくわかるようになります。ざっと駆け足でみておきましょう。

自然哲学が成立したのは、古代ギリシャの紀元前６世紀とされています。ポリス（都市国家）のひとつであったミレトスで、「万物の根源は水である」と主張したタレスから始まりました。熱と生命が湿ったものから発生し、養分も種子も湿り気を含んでいるという観察から考えついたものとされます。それまでは、世界の成り立ちは、ホメロスの叙事詩のように、もっぱら神話によって

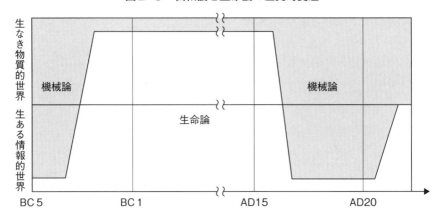

図2-3：機械論と生命論の歴史的変遷

擬人的に説明されていました。タレス以降は、アルケー（万物の根源、原理）を自然の中に求めロゴス（言葉、理性）によって明らかにしようとするようになります。タレスが"哲学の祖"と称えられるゆえんです。

紀元前5世紀になり、デモクリトスが自然を原子として見る原子論的自然観を提唱します。存在するのは、無数の、それ以上分割できない最小単位である「アトム」（原子）だけです。それ以外は何も存在せず、虚無があるのみです。アトム自体は等質で、生成も消滅もしません。その配列と位置、結合と分離によって、自然の無数の性質と多様な変化をもたらします。アトム自体には目的はなく、ただただ運動しているだけです。後世の物理学に通じる考え方で、実際、ノーベル物理学賞を受賞した物理学者のニールス・ボーアが量子力学を発想する際のヒントになりました。

次いで、プラトンは自然を数学として見る数学的自然観を提唱します。多様な現象の背後に、不変の本質的な特徴である「イデア」（実相、観念）を見出します。人間は、完全で永遠不変で目に見えないイデアの世界と、そのイデアを原像とする不完全で変転し目に見える現実の世界の2つに属しています。人間が生まれた時からイデアの世界を忘れているのは、洞窟の中で後ろを見ることができないように首を固定された囚人のようなものだからです。洞窟の壁に

映った影だけを見てそれを本物だと思い込んでいます。自然において、この原像にあたるのが、三平方の定理で知られるピュタゴラスの流れをくむ数学（幾何学）です。例えば、三角形は、イデアの世界では、直線で描かれ内角の和は180度です。現実の世界で、歪んだ線で雑に描かれ内角の和が180度にならない三角形のような図形を見ても、本質としての三角形を知っていることで、そこに三角形そのものを認識することができます。プラトンは、自らの学園の入り口に、「幾何学を知らざる者、この門を入るべからず」と掲げます。

デモクリトスの原子論的自然観やプラトンの数学的自然観は、後の機械論に連なる考え方です。

紀元前4世紀には、プラトンの弟子アリストテレスは、自然を生き物として見る目的論的自然観を提唱します。タレスの水やデモクリトスのアトムを素材である「質料」（ヒューレー）として、師プラトンのイデアを本質である「形相」（エイドス）として、取り込んで組み合わせます。超越的なイデアを説くプラトンとは異なり、形相は現実の世界にある質料に内在するものとします。形相も質料もそれ自体としては変化しません。その結合の仕方によって、千変万化する世界をもたらします。そして、あらゆる自然物は最終的にいきつく終わりである「目的」（テロス）をもちます。例えば、煙が立ち上るのは天を目指すからであり、どんぐりが成長するのは樫の木になるためです。その目的に向けたはじまりである「作用（もしくは始動）」（アルケー）によって運動・変化します。あらゆるはたらきは、何らかの目的のために生じます。目的はもっとも基礎となる根拠です。以上の内的原因としての質料と形相、外的原因としての目的と作用、という4つの原因によって、世界を完全に理解できます。家を例にとれば、雨と寒さを避けるために（目的）、設計図に沿って（形相）、木や石を用いて（質料）、大工や職人が建てる（作用）、となります。人工物と違って、人の手を借りず自ら変化する自然、生命では、「霊魂」（プシケー）が本質としての形相です。例えば、眼は見るためのものであり、見ることは眼の形相すなわち霊魂です。アリストテレスの目的論的自然観は、後の生命論に連

なる考え方です。

　"万学の祖"と呼ばれるアリストテレスの研究は、形而上学・論理学・数学・生物学・心理学・倫理学・政治学・芸術学にまで及びました。アリストテレスがタレス以来の知識・学問を整理し集大成した生命論的・目的論的な思想は、その後、実に2,000年もの長きにわたって支配的な考え方となります。

　17世紀になって、ついに機械論が生命論と入れ替わって支配的な考え方となります。13世紀末に登場したと推測されている機械時計は、自動で動き正確に時を告げる最先端の精密機械でした[15]。また、顕微鏡が利用され始め、自然のミクロの世界が精巧に形作られたものであることが明らかとなります。こうして自然をひとつの精巧な機械、絶対的な自然法則に従った"時計仕掛けの世界"として見るようになります。座標の概念を発明した"近世哲学の祖"ルネ・デカルトによって、自然は単なる幾何学的な延長、すなわち縦×横×高さからなる均質な空間的広がりとみなされます[16]。ちょうどこの時期に、「17世紀科学革命」によって、近代科学が成立します。「キリスト教の出現以来、歴史上の画期的出来事」として、西欧の様相を一変させます[17]。ニコラウス・コペルニクス、ヨハネス・ケプラーによって、宇宙は地球中心の天動説から太陽中心の地動説へと根底から覆ります。ガリレオ・ガリレイ、アイザック・ニュートンによって、落下の法則、運動の三法則、万有引力の法則が発見されます。天体と地上の世界が力学の法則によって統一的に説明されます。物理学は科学の手本となります。科学は、アリストテレスが掲げた目的による擬人的な説明を主観的なものとして排除し、外から客観的に原因と結果を見出し、単純かつ普遍的な法則として力学的に説明するようになります。もしある時点のすべてのものの位置と運動量さえわかれば、未来は正確に予見できることになります（ピエール＝シモン・ラプラスが全能の悪魔を仮定してこのような決定論を提示したので、「ラプラスの悪魔」といわれます。ただし、ラプラスは、無知と限定された知識ゆえ人間ではありえないとして、確率論を探究しました[18]）。複雑な事象は単純な要素に分解し、観察された要素を数学によって仮

説として結び付け、これを実験によって検証します（還元主義）。数学（代数）は、プラトンのいうようにイデアの世界にあるのではなく、現実の世界にあって「自然という書物」を解読する唯一の言語です。科学は、色・味・匂い・手触りなどの感覚的なものを第2次性質として捨て去り、数量によって客観的にとらえられる大きさ・重さ・かたち・運動・数などの第1次性質だけを対象とします。この世の多様性は、物体の配置と運動に還元されることになります。自然は人間が科学によって制御する客体となります。これが、近代の科学、さらには社会全般を支配する考え方となり、現代まで400年続いています。

　以上の機械論は、ごく当たり前なことのように感じられたのではないでしょうか。それは、わたしたちが、もっぱら機械論に基づいた教育を受けてきた証です。

　20世紀に入ると、機械論の限界が指摘されるようになり、生命論の主張が再び支持を増やします[19]。20世紀後半になると、生命論がさらに有力となってきます[20]。切り離された要素からこぼれ落ちる全体としての創発的な特性の重要性が認識されます。分子生物学によってDNAの構造が明らかとなり遺伝情報（ゲノム）が解読されても、生命の本質はわからないままです。いくら分子を寄せ集めても生物にはなりません。誰も意図しないのに、市場でバブルが膨張し突如崩壊します。また、外から客観的に原因と結果で説明できないことがわかってきます。ミクロ（原子・分子の大きさ）の世界では、どんなに測定の精度を上げても、微細な物質粒子の位置と運動量を同時に正確に測定することはできず、確率的にしかわかりません（不確定性原理）。マクロ（普通の顕微鏡で見える以上の大きさ）の世界でも、決定論に従いながら原因と結果が複雑に絡み合い予測ができないカオス（初期状態の微差で大きく結果が異なる現象）など、非線形とよばれる現象が明らかとなっています[21]。さらに、数学ではとらえられない多様な性質へ注目が集まります。わたしたちが抱く感じ（クオリア、感覚質）を科学で扱えるのか議論されています。人間の知性は知能指数（IQ）ではとらえきれず、心の知能（EI）や多重知能（MI）が提唱されていま

す。

　生命論では、個々の要素に着目するのではなく、要素間の関係において全体的にとらえます。内から主体的に関わり、要素間の相互作用による動態的な過程として説明します。数量では表せない性質に着目します。

　生命論は、東洋的な思想ということができます。中国の道教（タオイズム）では、陰と陽が相互に入れ子状になっており影響しあいます。陰の中に陽があり、陽の中に陰があり、両者のバランスがとれています。例えば、中国医学では、病気は特定の臓器の故障ではなく、全身的なバランスの崩れとみなされます。ハリや灸は、全身に張り巡らされた経絡を刺激して、陰と陽のバランスを回復させる手段です。また、部分は全体の状態を反映すると考えられています。望診といって、顔色や皮膚といった体の一部だけで病状を診断します。不確定性原理の生みの親でノーベル物理学賞を受賞した物理学者のヴェルナー・ハイゼンベルクが東洋思想に関心を持っていたのも、うなずけます[22]。

　生命論は、21世紀の支配的な考え方となりつつあります。機械論に基づく科学を極めた研究者でも、生命論へ歩み寄る人が増えています。

　建築評論家で文明批評家のルイス・マンフォードは、5,000年に及ぶ文明の歴史を踏まえて、「機械的世界像を有機的世界像で置きかえることを要求する」とし、「生の前進」を訴えます[23]。パタン・ランゲージで知られ、20世紀最大の建築理論家ともいわれるクリストファー・アレグザンダーも、現代の建築は機械論的合理主義の世界観のために混乱しており、「ものごとを部分や断片として捉えるのではなく、『全体性』の中のものとして意識的に見ることであり、建築のような無生物であるとされるものの中にさえ、『生命』を実際にあるリアルなものとして認識する」べきだと主張します[24]。

　物理学者のフリッチョフ・カプラは、「現代物理学から生まれつつある世界観は、機械論的なデカルトの世界観とは対照的に、有機的な、ホリスティックな、そしてまたエコロジカルな世界を特徴としている。〔……〕そこではもはや、世界は多数の物体からなる機械とは見なされていない。世界は不可分でダ

イナミックな全体であり、その部分は本質的な相互関係をもち、宇宙的過程のパターンとしてのみ理解できる」と指摘します[25]。

物理化学者で科学哲学者のマイケル・ポランニーは、生物学者は、「生物学が物理・化学と同じほど客観的な科学になろうという理想を放棄したら、単なる思弁に堕落するのではないかと恐れる」が、「私自身は〔……〕反対に、生物学がもっと明けすけに生命の根本の様相に自らを向かわせれば、その拡がりと深さを大いに増やすものと期待しているのである」といいます[26]。

機械論の最先端である分子生物学をリードしてきた渡辺格も、次のように述べています[27]。「"生命"の問題を文明の中核に据え、新しい価値観を作り上げることが必要ではないか」「自然科学は原因を追究することよりも、新しい実験によって新しい現象をゆり起こすという形の学問に変わりつつある」「近世以来、つまりデカルト以来、精神を切り捨て、生命をも切り捨て、物質の探究に向かっていた自然科学が、いまや物質から生命⇨精神、さらにXという方向に大きく転換しているということ、言葉を換えて言えば自然科学は未来に向かって開かれた活動をし始めている。その自然科学の活動に導かれて世界の情勢は大きく変わってきているのではないか」。生物物理学者の清水博も、「いまや文化は、物質文化から生命文化へとその方向を転換してきた。科学もその例外ではなく、機械的な決定論から生命的な創出論へと基本的なパラダイムを大きく変えつつある」「人が〔……〕『機械的な知』だけに固まることは危険であり、どうしても生物的な知が必要になってくる」といいます[28]。

ノーベル化学賞を受賞した化学者・物理学者のイリヤ・プリゴジンも、「これからは『生命』の語ること、すなわち『生命論』を学ぶことが極めて重要となっています。そして、『生命論』を学ぶことは、単に純粋科学の問題だけでなく、われわれの実際の生活、経済学、経営科学、さらに物理学、宇宙論などの問題にも適用してゆくことができるという意義をもっています」と主張しています[29]。サイモンも、「もしわれわれが自然科学に倣って導かれたいと思うのならば、私は物理学からよりもむしろ生物学から比喩を得ることを勧めたい」といっています[30]。

生命科学者の中村桂子も、「人間は生きものであり、自然の中にある」「生命科学でも分析的手法で生命体の構造と機能を知るだけでは、生命とはなにかという問いへの答は得られないことが明らかになりつつあります。生命現象を全体として見ていかなければならないと考え、そのための方法論を探し始めているのです」「生きものそのものを見ようとする感覚」を取り戻すべきだと主張します[31]。脳科学者の松本元も、「自然科学が『死に物』を扱う平衡系の科学から『生き物』を含む開放系の科学として発展し、人文・社会科学や宗教と融合するとき、そこには新しい『生き方』も見えてくるように思う」といいます[32]。

　ノーベル経済学賞を受賞したフリードリヒ・ハイエクは、「単純な因果的説明の機械論的な方法やモデルは、〔……〕人間の相互作用の多くの高度に複雑な構造の形成を決定づける決定的な現象、すなわち経済的価値や価格などは〔……〕解釈できず」、「進化や秩序の自生的形成を通じて人間の相互作用の形成を理解」しなければならないと主張します[33]。経済学者のポール・オルメロッドは、「『正統派』経済学の概念、つまり機械的な、線形の均衡世界の中での『合理的』行動という概念を拒否することによって、経済の動き方をこれまでよりよく理解し、それを通じた人類の福祉向上に向けて、前進を始めることができ」、そのためには非線形モデルや生物学的体系をもとにする必要があるといいます[34]。理論生物学から経済学へ転じた西山賢一も、「会社も人類史の過程で生まれた生き物なのだから、生命論からのアプローチ、つまりバイオ・パラダイムが会社を基礎から見直すうえで、有効なはずである」とします[35]。

　教育学者の矢野智司も、「教育空間の世俗化の徹底と、科学主義・技術主義に基づく子ども理解が、〔……〕かつての生活概念がもっていた生命論とつながる思想的ふくらみを言葉から失わさせてしまい、そのことによって子どもという生（生活・人生・生命）の捉え方を著しく衰弱させてきている」として、「生活の思想を生命の次元で深める幼児教育の可能性を、今日の人間諸科学の水準から理論的に捉え直そうとする」「生命論的転回」を提唱します[36]。哲学者の中村雄二郎も、「現在は、『生命』パラダイムの時代だと一般に言われ、私

も、その考え方には賛成です」といっています[37]。

　情報通信技術（ICT）の飛躍的な発展と浸透によって、人々の相互作用は時空を超越して加速度的に拡大し、ひたすら複雑さの度合いを増し続けています。文化人類学者で20世紀最大の思想家ともいわれるグレゴリー・ベイトソンが複雑な相互作用には精神的特性が現れるとするように[38]、複雑化する社会はますます生命的様相を帯びてきています。社会は機械ではなく生命としてとらえなくてはならなくなっています。

　以上のように、支配的なパラダイムは、紀元前5世紀：機械論⇨紀元前4世紀：生命論⇨17世紀：機械論⇨21世紀：生命論と、交互に入れ替わりながら変遷してきています。先にみた**図2-3**（42頁）のとおりです。

　哲学者の伊藤邦武も、2つの科学観の対立として、以下のように述べています[39]。「プラトンが数学という天上的、抽象的学問の重要性を強調したとすれば、アリストテレスは地上の自然の探究、特に生命の世界と人間の世界の理解を究めようとした。数学に重心を置く科学観と生物学に重心を見出す科学観─。〔……〕二人の哲学の相違点や問題関心の方向の違いは、ある意味ではその後の哲学の歴史のなかで何度も繰り返される思想上の対立のもっとも普遍的な原型をなすものであり、この対立のパターンが古代・中世の哲学のみならず、近代の哲学にとっても、そしてある意味で現代の哲学にとっても、無視できない対立の軸を与えてきた」。

　同じ機械論、生命論といっても、後に復活するときには、基本は継承しつつも、その時代の状況に応じて、前よりも内容がいわばらせん状に深化・発展していきます。単に先祖返りをするわけではありません。

機械論と生命論の7つの視点

　21世紀の現在における機械論パラダイムと生命論パラダイムの特徴は、どのように整理できるでしょうか。

もっともよくまとまっているのは、経営思想家の田坂広志によるものではないかと思います[40]。プリゴジンを招き1992年に行われたシンポジウム「生命論パラダイムの時代」の一環としてまとめられたものです。

近代から20世紀に至るまでの時代において支配的であった知のパラダイムは、機械的世界観と要素還元主義を両輪とした「機械論パラダイム」でした。それに対し、21世紀において大きな潮流となる新しい知のパラダイムは、生命的世界観と全包括主義（全体論、ホーリズムと同じ）を両輪とする「生命論パラダイム」です。このパラダイム転換は、次の10の視点の転換として特徴づけられるとします。

① 「機械的世界観」から「生命的世界観」へ
② 「静的な構造」から「動的なプロセス」へ
③ 「設計・制御」から「自己組織化」へ
④ 「連続的な進歩」から「不連続の進化」へ
⑤ 「要素還元主義」から「全包括主義」へ
⑥ 「フォーカスの視点」から「エコロジカルな視点」へ
⑦ 「他者としての世界」から「自己を含む世界」へ
⑧ 「制約条件としての世界」から「世界との相互進化」へ
⑨ 「性能・効率による評価」から「意味・価値による評価」へ
⑩ 「言語による知の伝達」から「非言語による知の伝達」へ

特徴が網羅されていますが、視点が10も並列されているだけだと使い勝手がよくありません。マーケティング論、消費者行動論の検討を念頭に、10の視点を絞り込むとともに、理論を見通すのに必要な新たな視点も付け加えて、本書独自の特徴として7つにまとめ直します。

本書では、現在の機械論から生命論へのパラダイム転換の特徴を、以下の7つの視点の転換とします。

第1の視点：【世界観】「機械的世界観」から「生命的世界観」へ
第2の視点：【方法論】「還元論、分析」から「全体論、解釈・システム」へ

第3の視点:【着眼点】「数量・機能」から「性質・意味」へ
第4の視点:【因果律】「直線的因果律」から「円環的因果律」へ
第5の視点:【立脚点】「主客分離」から「主客一体」へ
第6の視点:【科学論】「論理実証主義」から「社会構成(構築)主義」へ
第7の視点:【人間観】「完全合理的経済人」から「限定合理的経営人」へ

　第1と第2はパラダイムの根本となる視点であり、第3と第4と第5はそこから派生する視点といえます。さらに、第1から第5までの視点に対して、理論的な立場(個別の理論の根底にある理論すなわちメタ理論)として対応するのが第6です。これらの視点に通底する人間のとらえ方が第7です。
　以上をまとめると、**図2-4**のようになります。
　ここでは、パラダイムの特徴を際立たせるために、7つの視点を対比してとらえていますが、実際には常にすべての視点が截然と切り分けられて必ずどちらか一方だけが用いられるというわけではありません。とくに第2の方法論や第3の着眼点は、実際には組み合わせて用いられることが少なくありません。こうした使い分けについては、後ほど第5章でみていきます。
　7つの視点のそれぞれの内容について、順にみていきましょう。

図2-4:機械論と生命論の7つの視点

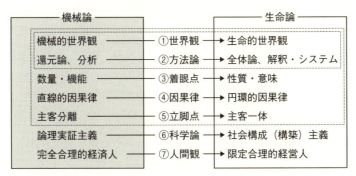

■第1の視点：【世界観】「機械的世界観」から「生命的世界観」へ

　そもそも世界を何としてなぞらえ見立てるのか、何をモデルとして見るのか、という世界観です。世界についてのイメージ、メタファー（〜のような等とは明示せず直接たとえる比喩、暗喩、隠喩）は何なのかということです。概念体系の本質は、根本的にメタファーによって成り立っており、人間の思考過程の大部分もメタファーによって成り立っています[41]。メタファーこそ認識の出発点なのです。

　先にパラダイムの変遷としてみてきたとおりです。機械論の「機械的世界観」では、世界はあたかも巨大な機械のようなものであり、物事を他律的な機械として見立てます。生命論の「生命的世界観」では、世界はあたかも巨大な生命のようなものであり、物事を自律的な生命として見立てます。

■第2の視点：【方法論】「還元論、分析」から「全体論、解釈・システム」へ

　世界を理解するために、どのような態度、方法によるのか、という方法論です。

　機械論の「還元論、分析」は、部品を組み立てれば機械ができるように、全体は部分の総和であり、部分に分けて各部分を調べれば全体も理解できる、とします。図2-5の左のようなツリー（樹木）状のイメージです。単純な構造なので、ばらばらに分ければ、まさに分かるわけです。要素還元主義ともいいます。デカルトが、有名な『方法序説』で、「わたしが検討する難問の一つ一つを、できるだけ多くの、しかも問題をよりよく解くために必要なだけの小部分に分割すること」と主張しているものです[42]。空間を細分化して対象を微視的にとらえるだけでなく、時間を短縮化して現在に絞って静的にとらえることになります。具体的な手法としては、分析によるアプローチがとられます。

　分析では、全体を分割し単純化した部分について実験や観察を行い、一般的な原因や法則を導き出します。解明できた部分を集めれば（総合）、自ずと全

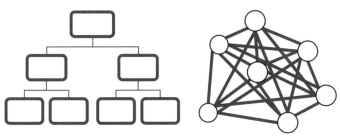

体のこともわかるとします。ロジック・ツリーといって、**図2-5**の左の図のように問題を枝分かれ状にもれなくダブりなく因数分解するように整理する手法がありますが、分析の典型です。何か課題を検討する場合に、分野ごとに担当を割り振り、各人から出てきた報告を一冊に合本して報告書の出来上がり、とするやり方は、分析の発想にもとづくものです。

一方、生命論の「全体論、解釈・システム」は、物質を寄せ集めても生命ができないように、全体は部分の単なる総和ではなく、全体は全体としての関係性をとらえて統合的に理解しなければならない、とします[43]。**図2-5**の右のようなリゾーム（根茎）[44]状のイメージです。「都市はツリーではない」といわれるように、自然にできあがった現実の都市は、都市計画でつくられた人工の都市のようなツリー状に整然とした構造ではなく、網状に重なり合ったセミラチスと呼ばれる構造となっています[45]。複雑な構造なので、ばらばらに分けてしまうと、分からなくなってしまうわけです。例えば、**図2-6**の点線で描かれた円は、個々の点に分けてしまうと、円ではなくなってしまうようにです。こうした考え方をホーリズム（holism）と命名した、政治家・軍人にして哲学者でもあるヤン・クリスティアン・スマッツは、「全体は部分において存在し、部分は全体において存在する。全体と部分の統合は、全体ばかりでなく、部分の機能のホリスティックな特質にも反映されている。〔……〕ホーリズムは、創造的統合の過程であるから、その結果生じる全体は、静的なものではなく、

図2-6：点には還元できない円

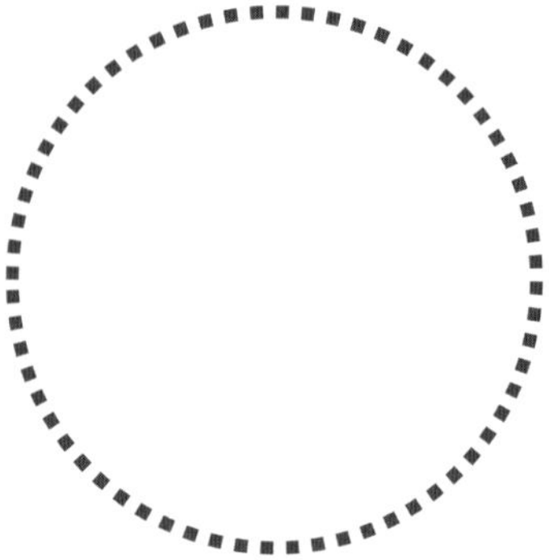

動的であり、発展的であり、創造的である」とします[46]。空間を細分化せず対象を巨視的にとらえるだけでなく、時間を短縮化せず流れの中で動的にとらえることになります。具体的な手法というより根源的な認識の基盤といったほうがより適切でしょうが、解釈によるアプローチがとられます。全体をとらえる具体的な手法としては、システムによるアプローチがあります。

　解釈では、歴史的な状況、伝統的な解釈に自らが規定されていることを常に自覚し、現在の問題意識から過去の事柄の意味を未来に向けて理解します[47]。部分は全体から理解されなければならず、全体は部分から理解されなければなりません。第1章でみた解釈学的循環です。哲学者のハンス・ゲオルク・ガダマーによれば、こうした循環は、伝統という全体と個別具体的な状況という部分の間においても発生します。いかなる解釈も、その解釈に先行して理解されていなければなりません。いまに生きる者は、歴史や伝統の影響を受け、先入見にとらわれながら理解するのです。理解とは、過去の内容を現在の状況に適用することで、過去と現在の地平が融合し、新たな意味を生成する対話の過程です。理解は、行われていることや語られていることの意味を把握することであって、統計や因果的法則の領域とはかけ離れた概念です[48]。このように解釈とは、伝統にとらわれつつも新たな意味を見出し、全体として統合していく取り組みなのです。

システムは、関係によって全体をとらえる手法です。一般システム理論の最初の提唱者である生物学者のルートヴィヒ・フォン・ベルタランフィによれば、システムは「相互に作用しあう諸要素の複合体」[49]です。複合体といっても、実体ではなく、複数の要素の間の相互作用からなる概念構成物（モデル）です。システムには階層があり、上位の階層のシステムは、下位の階層のシステム（サブシステム）をその要素として包含します（入れ子構造、**図2-7**）。

システムは、こうした内部の構造のほかに、システムそのものの機能としてもとらえられます（**図2-8**）。生物と機械における制御と通信に関する理論として、数学者のノーバート・ウィーナーが舵手を意味するギリシャ語から名づけた「サイバネティクス」です[50]。システム以外の外部である環境とやりとり

図2-7：構造としてのシステム

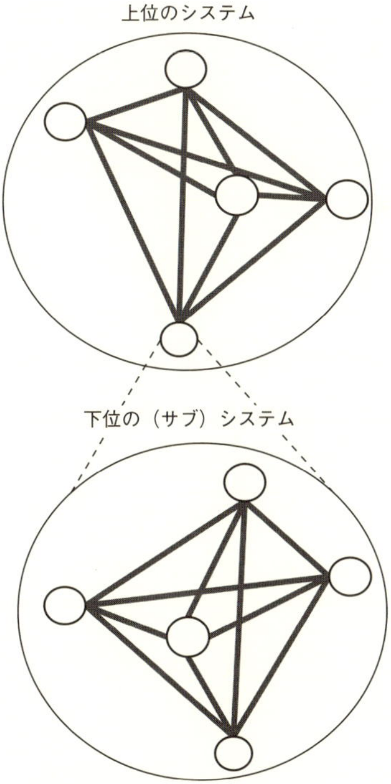

上位のシステム

下位の（サブ）システム

図2-8：機能としてのシステム

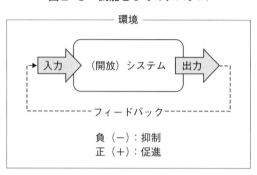

する開放システムは、環境から入力（インプット）⇨システム内で処理⇨環境へ出力（アウトプット）、という過程（プロセス）として図式化されます。この過程に加えて、出力された結果についての情報が入力に戻されて次の入力を制御するフィードバックとして、負と正の2種類があります。次の結果を抑制するようにはたらくのが、負のフィードバックです。逸脱が解消され、システムの平衡が動的に保たれ安定化します。逆に、次の結果を促進するようにはたらくのが、正のフィードバックです[51]。逸脱が増幅され、システムの平衡が動的に崩され不安定化します。

　生命や社会といった複雑なシステムに特有な自律的な秩序の生成、発展について、2つの理論があります。ひとつは、複雑な開放システムにおいて、環境と入出力しながら、自律的に秩序（パターン）をつくりだす「自己組織化」です[52]。正と負のフィードバックが動的に均衡するゆらぎを通じて、自己組織化が行われます。もうひとつは、複雑な閉鎖システムにおいて、環境との入出力なしにシステム自身に基づいて、自律的に秩序をつくりだす「オートポイエーシス（自己創出）」です[53]。こちらは、機械にはなく、生命やその社会だけに固有の理論とされています。システムは要素をつくりだし、要素はシステムをつくりだし、全体と部分の構造がない純粋に機能だけのシステムです。

■ 第3の視点：【着眼点】「数量・機能」から「性質・意味」へ

　世界を理解するために、物事のどこに着目するのか、という着眼点です。

　機械論では、物事に普遍的な「数量」に着目します[54]。性質の異なるものであっても、性質を切り捨てることで、普遍的な尺度である数量に基づいて数学的に扱うことができます（数量化）。事物に共通性、一様性、連続性を見ます。結果を重視します。例えば、資本主義社会では商品サービスを一律に価格、金額の多寡だけで評価します（貨幣がそのためのしくみです）。言うなれば、「大きいことはいいことだ」の世界です。また、物事の「機能」に着目します。どのように（how）を問います。ニュートンが「わたくしは仮説を立てません（ヒポテセス・ノン・フィンゴ）」[55]として、引力の機能について説明するのみで、なぜ引力が発生するのかについては無視したのと同じスタンスです。数量も機能も、状況や人によらず客観的に把握されます。

　一方、生命論では、物事に個別の「性質」に着目します[56]。数量のみに着目し切り捨ててきた性質を復活させます。事物に個別性、多様性、非連続を見ます。過程を重視します。例えば、資本主義社会であっても商品サービスをプライスレス、値段をつけることができないほど貴重、素晴らしいと評価します。言うなれば、「スモール・イズ・ビューティフル」[57]の世界です。また、物事の「意味」に着目します。なぜ（why）を問います。目的を問うということもできます。性質も意味も、状況や人に応じて主観的に把握されます。

■ 第4の視点：【因果律】「直線的因果律」から「円環的因果律」へ

　世界を理解するために、物事のつながりをどのようにとらえるか、というものの見方、因果律です。
　わたしたちは、複雑な物事の連鎖の中から、原因と結果を抜き出し、その因果関係によって理解します。哲学者のデイビッド・ヒュームが、「必然性とは

心に存在する或るもので、事物に存在するものではない」[58]と指摘したように、因果関係は、客観的事実としてではなく、当事者の問題意識によって「恣意的に」[59]決まります。日常の因果関係は、1対1ではなく、複数対複数あります[60]。例えば、地震で家屋が倒壊した場合、その原因を地震の強度に求める人もいれば、家屋の強度に求める人もいます。重力がなければ家屋は倒壊しませんが、重力の存在を原因にあげる人はまずいません。家屋の倒壊に関わった数々の要因の中から、各人の問題意識に応じた原因をとりだして理解しているのです。「つまるところ、因果律とは人間の心の内に宿るものであって、自然の悪意の内に宿るものではないのです」[61]。

科学も、因果関係を確定する法則を明らかにするいとなみである、とされてきました。因果律は、視点としてはずせません[62]。

機械論の「直線的因果律」は、個を重視したとらえ方です。原因⇨結果と一方的に流れ、因果関係は一義的に定まります（**図2-9**の左）。生理学者のクロード・ベルナールが、「すべての現象の存在条件は絶対的に決定されている」[63]と主張したように、原因が決まれば結果は必ず決まるとする決定論の見方です。棒で突いた球が予測どおり衝突し跳ね返るビリヤードのようなイメージです。17世紀のニュートン以来の力学的なものの見方です。

一方、生命論の「円環的因果律」は、関係を重視したとらえ方です。原因と結果が相互に作用し、原因⇨結果と結果⇨原因が循環し、因果関係は一義的に

図2-9：直線的因果律と円環的因果律

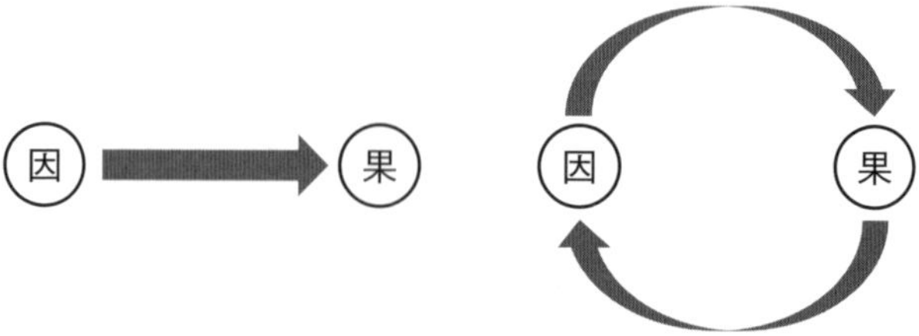

は定まりません（**図2-9**の右）。鶏が先か卵が先か、因果は巡るということです。原因が決まっても結果は必ずしも決まらないとする非決定論（確率論）の見方です。先のビリヤードとの対比でいえば、打ち返された球がどこに飛んでいくのか正確に予測できないクリケットや野球のようなイメージでしょうか。20世紀後半になってベイトソンが提起し広まったものの見方です[64]。

　実は、仏教では、紀元前のインドの初期仏教の時代から、2つの因果説が打ち出されていました[65]。初心者である民衆には、善悪の因果応報が宣揚されました。直線的因果律です。より高いレベルにおいては、全時空のすべてのものがすべてのものの因となり果となりあうという、善悪因果を超越した総体的縁起の因果説を展開していました。円環的因果律です。

　循環する出来事の連鎖をどこで区切るかによって、因果関係は違ってとらえられます[66]。直線的因果律は、円環的に循環する因果の連鎖の一部を観察者の恣意で切り出し、時間関係における前半を原因、後半を結果と名づけたものといえます。

　例えば、木こりが斧で木を切る場合、木こりの斧の一打ちは、斧が木につける切り目によって制御されます。木の切り目⇨木こりの眼⇨脳⇨筋肉⇨斧⇨斧の一打ち⇨木の切り目⇨……と循環します。それを見たひとは、循環する円環から一部の弧を切り取り、両端の木こりと木をもって、木こりが（原因）木を切った（結果）とみなします。

　通常の人間関係には、円環的因果律があてはまります[67]。例えば、深夜に帰宅する夫に怒る妻という夫婦げんかをとりあげてみましょう。夫の帰宅が遅いことが原因で妻が怒るという結果が生じているという因果関係があります。その一方で、妻が怒ることが原因で夫の帰宅が遅いという結果を生じているという逆の因果関係もあります。原因と結果がぐるぐると循環します。同じ出来事の連鎖について、どこで区切るかが違うだけです。妻は、夫の帰宅が遅い⇨妻が怒る⇨夫の帰宅が遅い⇨妻が怒る⇨……と区切ってとらえます。夫は、妻が

怒る⇨夫の帰宅が遅い⇨妻が怒る⇨夫の帰宅が遅い⇨……と区切ってとらえます。立場によって因果関係のとらえ方は異なります。唯一絶対の因果関係が客観的に実在するというわけではないのです。

先に第2の視点でみたシステムでも、促進する正と抑制する負のフィードバックの円環（ループ）の組み合わせで、動態（ダイナミクス）をモデル化することが行われるようになっています[68]。モデル化することで、コンピュータを使ってシミュレーションすることもできるようになります。ローマ・クラブが人類の危機を警告した報告書『成長の限界』[69]で利用され、広く知られるようになりました。

■第5の視点：【立脚点】「主客分離」から「主客一体」へ

世界を理解するために、物事とどのような立場で対するか、観察するか、という立脚点です。

機械論の「主客分離」では、観察する主体と観察される客体を明確に分離します（図2-10の左）。思惟する主観と観察する客観を分離し、外側から一方的に眺めます。自分を切り離して含まない現実を見ます。観察者と観察対象の間で、相互に影響し合うことはありません。人間は傍観者として思索する存在であるというわけです。科学は主観を交えず対象に影響を与えることなく客観的に観察しなければならない、と主張されます。

図2-10：主客分離と主客一体

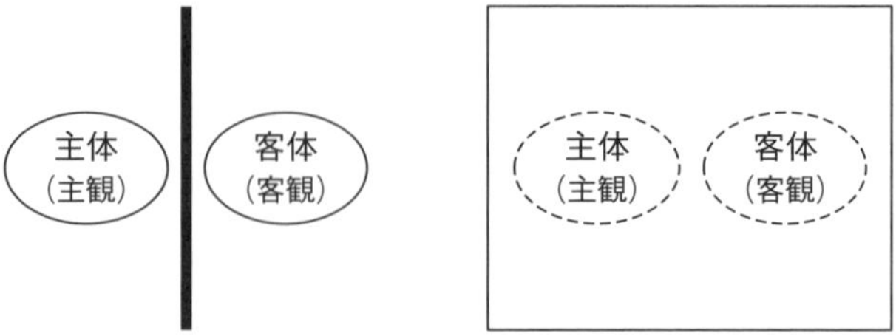

一方、生命論の「主客一体」では、観察する主体と観察される客体を不可分、不即不離の関係にあるとします（図2-10の右）。思惟する主観と観察する客観を分離せず、内側からお互いに眺めます。自分を入れ込み含んだ現実を見ます。観察者と観察対象の間で、相互に影響し合う再帰的な循環が発生します。人間は実践者として行為する存在であるというわけです[70]。

通常の人間関係には、主客一体があてはまります。例えば、人間関係論で有名なホーソン工場の実験が典型例です。工場の照明を変えると作業能率がどう変わるか調べる実験が行われました。照明を明るくすると、想定どおり、従来よりも作業能率がよくなりました。ところが、照明を暗くしても、想定に反して、従来よりも作業能率がよくなりました。その後行われたリレー組み立て実験も踏まえて、観察者に観察されていることを作業者が観察して士気が向上し、作業効率がよくなったものとみられています[71]。観察者と作業者は無関係ではありえず、観察者も観察され影響を与えていたのです。映画『キッチン・ストーリー』（2003年）も好例です。独身男性の台所での行動パターンを観察するために、スェーデンからノルウェーの田舎にやってきた調査員と観察されることになった老人が、会話などの交流を一切禁じられていたのですが、相互に影響を与え合わないでいることができず、次第に心を通わせていきます。

臨床心理における家族療法でも、1980年代以前は、家族システムとそれを独立して観察する治療者という見方をしていました。それが、1980年代以降は、治療者の与える影響を踏まえ、家族に治療者を含め両者で共同作業を行う治療システムとしてとらえる見方に変わっています[72]。

社会調査の大半を占めるともいわれるインタビュー調査は、かつて信じられていたように中立的な調査者が受動的な「回答の容器」である回答者からすでにある意見を引き出すことなどではありません。調査者と回答者が会話という相互行為に参加し協同して意味を創り出すこと、解釈の実践です[73]。さらに、人が登場しない場合でも、例えばアンケート調査で質問用紙に回答を記入するという行為自体が回答者の意見に影響を与えています。社会調査は、純粋に客

観的な結果を得ることは不可能であり、行為の意図せざる結果を伴ってしまうものなのです[74]。薬の臨床実験では、暗示による偽薬効果を防ぐために、被験者だけでなく実験者にも真薬か偽薬かわからないようにして行う二重盲検法（二重マスク法）[75]により対処するようにしています。

　実は、ミクロの世界でも、主客一体があてはまります。例えば、光は波動であるとともに粒子であるという、本来相容れないはずの二重の性質をもちます。光に対して、波動で生じる干渉の実験を行えば波動の性質を示し、粒子で生じる光電効果の実験を行えば粒子の性質を示します。観測される客体の性質は、観測する主体との相互作用によって決定されるわけです。量子力学でノーベル物理学賞を受賞した物理学者のエルヴィン・シュレディンガーによれば、「主体も客体も一つなのです。両者の間の壁が、物理的な科学における最近の実験の結果くずれ去った、などとは言えないのであります。そもそもこのような壁はなかったのですから」ということになります[76]。

■第6の視点：【科学論】「論理実証主義」から「社会構成（構築）主義」へ

　科学論とは、そもそも科学をどのようなものと考えるのかについての理論です。個別の理論の根底にある理論（メタ理論）は何なのか、ということです。マーケティング論、消費者行動論も、社会科学のひとつ、れっきとした科学であるとされており、科学論をとりあげないわけにはいきません。

　機械論の「論理実証主義」とは、科学の知識は論理的な命題として経験に基づいて確かめられなければならない、とする考え方です。20世紀前半に、当時は文化芸術、学術の中心であったオーストリアのウィーンを舞台に（ドラッカーもウィーンで生まれ育ちました）、ウィーン学団と呼ばれる人たちによって主張されました[77]。経験的に検証できること（検証可能性）が科学であるための基準とされます。経験に依存しない形而上学的な命題は、科学から排除されます。例えば、「神は存在する」「魂は不滅である」といった命題は、検証できないので、科学ではないことになります。科学は、観察によってデータを収

集し、帰納的に仮説を立て、実験によって確かめるもの、となります。今日でも一般に考えられている科学のとらえ方といえるでしょう。

しかし、実験的に検証できるのは限られた数の事例だけです。「すべての○○は××である」といった無限の事例を含む命題について、帰納によって完全に検証することはできません。検証していない事例で命題が成り立たないこともありえるからです。例えば、「カラスは黒い」という命題は、100万羽の黒いカラスを観察しても真であることは証明されません。100万1羽目に白いカラスが観察されれば否定されてしまいます。

そこで、哲学者のカール・ポパーは、経験的に反証できること（反証可能性）こそ科学であるための基準である、と主張します（批判的合理主義）[78]。たったひとつでも当てはまらない事例を示せる可能性があればよいわけです。先の例でいえば、「カラスは黒い」という命題は、1羽の白いカラスの存在を示せば反証できるので、科学的であるということになります。一方、占星術は、予測がはずれてもいくらでも言い逃れができ反証できないので、科学ではないとされます。推測によって仮説を立て、手を尽くして反駁しようとする、この推測と反駁の繰り返しによる累積的な発展こそが、科学の本質ということになります。

反証可能性への反証ということになりますが、実は反証が見つかっても、必ずしも理論が科学的でないと否定されるわけではありません。理論はいかようにも修正して整合性をもたせることが可能だからです（デュエム・クワイン・テーゼ）[79]。歴史上も実例があります。19世紀はじめ、ニュートン力学で計算した天王星の軌道は実際の観測とかなりずれていました。しかし、計算と観測のずれという反証によって、ニュートン力学が否定されることはありませんでした。知られざる惑星を仮定すれば、ニュートン力学で説明できるとされました。その後、本当に海王星が発見されました。反証は理論を否定するものではなく、研究課題として取り込まれ、パズルが解かれたのです。また、経済学における新古典派やケインズ派などの理論の盛衰の歴史を振り返ってみても、理論と整合的でない事実による反証によってではなく、その時代と社会の最優先

の政策課題に適合しているかどうかによって支持を集める理論が決まっています。科学的色彩の濃い計量経済学においても、確率モデルを前提としている限り、反証となるデータが出されても、理論が真である確率が下がるだけで、決定的な反証とはなりえません[80]。

そもそも、本章のはじめでみたように、観察は理論を前提とした解釈であり、いわば理論の色メガネを通して行われるものです（観察の理論負荷性）。観察と理論は明確に区別することはできません。このように理論に制約された観察は、理論を検証あるいは反証するための中立的な基盤とはなりえません。

理論を打ち倒すのは、観察による検証や反証ではありません。検証や反証は、理論について再考するきっかけを与えるにすぎません。先にパラダイムのところでみたように、別の理論が支持を集めることによってとって代わるのです[81]。

論理実証主義（あるいは批判的合理主義）は、このような欠陥があることが指摘され、科学論、科学哲学の研究者の間では、もはや維持できずすでに過去のものとみなされています。しかし、論理実証主義（あるいは批判的合理主義）は、現場の科学者をはじめとして社会には根強く浸透しています。論理実証主義（あるいは批判的合理主義）では、科学はあらかじめ決まって内在している普遍的な真理・法則を探究し、世界を予測し説明するもの、とみなされます。科学は、人間の知的活動の中において他とは優位にある特権的なものとして、絶対的にとらえられます。

一方、生命論の「社会構成（構築）主義」とは、科学を含む現実は、客観的に存在しているものではなく、社会的な過程すなわち言語的な相互作用の中で構築されるとする立場です[82]。20世紀後半から、社会学や社会心理学で主張され始めました。

この立場はSocial Constructionismと呼ばれます。社会学では「社会構築主義」、社会心理学では「社会構成主義」と異なる訳語が用いられる傾向にあります。生成する過程と継続する状態、客観主義への対抗と本質主義への対抗といったニュアンスの違いはあるものの、その内容とするところは基本的には同

じです。本書では、「社会構成（構築）主義」として一本化することにします。

　全ての認識は、社会的な相互作用を基にして構築され、維持されます。わたしたちは相互作用を通じて、互いの現実認知が関連していることを理解します。そして、この理解に立って行動する時、わたしたちが共通して持っている現実の認知が強化されます。この常識化した認識がわたしたちによって取り決められると、意味や社会制度が客観的現実の一部として現れるようになります。この意味で、現実とは、いくつもある可能性の中から偶然によって、社会的に構築されるものなのです。

　黒澤明監督の映画『羅生門』（1950年）が描く世界そのものです[83]。芥川龍之介の短編小説『藪の中』[84]をモチーフにした作品です。女性が山賊に乱暴され、夫の侍は殺されます。捕まった山賊、侍の妻である女性、巫女に呼び出された侍の霊が語る侍の死に至る経過についての証言（回想）が、三者三様でまるで異なります。同じ事実についての3通りの解釈ではなく、3つの異なる事実が語られるのです。真相は藪の中というわけです。この話を聞いていた下人は、「一体正しい人間なんかいるのかね……みんな自分でそう思ってるだけじゃねえのか……」といいます[85]。某漫画の決めゼリフでは「真実はいつもひとつ」ですが、わたしたちの生きている世界は、見る者によって異なる現実から成り立っています。こうした「羅生門的現実」の存在こそが「いつもひとつの真実」といえます。

　例えば、社会問題は、はじめから客観的に存在するのではありません。社会問題は、「ある状態が存在すると主張し、それが問題であると定義する人びとによる活動」です[86]。いじめ、セクハラ、児童虐待などといった問題のカテゴリーを表す言葉がつくりだされ、その言葉が主張され支持を集めるのに伴ってわたしたちの見方を枠づけ、社会問題として構築されます。問題とされている状態の内容の真偽や実在の有無にかかわらず社会問題となりえます。マスコミで報じられる時事問題がまさにそうした実例です。

　身近な家族から、学校や会社、さらには国民国家にいたるまで、構成する要素であるわたしたちは実在していますが、そのもの自体は実在しません。「家

族について語ることを通じて、家族のさまざまな意味を具体化し、現実化する」[87]のであり、「国民とはイメージとして心に描かれた想像の共同体である」[88]のです。これらはいずれも、わたしたちの相互作用を通じて構築され維持されているものにほかなりません。

　社会構成（構築）主義に対して、物理的な実在性まで否定していると誤解されることがあります。例えば、福島の原発事故は社会的に構築されたがゆえに発生したのか、みんなが事故はなかったと考えれば事故は発生しなかったことになるのか、などと批判されます。しかし、社会構成（構築）主義では、構築されるとするのは観念である社会的な現実であって、その前提となる対象としての物理的な存在そのものまでもが構築されるとするわけではありません。福島の原発事故は物理的な事象としては発生しており、事故についての現実が各種の報道や調査報告などを通じて構築されていくととらえます。

　社会構成（構築）主義は、現在では、社会学、心理学のみならず、歴史学、教育学、カウンセリング、政治学、国際関係論、科学論、そしてマーケティング論や消費者行動論でも有力となってきています。社会構成（構築）主義では、科学は偶然の織り成す状況の特殊性を解明し、世界を理解し解釈するもの、とみなされます。科学は、人間の知的活動として他とも同等である非特権的なものとして、相対的にとらえられます（相対主義）。

　ここで、科学論とのかかわりで、マーケティング研究についてなされた、3度の大きな論争についても、ざっと見ておくことにしましょう[89]。

　1度目は、1950年代に、マーケティングは科学か技芸（アート）か争われた「マーケティング科学論争」です。科学とは絶対的存在であり客観的な真理を追究するものであるという素朴な論理実証主義的な認識は共通していました。マーケティングは、中心理論や一般原理が欠如しているので、まだ科学にはなっていない、などと主張されました。マーケティングが科学であるための条件についての議論へと移っていきました。

　2度目は、1980年代に、方法論としての科学そのもの、科学を基礎づけてい

る科学哲学を論点として争われた「マーケティング科学哲学論争」です。先にみたように、当時すでに、科学哲学の世界では、論理実証主義（検証可能性）から批判的合理主義（反証可能性）へ、さらにパラダイム論をはじめとした相対主義へと主流は移っていました。マーケティングの世界では、論理実証主義がまだ支配的であったので、科学哲学では決着済みの論争がいわば周回遅れでなされました。科学は、客観的で絶対的な優位性をもつものではなく、知識のマーケティングである、と相対主義から主張されました。しかし、今日でも依然として論理実証主義の亜流である、完全な検証を確率的な確証に緩和した論理経験主義が主流とされています。

　3度目は、1990年代に、マーケティングの対象である現実や真理について争われた「マーケティング実在論争」です。マーケティングの対象である現実や真理は、客観的なものとして存在するとする実在主義と、主観的な構成物であって存在しないとする相対主義が対立しました。どちらも主張としては成り立ちうるので、合意には達しづらいとされました。先に見た、論理実証主義と社会構成（構築）主義の対立に継承されているといえます。

　3度の論争があったのは、いずれもマーケティングの本場である米国でした。日本では、それらの論争を対岸の火事としてフォローするにとどまっていました。

　文芸評論家の亀井勝一郎は、「思想的怠慢とは何か。外来文化に接するときでも、自国の伝統に向かうときでも、それを支えている根本のものと対決しないということである」といいます[90]。米国での対決をフォローさえしていればいいのでしょうか。

　そうした中、日本でも、1990年代に、マーケティング研究のあり方について正面切って問題提起をしたのが、第1章でとりあげた石井の『マーケティングの神話』だったのです。

　これらのマーケティング論争も、機械論と生命論の2つのパラダイムの対立の現れとしてとらえることができます。

■ 第7の視点：【人間観】「完全合理的経済人」から「限定合理的経営人」へ

　機械論の想定する人間は、個体としての孤立点（モナド）であり、客観的な理性（ロゴス）だけの「完全合理的経済人（ホモ・エコノミクスhomo economicus）」です。理性とは、デカルトによれば、「正しく判断し、真と偽を区別する能力」のことです[91]。完全な情報に基づき、すべての選択肢の中から効用・利得を最大にすることを基準に選択し行動します。最適な解を必ず導く算法であるアルゴリズムを用います。いわば、客観的に、損か得かの勘定のみで、常に利己的にベストな選択をする理想的な（血も涙もない）個人主義者です。選択を間違うことはありません。デカルトに始まる近代合理主義をまさしく体現した人間観であり、伝統的な経済学の前提です。数学的なモデル化も容易です。国際関係でも擬人化された国家、経営でも擬人化された企業のモデルとして採用されてきました。

　一方、生命論の想定する人間は、関係としての結節点（ノード）であり、主観的な感情（パトス）もある「限定合理的経営人」です。不完全な情報の下で、限られた選択肢の中からほどほどに満足できることを基準に選択し行動します。解を簡便迅速に発見するヒューリスティクス（困難な問いに対して、適切ではあるが往々にして不完全な答を見つける単純な手続き、経験則）を用います。無意識に好き嫌いの感情にも突き動かされつつ、利他的な面も考慮しベターな選択をする現実的な社会人です。選択を間違った場合はやり直すまでです。

　サイモンは、完全に合理的な人間からなる理論は空虚であるとし[92]、人間は常に断片的な知識しか持たず、結果を完全に予測することは困難であり、可能な行動を想起しうる範囲も限られることから、「限定（された）合理性（bounded rationality）」を主張しました[93]。蟻の歩いた複雑な軌跡は蟻が歩いた海岸という環境の複雑さを示すものであり、決して蟻そのものの複雑さを示すものではありません。人間もひとつの行動システムとして眺めると、蟻と同様にきわめて単純なものなのです[94]。

本書では、判断そのものについて、無意識が意識に、感情が理性に対して主導し大きな制約を与えていることを明確に位置付けたいと思います。詳しくは、後ほど第４章でみていきますが、意識的に行われる論理的な思考以上に、無意識に行われる判断、感情による判断が大きな役割を果たしています。合理性は、知識と能力において限定されるだけでなく、無意識、感情によっても制約されるのです。

　合理性は限定されますが、まったくのでたらめ、非合理というわけではありません。無意識や感情による判断も、即座に判断し危険も回避できる点では、完全ではないにしても充分に合理的といえます[95]。わたしたちは、日々の生活において経験則としてのフレーム（判断の枠組み）とプロトタイプ（典型例）を用いていわば「日常合理的」に判断しています[96]。非個人的な視点で論理的には合理的とはいえなくても、個人的な目標に到達するのに実用的には合理的であるとはいえるのです[97]。「主観的・相対的な合理性」[98]あるいは主体の主観のうちにある「弱い合理性」[99]といえます。

　経済人ではなく経営人（manager）としているのは、現実の世界で合理性が限定されながらも、能動的になんとかやりくりする、成し遂げる（manage）というニュアンスからです。管理人（かんりじん）とする例もありますが、施設の管理人（かんりにん）と紛らわしいので経営人としています。

　実際の人間社会における現実を直視した人間観であり、伝統的経済学の経済人の仮定を置かない経済学として発展途上にある行動経済学の前提ともなっています[100]。

　ドラッカーは、早くも1939年に、弱冠29歳のときの処女作で、経済人は、「たとえ教科書の中では有効であっても、現実に人間の本質を定義するものとしてはあまりに素朴であり戯画的である」と言い放っています[101]。

　アジアで初めてノーベル経済学賞を受賞した経済学者のアマルティア・センは、「純粋な経済人は事実、社会的には愚者に近い。しかし、これまでの経済理論は、そのような単一の万能の選考順序の後光を背負った合理的な愚か者

(rational fool) に占領されてきたのである。人間の行動に関係する〔共感やコミットメントのような〕他の異なった諸概念が働く余地を創り出すためには、われわれはもっと彫琢された構造を必要とする」と主張しています[102]。

社会学者のランドル・コリンズは、「人間の理性の力は非合理的な基盤に支えられている」「人間社会は合理的な協約によってではなく、特定の人びとの間に信頼の社会的絆をつくりだす深層の感情的過程によってまとまりを保っている」ことを明らかにしています[103]。もし人びとが純粋に合理的な基盤に立って行動するならば、契約は守らずに欺くのが得という計算になります。相手が欺かなければすべてを手に入れ、相手が欺いても何も失わないからです。合理的な計算を超えた感覚、深い道徳的な感情がなければ、社会をつくることはできないのです。

認知言語学者のジョージ・レイコフとマーク・ジョンソンも、「あるがままの人間は大部分、彼らの理性による推論に関して意識的なコントロールをしていないし、あるいはそれについて意識的に気づいてすらいない。その上、彼らの理性の大半は、様々な種類のプロトタイプ、フレーミング、そしてメタファーに基礎を置いている。人々は功利性を最大限にする経済的理性という形式には、滅多に従事していない」と指摘します[104]。

そもそも、選択肢の組み合わせについての計算量は指数関数的に増加するので、効用の最大化ということ自体が非現実的です。例えば、100個の財の最適な組み合わせを解くのに100億年かかってしまいます[105]。スーパーへ買い物に行ったが最後、商品を合理的に選択し終えることは、一生かかってもできません。経済学の対象分野（マクロの制度レベル）では、社会制度構造による制約が強く、経済合理性がまだそれなりに有効に働きます。しかし、マーケティング・消費者行動の対象分野（メゾ（中位）の組織レベル、ミクロの個人レベル）では、そうした制約が弱く、経済合理性はほとんど有効に働きません[106]。また、選択肢を比較するにしても、すべてについて金銭的価値といった共通の基準で計算ができるのかも疑問です[107]。

後ほど第4章で、そうした主体のあり方について、さらに踏み込んでみてい

きます。

　従来のマーケティングの理論は機械論に基づいています。現場の現実と乖離しないためには、生命論に基づく新しい理論が必要です。第4章で生命論に基づく新しい理論の内容である主体とその関係の検討に入る前に、理論の対象について次の第3章でみておくことにします。実は、従来の理論の対象が偏ってしまっているのです。

第3章

理論の対象の偏りを正す
3つの次元の全体像

対象の3つの次元と偏り

　理論の内容である主体やその関係の検討に入る前に、理論の対象から見直す必要があります。
　マーケティングの対象は、
　第1の次元：戦略と戦術からなる局面
　第2の次元：計画と実行からなる段階
　第3の次元：結果と過程からなる実践
の3つの次元（dimension）からなる全体像としてとらえることができます。図3-1のような立方体として表せます。

　具体的な内容は、後ほど次元ごとに詳しくみていきますが、まずは言葉の定義、意味を押さえておきましょう。
　はじめに、第1の次元である局面から。そもそも、戦略（strategy）とは将軍による戦争の策略、戦術（tactics）は士官や兵士による戦闘の方術のことをいいます。戦略は目に見えないが戦術は目に見える[1]、戦略は図上で計画するが戦術は地上で戦闘させる[2]、などとも区別されます。戦略は将来に対する成功パターンの仮説であり[3]、戦術はその仮説を実現するための具体的な打ち手

図3-1：対象の3次元の全体像

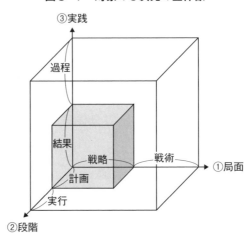

です。マーケティングでいうと、STP⇨MM（4P）での「首尾一貫した方向性」が戦略の局面で、「競合に優位する切り口」での具体的なコミュニケーションが戦術の局面となります[4]。戦術は、広告を例にとれば、USP（Unique Selling Proposition、独自の売り）として何を打ち出し、どのようなコピーを書き、オファー（特典）を何にし、レスポンスデバイス（問い合わせ方法）をどんな組み合わせにし、どの媒体のどこにいつ出して、反響に対してどのようにフォローするのかなどの打ち手のことです。後ほど第4章でみていく13の実例は、もっぱら戦術に関するものです。戦略と戦術は、後でみるように実際は入り組んでおり必ずしも截然と区分できないので、局面（あるいは様相、phase）の次元としています。

　次に、第2の次元の段階。計画（plan）とは、何かを行うにあたり、方法や手順をあらかじめ考えることです。実行（implementation）とは、考えた計画を実際に行うことです。両者は、この後みるように前後することはあっても明確に区分できるので、段階（stage）の次元としています。

　そして、第3の次元の実践。結果（result）とは、行いの結末、生じた状態という断面、言うなれば静止画です。過程（process）とは、結果に至るまで

の実際の具体的な個々の行いの連鎖、言うなれば動画です。一連の行いと結末の集まりなので、実践（practice）の次元としています。

3つの次元は、局面、段階、実践の順に、より具体的なレベルの内容になっていきます。

　従来の理論は、もっぱら戦略・計画・結果を重視し、戦術・実行・過程を切り捨ててきました。図3-1の網掛けをした部分ばかりをみてきたのです。

　近代に特徴的な二元論、二項対立です[5]。二元論とは、物事を対立あるいは矛盾する2つに分ける考え方です。分けられた一方を重視し、もう一方を軽視あるいは無視するのが二項対立の発想です。先に第2章でみたように、機械論に基づく近代科学は、量を重視し質を軽視する、認識する主体を対象である客体に優位するものとする、などというのが典型例です。

　マーケティング・マネジメントとしては、戦略・計画・結果さえ押さえればよい、というのが従来の理論です。トップやマネジャーがマネジメントするのに相応しい内容というわけです。一方、戦術・実行・過程は、そもそも従来の理論がとりあげるには値しない残余物の扱いです。現場の社員は、トップやマネジャーの方針に従っておればよい、後は「よきにはからえ」というわけです。

　一例として、世界標準の教科書である『コトラー＆ケラーのマーケティング・マネジメント（第12版）』[6]をみてみましょう。提唱者だけあってマーケティング戦略のSTP⇨MM（4P）に関する記述は満載ですが、具体的な戦術に関する記述は広告や製品の写真くらいしか見当たりません。直接・間接に全編これ計画に関わる内容であり、I（実行）に関する記述は全967ページ中わずか2ページだけです。しかも、計画は適切に実行されないと無意味なのできっちり管理すべしというだけの内容です。事例の紹介では、結果と経緯についての記載はあっても、実践の過程についての言及はありません。

　しかし、最前線の現場こそが、マーケティングのターゲットである顧客との接点であり、「真実の瞬間」[7]を生み出しているのです。現場における取り組みの中心は、従来の理論が切り捨ててきた戦術・実行・過程、すなわち戦術を実

行する過程です。戦略・計画・結果とともに、戦術・実行・過程が揃って、はじめてマーケティングとして完結し、十全に機能します。対象の偏りも、従来の理論が役に立たない原因となっているのです。

　商業論・マーケティング論を専門とする森下二次也は、マーケティングの諸活動の管理活動的側面のみに着目する理論（組織論・管理論に吸収されうるマーケティング形態論）ではマーケティングの本質は明らかとならず、諸活動の実体についての理論（本来のマーケティング管理論）が必要だとします[8]。管理活動的側面は戦略・計画・結果に対応し、諸活動の実体は戦術・実行・過程に対応するものとみることができ、本書と同じ問題意識に基づいた指摘だといえるでしょう。

　以下では、次元ごとに、その内容を詳しくみていくことにします。

第1の次元：戦略だけでなく戦術も（局面）

■戦略と戦術は表裏一体

　戦略なくして戦術なし、戦術は戦略に従う、とよく言われます。戦略は戦術に優位し、戦略の誤りは戦術では償えないからです。そもそも戦略と戦術を分けた意義はこの点にあります。戦略が重視されるゆえんです。

　戦略を重視するのはいいのですが、戦術を熟知した上で策定しなければ、机上の空論になりかねません。

　近代の三大戦略思想家といえるカール・フォン・クラウゼヴィッツ、アントワーヌ＝アンリ・ジョミニ、ベイジル・リデル＝ハートは、いずれも戦場での実戦経験が豊富で、戦術の成功失敗も熟知していました。クラウゼヴィッツは、12歳でプロイセン軍に入隊して以来、ナポレオン戦争をはじめとして数多くの戦闘に参加し、36歳になってから戦略論の金字塔とされる未完の大著『戦争

論』[9]をまとめました。ジョミニは、19歳からスイス軍、26歳からフランス軍、34歳から90歳で亡くなるまでロシア軍と生涯現役で、軍務の合間にクラウゼヴィッツの『戦争論』と並び称される『戦争概論』[10]をまとめました。リデル=ハートは、19歳でイギリス軍に入隊し第一次世界大戦の西部戦線に送られ、32歳で退役した後に、第1章でもふれた間接的アプローチで有名な『戦略論』[11]をまとめました。ちなみに、クラウゼヴィッツは哲学的な直接的アプローチをとり、ジョミニは科学的・数学的な直接的アプローチをとっています[12]。

　戦略は戦術に裏づけられていなければなりません。クラウゼヴィッツは、「戦略は考慮すべき手段と目的を必ず経験から引き出す」とします[13]。リデル=ハートも、戦略および戦術の真髄の第一として、「目的を手段に適合させよ」とし、「目的を決定するにあたっては、明確な見通しと冷静な計算とを重視すべきである。『消化能力以上の貪食』は愚である。軍事的叡智は『何が可能か』を第一義とする」といいます[14]。可能な戦術なくして戦略なし、戦略は戦術に従う、でもあるのです。

　戦術を無視した戦略のとりわけ悲惨な例として、第一次世界大戦におけるパッシェンデールの戦いがあります。西部戦線における主要な戦いのひとつで、1917年にベルギーで行われました。イギリス軍を主力とした連合国軍は、ドイツ軍の潜水艦基地を占拠するという戦略のために、戦術的な要因としてしかみていなかった天候を一切考慮することなく進軍させました。ようやく戦いが終わった3か月後には、雨でできた泥の海の中で、25万人ものイギリス兵が戦死していました[15]。映画『タイム・オブ・ウォー 戦争の十字架』（2008年）が、その悲惨なありさまを描いています。

　このように、戦略は戦術に従う、という面もあるわけです。戦術は戦略に従うだけでなく、戦略も戦術に従うのです。戦略と戦術は相互に依存し循環する関係にある、ということになります（図3-2）。

　戦争についての戦略の研究では、以下のように指摘されています。クラウゼヴィッツは、戦略と戦術は、「相互に密接な関係にある」ものであり、「空間的

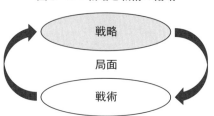

図3-2：戦略と戦術の循環

にも、時間的にも相互に入り組んだ二つの活動である」とします[16]。リデル＝ハートも、「『戦略』と『戦術』の二つのカテゴリーに分類することは、討論のために便利ではあるが、全く別なものとして分割してしまうことは決してできない。そのわけは、二者は相互に影響しあうだけでなく一が他に融合する場合もあるからである」といいます[17]。戦争では共通認識となっているといっていいでしょう。

　経営についての戦略の研究では、そもそも戦術に言及されることは滅多にありません。しかし、よく探してみると、以下の指摘を見出せます。経営コンサルタントのデービッド・ロジャーズは、戦略と戦術の間には「渦巻のようなフィードバックの流れ」があり、今日戦略的な意思決定をしていることも昨日使った戦術の効果に大きく影響されていると指摘します[18]。経営戦略論を専門とするジェイ・B・バーニーも、「もしも企業が戦略実行の方策を考慮せずに戦略を策定しているとしたら、それは明白なミスを犯していることになる」といいます[19]。経営戦略論を専門とする清水勝彦も、戦略と戦術は、上下関係でも選択関係でもなく、どちらが欠けてもそれぞれの役割をしっかり果たすことのできない「表裏一体の関係」だとしています[20]。

■ **戦術まずありき**

　戦略と戦術は両方とも必要であり、両者相まって有効に機能するものです。戦略と戦術の両方について対応するのが鉄則です。しかし、あえて戦略と戦術とどちらか一方だけを選ばざるをえないとするならば、わたしは迷うことなく

戦術のほうを選びます。確かに戦略なき戦術は無謀ですが、戦術なき戦略はそもそも無力だからです。

　正しい戦略と誤った戦略、正しい戦術と誤った戦術を組み合わせた場合、4組の優先順位はどうなるでしょうか。正しい戦略と正しい戦術が最善で、誤った戦略と誤った戦術が最悪であることは、だれも異論がないでしょう。正しい戦略と誤った戦術は正しい戦略が実現しないだけなので2番目、誤った戦略と正しい戦術は誤った戦略が実現してしまうので3番目であり、真珠湾攻撃がその実例である、と経営組織論、経営戦略論を専門とする加護野忠男が主張していると聞いたことがあります。

　戦略と戦術の正誤が事前にはっきりしていて、その内容を変更することもないのであれば、そのとおりでしょう。しかし、これからみていきますが、現実には、渦中の当事者にとって戦略と戦術の前提となる状況が不明瞭で不確実なことが少なくありません。戦略と戦術の正誤も事前には必ずしも定かではありません。そのような場合には、まずは有効な戦術によって戦果をあげながら状況をとらえ適宜戦略を見直していく、という行き方がビジネスでは現実的でしょう。経営戦略論の大家のリチャード・P・ルメルトも指摘するように、新しい戦略は仮説であり、仮説の実行は実験に相当し、実験の結果が判明したら、有能な経営者は何がうまくいき何がうまくいかないかを学習し、戦略を軌道修正するものです[21]。そもそも戦術が機能しないと、実験の結果を出せず、戦略を軌道修正することもできません。

　経営戦略論を専門とする三品和広は、戦略は利益の最大値を決定するだけで、実績値を決めるのは管理だとし、「戦略が優れていても、管理が拙ければ、結果は出ない。戦略が拙ければ、やはり結果は出ない。どちらも重要ながら、変えるのが難しいのは戦略の方であることが多い」といいます[22]。ここでいう管理は、戦術とその実行をさすものといえます。事前には優劣が必ずしも明らかでない仮説としての戦略の下で、変えやすい戦術をいろいろと試して実績値を見極め、必要に応じて変えにくい戦略を見直して最大値の引き上げをはかる、という進め方がやはり現実的でしょう。三品の実証研究によれば、経営者は10

年以上続けないと戦略の効果を発揮し長期利益を安定的にあげられません[23]。そうだとすれば、なおのことまずは戦術を選ばないわけにはいかないでしょう。

マーケティング戦略のSTPのPであるポジショニングの概念を世に広めた、広告業界出身のマーケティング・コンサルタントであるアル・ライズとジャック・トラウトも、「ビジネスで実際に行われている戦術を熟知し、それに深く関与することを通して、戦略を立案すべきである〔……〕つまり、コミュニケーションの戦術がマーケティングの戦略を決定すべきだということである。〔……〕大部分のマーケティング担当者は逆を信じている」「戦略は戦術に即しているべきである。すなわち、戦略の究極的かつ唯一の目的は、戦術的結果を達成することだ」と指摘します[24]。マーケターは、戦術を熟知し、戦術に即した戦略を立てるべきなのです。

実際、ホームプロを起業してみて、戦術の大切さを嫌というほど痛感しました。第1章でみたように初年度に大苦戦したのも、インターネットやダイレクト・マーケティングの実際の戦術に疎かったからです。

戦略については、企画の仕事に携わり個人的にも興味があったので、孫子、クラウゼヴィッツ、リデル＝ハートなどの古典から、イゴール・アンゾフ、マイケル・ポーター、大前研一などの経営戦略まで、それなりに研究していました。ホームプロの基本となる戦略はいたってシンプルです。リフォーム会社は何の資格も届出も不要なことから玉石混交ですが、生活者は見極めるだけの知識や経験もないのが通例です。リフォーム会社としても、チラシの反響は低下傾向にあり、普及が進むインターネットから集客しようにも有効な手立てがありません。そこで、リフォームが初めてあるいは失敗経験のある中高年に対して、最も厳しい独自の基準で厳選された優良な会社の中から、地域と内容にマッチした会社を簡単に選べる無料のサービスを、ネットならではの独自の匿名逆入札方式（利用者が匿名で申し込んだ案件に対して、やれます・やりますというリフォーム会社が手を上げます）で提供します。インフォミディアリ[25]、ニューミドルマン[26]といわれるB to B to Cの情報仲介マッチングモデルです。

加盟会社にはホームプロと利害の一致する成約への従量課金を基本とし、利用者には無料の保証適用の条件としてサービス評価を依頼し、よい評価を得れば得るほど成約が増えるようにします。独り勝ちのネットの世界ですから、国内初、実績No.1のサイトとなるべく参入しました。10年以上経っても、とくに変える必要は感じません。しかし、どんなによい戦略を掲げたとしても、そもそも集客できなければ事業は成り立ちません。集客するためにはしかるべき戦術が必要です。

　わたしの場合、幸運にも、起業1年後のどん底の時期に神田と小阪に出会い、ダイレクト・マーケティングの戦術を学ぶことができました。次から次へとひたすら実践し、なんとか事業を軌道に乗せることができたのは、第1章でみたとおりです。神田と小阪以外にも、高橋憲行、後藤康之、佐藤昌弘、さらには本場米国のジョン・ケープルズ、クロード・ホプキンス、デイヴィッド・オグルヴィ、レスター・ワンダーマン、ロッサー・リーブス、エルマー・ホイラー、ロバート・コリアー、アル・ライズ、ジャック・トラウト、ジョセフ・シュガーマン、ジェイ・レビンソン、ダン・ケネディ、ジェイ・エイブラハムなど、自らも実践し実績をあげたマーケターから学んだ戦術が大いに役立ちました。

　リクルートがホームプロへ出資することになった要因のひとつが戦術でしょう。ホームプロがいち早くネットでの仲介サービスに取り組み、日々試行錯誤を積み重ね実証していったネット仲介ならではの戦術、ノウハウにも価値を見出したはずです。

　ヤマト運輸を倒産の危機から救い、業界のトップ企業にまで育て上げた小倉昌男が、「戦術を軽視するな」「経営は戦略だけではいけないのであって、戦術もまた非常に重要なのである」「戦略は大事だが、戦術を伴ってはじめて生きることを、忘れては困るのである」と強調するとおりです[27]。実際、小倉自ら、宅配・早い・便利というサービス内容を具体的に表現するものとして「宅急便」のネーミングを考え、集配車の側面にセールスポイントである「翌日配達」の文字を書かせています[28]。セブン-イレブンを流通業界のトップ企業に育て上げた鈴木敏文も、店頭で行われる仮説検証型発注について自ら厳しく指

導し続けていることで有名ですが、創業時に「あいててよかった」、最近は「近くて便利」といったコピーも考え出しています[29]。アマゾンのベゾスは、社内で新しい商品や機能を提案する場合、パワーポイントは使用禁止とし、6ページ以内の文章でプレスリリース形式の意見書にまとめさせます。顧客にどう伝えられ受け止められるかということから遡って、意思決定し仕事を進めさせているのです[30]。

　第1章の冒頭でみたように、米国ではMBA出身者の多い会社ほど業績が芳しくないのも、戦略ばかり重視して戦術に疎く無視あるいは軽視していることにも原因があるのではないでしょうか。

　ビジネス誌などで頻繁に1位にランクされるペンシルバニア大学ウォートンスクール出身の神田は、かつて米国のワールプールの日本支社長として食器洗浄機を自ら拡販することになった際、「私はトップランキングのMBAをもちながら、泥まみれになった」といいます。第1章でみたハーバード・ビジネススクール出身のDeNAの南場と同様です。MBAでは、調査・分析・戦略構築を教えるばかりで、見込客を集めたり販売したりする泥臭い作業については現場の者に任せればよいとして教えません。「ビジネススクールでは、集客は結果であり、原因ではないと考える。つまり、顧客ニーズに合った商品を、〔適切な〕価格帯で、適切な戦略をとれば、客は自然に集まると。しかし、現実では、客が集まらないならば、なんの手も打てないのだ。客が集まって初めて、顧客の本当のニーズが分かる。そして商品改良もできる。また量を販売できるので、価格は下げられる。そうして初めてビジネスは、善循環に入るのである」、MBAは、「現実のビジネスについては、全く無力」「大企業の社内で理屈をこねるには、役に立つ」とまで言い切っています[31]。

　MBAの教育プログラムでは、戦術にあたる営業の授業があることはほとんどなく、せいぜい選択制で数時間の講義があるだけです。ハーバード大学とマサチューセッツ工科大学（MIT）のビジネススクールで営業を教えるハワード・アンダーソンは、自身がハーバード・ビジネススクールを卒業してすぐに

コンサルティング会社を起業し、成功させた経験の持ち主です。そのアンダーソンは、「毎回授業のはじめに『このなかでノルマを背負ったことのある人は？』と聞くが、いたためしがない。セールスは、結果が測れる唯一の分野だ。それがMBAの学生には死ぬほど恐ろしいんだよ」「営業を学ばずにMBAを取るのは、経理を勉強せずに経営学修士を名乗るようなもの」で、「まったく信用できない」といいます[32]。

　組織行動論を専門とするジェフリー・フェファーとロバート・I・サットンは、戦略ばかりにこだわると見えなくなるものもある、といいます。何をするべきかを理解するにはさまざまな方法がある中で、「戦略はそのうちの一つで、おそらくベストの方法ですらない」からです[33]。
　一見偉大な戦略のおかげで成功したように見えても、検証してみると戦略とは全く関係ないことがよくあります。例えば、半導体メーカーのインテルがマイクロプロセッサ市場を席巻することができたのも、インテル自体の戦略によるものではありません。1980年代前半に、IBMが、マイクロプロセッサがパソコン事業における利益の多くを占めるようになることを予見できず、インテルに外注することを決めたからです。そうしてマイクロプロセッサが次々と売れるようになってから、インテルは自社がマイクロプロセッサ企業へと進化していることにようやく気がつきます（この経緯については、後ほどまた詳しくみます）。
　実際、わたしの経験からしても、反響のとれるチラシ1枚、広告の見出しひとつで、事業そのものの成否が決まることが十分ありえます。見出しのうちのたった1語が違うだけで、反響率が1桁、2桁違ってくることも決して珍しくありません。1人あたりの集客コストが、10倍、100倍も違ってくるわけです。実際にこれまで何度も経験しました。にもかかわらず、たった1度チラシを配ったり広告を出したりしただけの結果で、比較テストもすることなく、集客さらには事業の成否すら即断しようとする人が少なくありません。実際にやってみてそうした違いを経験したことがなければ、「チラシはチラシ、広告は広

告じゃないか、どれも大して差はなかろう」となんとなく考えてしまうのも無理はありません。実はかつてのわたしもそうでした。しかし、戦術を知らずそうした判断をしてしまうと、せっかくの事業の芽を摘んでしまうことにもなってしまいます。新しい取り組みには、戦術を実際の市場で何度もテストし、うまくいくパターンを創り上げていく試行錯誤が不可欠です。

マーケティングは、事件と同じく、会議室で起きているのではなく、現場で起きています[34]。ライズとトラウトもいうように、「広告の使いこなし方を戦術レベルで熟知していない限り、マーケティング戦略家として大いに分が悪い」でしょう[35]。マーケティングの真髄は、「自ら進んで現場に出向き、全力で戦略を考え出そうとする熱意なのである。〔……〕ところが、今日、マーケティングがあまりにも学術的そして分析的になってしまった」のです[36]。ホームプロで当初大苦戦した反省からしても、現場での戦術を熟知していなければ実戦ではまともに戦えません。

マネジャーの実態をつぶさに研究し、従来の理論は現実ではなく伝説にすぎないと喝破したことで知られる経営学者のヘンリー・ミンツバーグは、有効な戦術は戦略へ昇華しうることを指摘します。「戦略は重要であると見なされ、戦術はたんにその詳細な内容であると見なされる。しかし、〔……〕前もって誰もどちらが重要なのか分からない〔……〕言い換えれば、戦略のたんなる詳細な内容が最終的には戦略それ自体になることもある。結局、昔の童謡で指摘されているように、馬の蹄の釘がなかったがために戦争に負けるかもしれない」[37]。「真の戦略家とは自身の手を汚してアイデアを掘り起こす人物であり、真の戦略は彼らがたまたま掘り起こした金塊から生み出される。要するに、日常に存在する微細な事柄に無関心であってはならないのだ。そのようなことにみずから触れながら、そのなかから戦略的なメッセージを抽出できる人こそ戦略家たりえる。大きな絵も精緻な筆使いで描かれているものだ」[38]。

例えば、30分以内での配達を打ち出して世界最大の宅配ピザチェーンとなったドミノピザ、創業者の独特な語り口のテレビショッピングで国内通販大手と

なったジャパネットたかたが、戦術が戦略に昇華した典型例でしょう。ドミノピザは、ピザの大きさを2種類、トッピングを6種類だけとし、飲み物もコーラだけに絞り込んで徹底しました（現在は違います）[39]。ジャパネットたかたは、自社内にテレビの撮影スタジオまでつくり、社員自らスタッフとして運営し、「幸せになれる商品の使い方」を伝えています[40]。競合に優位する切り口が、首尾一貫した方向性として継続されるようになり、独自のポジションを築き上げるまでに至ったのです。

　変わったところでは、トイレ掃除も、そうした例として位置付けられます。社長をはじめ社員がトイレ掃除を継続して行い、好業績をあげている会社が少なくありません。イエローハットや日本電産、伊那食品工業などが有名です。経営戦略論を専門とする大森信は、トイレ掃除という習慣的な行動には、以下のようなはたらきがあるとします[41]。同じ行動を繰り返すことで積極的な意味を見出そうとして多様な思考を生み出すとともに、交流が促され組織的な一体感が生まれます。メンバーの精神は、自力（問題処理力）と利己（問題発見力）から自力と利他（取捨選択力）へ、さらに他力（受容力）と利他へと変化していく傾向にあり、これら3種が混在することで組織の問題解決力も向上します。トイレ掃除を継続することで、規律を守る他律性と自発的に活動する自律性がともに身に付きます。トイレ掃除は、目的志向ではなく手段志向であり、不確実性の高い環境下では予期しない結果を得られ、他の目的志向の行動の間の対立をかすがいとして解消します。このように大森が指摘するはたらきからして、トイレ掃除は、日本ならではの戦略化の過程における行動のひとつ、戦術として位置付けることができます。

　神（優れた戦略）は細部（機能する戦術）に宿っています。細部を徹底することで神が出現します（まさにトイレの神様です）。競争力の源泉として経営資源・能力を重視する戦略の考え方[42]に通じるものといえるでしょう。

■ 戦略はコモディティ化

　今や戦略はコモディティ（日用品、汎用品）化しています[43]。

30年前の日本なら、戦略の策定はまださほど一般化しておらず、明確な戦略があるだけでも他社と差別化することができました。戦略コンサルティングが大いにもてはやされていた時代です。しかし、今日では分析によって戦略を策定することは、企画スタッフのいるような会社ではもはや当たり前になっています。知人のコンサルタントに聞いてみても、最近では戦略コンサルティングの発注はほとんどないそうです。経営戦略を書名に含む本を調べてみると、1980年以前には累計でも100冊余りでしたが、2000年以降だけですでに500冊近く出版されています。それだけ執筆者も読者も増え、広く普及しているわけです。

　それらの本で紹介されている戦略のフレームワーク（検討の枠組み）は、手軽でわたしも利用してきました。しかし、単にあてはめて分析するだけで、実際に効果的な戦略ができあがる魔法の杖ではありません。そうした同じような手法で、ネットなどで簡単に手に入る同じような情報を使って分析すれば、自ずと似たり寄ったりの内容の戦略ができあがります。戦略の内容そのものも、ありふれたコモディティになってしまいます。競争優位を得るための教科書的なテクニックは、あまりに広く普及しすぎてしまい、もはや有効とはいえないようになってしまったのです[44]。

　経営戦略論を専門とする楠木健が、「このところの『戦略』なり『戦略論』が、出来合いのフレームワークやテンプレートに流行のキーワードをちりばめて一丁上がり！というような、やたらと『短い話』に終始している」が、「競争戦略には、『こうやったらうまくいく』という絶対の法則はありません」と指摘するとおりでしょう。「にもかかわらず、一部の戦略論、特に『アカデミック』な戦略論には法則の定立をめざそうとするものが少なくありません。この数十年の正統派経営学の基本姿勢は、法則の定立を志向しています」というおかしなことになっています[45]。

　コトラーは、業界・市場におけるリーダー・チャレンジャー・フォロワー・ニッチャーという４つの地位・役割に応じた標準的な競争戦略を提示していま

す[46]。リーダーは全方位、チャレンジャーは差別化、フォロワーは模倣、ニッチャーは集中が戦略の基本方針となります。

　顧客だけでなく競合にも留意することは不可欠であり、論理的に考えて標準的な戦略としてはそのとおりでしょう。しかし、今や市場の各社はこうした標準戦略を知っている可能性が高く、競合の戦略的な誤りでもなければ、標準戦略だけで他社を出し抜くことは難しいでしょう。言うなれば、どんな盾でも貫ける"矛"戦略とどんな矛でも防げる"盾"戦略との争いになるわけですから、戦略以外の戦術や実行での勝負になります。囲碁の定石や将棋の定跡と実際の対局との関係と同様ではないでしょうか。プロの対局では、定石や定跡を踏まえつつそれらを超えなくては勝負には勝てません。

　さらに、今日では旧来の業界という枠組みではとらえきれない場合が増えてきています。例えば、アップルのiPod（さらにはその機能を含むiPhone）の競合は、他の携帯音楽プレーヤーのメーカーもありますが、むしろCDショップやアップルのiTunes以外の音楽配信サービス提供者でしょう。家庭用ゲーム機メーカーの競合は、同じ業界内の他社から、従来型携帯電話（ブラウザー）さらにスマートフォン（アプリ）でのオンラインゲーム運営会社へと移ってきています。小売業とされるコンビニエンスストアの競合は、同じ業界内の他社というよりは、おにぎりや弁当、ドーナッツではファストフード店（のテイクアウト）です。淹れたてコーヒーではコーヒーショップ（のテイクアウト）です。イートインスペースが併設されていれば外食店です。単純に特定の業界内の地位に基づいて標準戦略を採用するだけではすまなくなってきています。また後ほど第4章で、コトラー自身も業界・市場を所与のものとして対応することの限界をついに認めざるをえなくなったラテラル・マーケティングについてみていきます。

　経営学者の吉原英樹によると、成功する戦略は、一見したところ非常識に思えるが、説明を聞いてみると理屈が通っていて納得するという、「バカな」（差別性）と「なるほど」（合理性）の2つの特徴を同時に持つ、といいます[47]。

2つのうちでは、「バカな」のほうが重要とされています。「なるほど」が強いと、平凡で常識的な戦略となり、すぐに模倣されてしまうからです。「バカな」とされることで、他社に模倣されにくくなります。

そのような戦略を打ち出せれば脱コモディティ化でき、それにこしたことはありません。しかし、容易なことではないでしょう。容易にできるのであれば、そもそもコモディティ化しないわけです。実際、ホームプロの戦略も、先にみたように、当初から「バカな」と言われるような内容ではなく、模倣するサイトが次々に現れては消えていきました。

「バカな」とされる戦略も、いざ成功が明らかになると、すぐに模倣されます。ヤマト運輸が、1976年に社運を賭けて宅急便を始めた当初は、儲からない小口の宅配事業に参入するとは「バカな」と言われていました。しかし、1980年に事業が黒字化するやいなや、一気に35社も参入しました[48]。「バカな」だった宅急便の戦略も、5年ほどで「なるほど」だけとなり、コモディティ化してしまったわけです。米国でも、フェデラル・エクスプレスが宅配事業を開始した2年後には、郵便公社、UPS、DHLが相次いで参入しています[49]。

現実的には、コモディティ化した「なるほど」とだけ言われる戦略の下で、戦術や実行で差別化していかざるを得ない場合がほとんどでしょう。

GEのトップ（CEO）として20年に渡り君臨し、フォーチュン誌で「20世紀最高の経営者」にも選ばれたジャック・ウェルチも、戦略は大まかでよいとし、むしろ実行を重視しています。「現実の社会では、戦略は実際のところ非常に単純なものだ。大まかな方向を決めて、死に物狂いで実践する。〔……〕別に戦略の大家を無視しろと言うつもりはない。彼らのコンセプトの中には傾聴に値することもある。だが、彼らが普及させようとしている科学的アプローチには反対したい。〔……〕なんていったって非生産的じゃないか！勝ちたいのなら、戦略についてじっくり考えるよりその分、体を動かせ。〔……〕戦略は大まかな方向性を与えるもので、市場環境によって、頻繁に見直し、定義しなおす性格のものだと考える。それは反復作業で、世間で言われているほど理論的でもないし、死活問題というわけでもない」[50]。企業戦略についても、ドラッ

カーがウェルチに助言した「いまその事業を行っていなかったとしても、そこに人材と資金を投入するか」との問いを受けて、市場で1位か2位になれない事業は売却するか撤退するという大まかなもので十分だったのです[51]。

　戦略がコモディティ化した今日では、適切な戦略があるだけで競合から抜きん出ることは難しくなっています。一方、そもそも適切な戦略がなければ、競争から即脱落することを覚悟しなくてはなりません。コモディティ化しているからこそ、戦略は必要不可欠です。
　ホームプロに追随して参入したある競合は、ホームプロからいいとこ取りをしようと模倣して、広告モデルとホームプロ類似の仲介モデルを一緒にひとつのサイトで提供しました。模倣するにしても、仕組みの本質を見極めてとりいれる[52]のではなく、単に仲介機能を追加して並列させただけでした。その結果、木に竹を接いだような中途半端な戦略となり、自滅していきました。焦点の定まらない二兎を追う戦略がまずかったわけです。孫子にあるように戦略の要諦は集中ですから[53]、ホームプロはネットならではの独自の匿名逆入札方式による仲介モデルだけに特化し、広告モデルは端から捨てていました。「スタートアップの運命は、創業者の努力と同じくらい、競争相手の出来不出来や市場の変化に左右されるものだ」[54]といい、「実は多くのケースで『敵失』（相手のエラー）が重要な役割を果たしているように思われてならない」[55]といい、「どこか一社が大成功を収めるときには、必ずといっていいほど競争相手がまずい対応をしているものである」[56]というとおりでした。
　ベンチャーばかりでなく大企業も、敵失に救われることが少なくありません。一例をあげれば、P&Gが、1995年に台所用洗剤のジョイの濃縮タイプを日本で発売し、トップシェアを獲得できたのも、当時シェア40％ずつで市場を分け合っていた国内大手2社の敵失によるものでした。P&Gは、競合よりもあえて高い価格を設定し、芸能人が一般家庭に乱入して油汚れ落ちを訴求するCMを展開する「大ばくち」の戦略に打って出ました。希釈タイプの良さを宣伝し大々的に販促を仕掛けられると危なかったのですが、2社はあわてて濃縮タイ

プを追随発売し値引き攻勢に出ました。これでは、濃縮タイプが優れていることをみずから認めてしまったのも同然です。P&Gのトップ（CEO）であったアラン・G・ラフリーは、「敵がもっと賢く、適切な対抗策で応戦してきたら、私たちの勝ち目はなくなっていただろう。だが彼らはそうしなかった」といっています[57]。日本では、孫子[58]にもあるとおり、敵の虚を衝いてうまくいったわけです。先行して発売したイギリスとドイツでは、敵失に救われることなく、現地のメーカーに惨敗していました。

　その後も次々と現れたホームプロの競合のほとんどは、つまみ食いではなく丸ごとホームプロの戦略やサイトを模倣するものの、肝心要の戦術を知らず実行も伴わず消えていきました。戦略は同じであっても、戦術、実行がまずかったわけです。集客の戦術はもちろんですが、試行錯誤しながら築き上げてきた数々の運営上の戦術、ノウハウは、外部からはわからずほとんど見過ごされます。

■ 実行が戦略を創り出す

　世界的に有名な経営コンサルタントである大前は、かつてネット宅配事業のプロジェクトで2度同席したことがありますが、今日、「市場の定義づけが難しいものであるということは、需要見通しを立てることがそう簡単ではないということである。このため市場の動向に合わせて需要予測を柔軟に変えていくという手法を企業は取り入れざるをえなくなるだろう」といいます[59]。同じく経営コンサルタントのカレン・フェランも、「戦略策定の実行における問題は、戦略策定は、今後の経済状況や、業界の変化や、競合他社の動向や、顧客のニーズを予測できることが前提となっている点だ。しかし、そんなことがまともにできる人間はいない」といいます[60]。

　予測がきかないのは、なにも今に始まったことではありません。1940年代にIBMの初代会長のトーマス・ワトソン・シニアは、「世界中で売れるコンピュータはせいぜい5台くらいだろう」と予測したという逸話が伝わっています（発言についての証拠は見つかっていませんが、当初はコンピュータの開発を最重

要視していなかったことは確かです)[61]。1950年代にゼロックスが依頼した調査会社は、高価な普通紙の複写機を発売しても「全米中のオフィスに５千台以上設置することは期待できない」と予測しました[62]。いずれの予測も大外れし、事業は大当たりし、世界的企業に急成長したことは、広く知られているとおりです。

　市場の予測もさることながら、独自の意思を持って行動する競合の動きを予測することは、こちらの予測の裏をかかれたり（こちらはそのまた裏をかく、むこうはさらにその裏をかく……と無限に後退しえます）、出方によって対応を変えられたりすることもあり、より一層困難です。

　半世紀前とは比べものにならないほど環境が不安定で不確実となっている今日、予測できることを前提にした取り組み方（調査から始まるR⇨STP⇨MM（4P）⇨I⇨Cがまさにそうです）は、現実的ではなくなってきているといっていいでしょう。例えば、アマゾンは、創業５年後の売上高を１億ドルと予測していたのに対して、実績は16億ドルでした。在庫を持たない方針を180度転換し巨大な物流センターを各所に設置することになり、14億ドルもの赤字になることなど、まったく予想していませんでした[63]。マイクロソフトのトップ（CEO）であったスティーヴ・バルマーは、キーボードもない電話のiPhoneに、２年間の通信契約を強制し500ドルも支払わせるというアップルの発想を当初は鼻で笑っていました[64]。発売後の大ヒットは周知のとおりです。

　経営戦略論を専門とするリタ・マグレイスは、これまでの安定重視の「持続的な競争優位」ではなく、これからは不安定で不確実な環境下での「一時的な競争優位」に基づいて戦略を考えなければならないと主張します。「現在用いられている戦略のフレームワークやツールはほぼすべて、ある一つの考えに支配されている。つまり、戦略の目的は持続する競争優位の確立だというものである。この考え方は戦略のもっとも基本的なコンセプトであり、あらゆる企業の至高の目標だ。ところが多くの企業にとって、この考え方はもはやふさわしいものではなくなってきている」[65]からです。

1983年、『日経ビジネス』が、過去百年間の総資産額と売上高の上位百社のランキングを分析し、「会社の寿命」は30年だとする特集記事を出しました[66]。会社が繁栄してわが世の春を謳歌できるのは30年に過ぎない、との内容が衝撃を与えました。それからちょうど30年後の2013年に、『日経ビジネス』が再び特集記事を出しています[67]。以前と同じ売上高と総資産額のランキングの上位企業でみると27年ですが、時価総額ベースでみると18年です。帝国データバンクで評点80点以上の超優良企業では、10年後には半数が79点以下に脱落しています。帝国データバンクが別途行った調査では、2001年から2010年までの10年間で、業界売上高トップ企業1,056社のうち30％にあたる315社が入れ替わっています[68]。商品・サービスは、さらに短期間で変動しています。日本経済新聞社が毎年行っている「主要商品・サービスシェア調査」[69]で、主要100品目中で首位が入れ替わったのが、2009年は13品目、2010年は11品目、2011年は13品目、2012年は16品目、2013年は10品目と、毎年全体の10％以上となっています。確かに日本でも、総じて競争優位を持続しづらくなっているといえるでしょう。

　経営戦略論の第一人者として、持続的な競争優位の確立を主張するポーターは、5つの競争要因（競争企業間の敵対関係・新規参入の脅威・買い手の交渉力・売り手の交渉力・代替品の脅威）の相対的力関係から成り立つ業界構造を膨大な量のデータに基づいて分析し、そこでの自社のポジションに応じた戦略を選択すべきだとします（ファイブ・フォース分析）[70]。経済学の産業組織論のS-C-P（業界構造Structureが企業の行動Conductを規定し業績Performanceを決める）モデルを踏まえて、独占に近い地位である競争優位を築くためには、企業行動を司る競争戦略は業界構造に基づくべきだとするものです。
　5つの競争要因は、競合についての着眼点としては役に立ちます。しかし、実際に業界の成長率とその業界内の個々の企業の成長率を分析してみると、両者は相関せずまちまちです[71]。企業の業績についてのルメルトの実証研究では、業界で説明がつくのが全体の約16％なのに対して、事業で説明がつくのが約

83％です[72]。業界間よりも事業間の違いのほうがはるかに大きいのです。成長性や収益性の高い業界を選びさえすればいい、というわけではありません。さらに、先にみたように旧来の業界という枠組みに収まらない場合（業界を超えた代替品）が増えています。業界を与件として分析し対応するだけではなく、業界を超えること、変えることや創ることも考慮に入れることが必要となっています[73]。ファイブ・フォース分析は、現在に比べはるかに安定していた30年以上前の環境を前提としたものといえるでしょう。ポーターが『競争の戦略』を出版してから30年間一度も改訂していないのは、一部で言われているように理論が優れていて改訂の必要がないからというよりは、理論の前提が崩れていき改訂するわけにはいかなくなっていったからではないでしょうか。

　ポーターが競争戦略の選択肢として提唱するのが、コストリーダーシップ・差別化（品質優位性）・集中（コスト集中もしくは差別化集中）の３つの基本戦略です。自社の価値連鎖の分析（価値の源泉となっている活動はどこか）に基づいて、３つのうちからどれかひとつの戦略だけを選ばなければならないとします[74]。しかし、実際には、低価格とファッション性を両立させたベネトン、低価格でありながらデザイン性・機能性にも優れた家具を取り揃えるイケア、「大幅な商品力向上と原価低減を同時に達成するクルマづくり」を掲げるトヨタ、低価格と顧客体験（品揃えやスピード配送）を両立させるアマゾンをはじめ、成功している事業の多くは、低コストと差別化を同時に追求しています。ポーターがいうようにごくまれな例外というわけではありません。ほとんどの顧客も、価格と品質の両方に関心をもっています。もちろん中途半端に二兎を追うのはよくありませんが、ひとつだけ選べばいい、ひとつしか選んではいけない、というものではないでしょう。トレードオフをうまく両立させることで優れた戦略となりうるのではないでしょうか。実務では、ヤマト運輸の小倉がいうように、「経営にめりはりをつけるのも、戦略的な考え方である。第一を強調するためには第二を設定すればよい」[75]とするのがおすすめです。小倉が宅急便の開始当初には「サービスが先、利益は後」としたように、状況に応じて「品質第一、コスト第二」あるいは「コスト第一、品質第二」などと優先順

位を付けるのです。

　そもそもポーターは戦略を与件として選択するものとしており、戦略の形成という思考過程についてはふれていません[76]。しかし、あらかじめ客観的に「正しい戦略」があるのではありません。大量のデータを精緻に分析しさえすれば、唯一の正解として戦略が選べるわけでもありません。

　軍事戦略論を専門とするウィリアムソン・マーレーらによれば、「戦略とは、偶然性、不確実性、曖昧性が支配する世界で状況や環境に適応させる恒常的なプロセスにほかならない」からです。「戦略には人間の情熱、価値観、信条という不可測な要素も含まれているから」であり、「戦略の立案は、現実によってより大きな文脈のなかに強く規定されている」のです。「『戦略』という捉えどころのない概念を真に理解するためには、戦略の形成（the making of strategy）について考えることが極めて重要」となります[77]。経営戦略論を専門とするロバート・A・バーゲルマンは、戦略形成プロセスの本質は「変化への適応力」だとします[78]。

　ルメルトも指摘するように、戦略は選択や意思決定というよりも、設計やデザインとしてとらえるのがふさわしいものなのです[79]。さまざまな要素の相互作用を考慮し、全体をコーディネートしなくてはなりません。トレードオフを見極めて、最適に組み合わせなくてはなりません。

　工学設計の世界的なバイブルと称される体系的アプローチのテクストによれば、「重要なことは、最適化の目的のために、設計プロセスは制御プロセスとして静的ではなく動的に扱われなくてはならないということである。そこでは、その情報の内容が最適設計解を得るのに十分なレベルに達するまで、情報のフィードバックは繰り返さなければならない」のです[80]。

　IBMやUPS、abcテレビのロゴ等で知られ20世紀を代表するグラフィック・デザイナーのポール・ランドによれば、デザインは、「美しく、目的に適うこと[81]」により「問題を解決していく活動」[82]であり、「課題から始めて、その課題を忘れ、課題が自ら姿を現すか、解決法が自ら現れてから再評価する」[83]という、準備⇨孵化⇨啓示の過程を経るものです。その過程は一直線に進むこと

はまずなく、ランドも「10回くらいやりなおさないで完成させた仕事はほとんどない」のです[84]。

そこで、当初に意図した戦略が実現するとする伝統的な熟考型戦略だけではなく、ミンツバーグが主張するように、当初は意図しなかった戦略が実現するとする創発型戦略、「やってみなければわからない戦略」[85]を生み出していくことが重要になってきます。マネジャーは陶芸家であり戦略は粘土であるとして、戦略策定は「クラフト（工芸）」にたとえられます[86]。戦略は、組織が持っているもの、所有物ではなく、人々が行うこと、相互作用なのです[87]。三品がいうように、戦略は、客観的な分析に基づく一般解ではなく、予想外の展開に対応するために主観と状況に基づく特殊解として結果的につくられるものです[88]。大前が、「不確実性の高い環境では、マイケル・ポーターに代表される演繹的な戦略論よりも、顧客の立場から構想するという、帰納的な戦略論のほうが有効なのだ」[89]というとおりでしょう。

ポーターは、かつて、「たいていの日本企業は、お互いに模倣し合っているだけである」「明確な戦略的ポジションを開発している日本企業は皆無に等しい」と指摘しました[90]。日本企業では、顧客や商品ラインを絞り込まず、安易に他社を模倣する傾向が、欧米企業に比べて総じて強かったのは確かでしょう（現在でも、まだかなり強く残っているようにも見受けます）。ポーター流の分析による熟考型戦略は、日本企業では珍しかったということも確かでしょう[91]。しかし、実行が生み出す創発型戦略は少なからずありました。第1章でみたホンダの対米進出の成功は、創発型戦略でうまくいった代表的な事例とされています[92]。

NHKのドキュメンタリー番組『プロジェクトX　挑戦者たち』でも紹介されましたが、セブン-イレブンやヤマト運輸も、創発型戦略によって事業を軌道に乗せています。セブン-イレブンでは、東京の江東区豊洲の第1号店でいきなり在庫の山に直面し、その後の成長を主導する単品管理・小口配送・集中出店という基本戦略そのものを編み出していきました[93]。ヤマト運輸では、事

前に宅急便の戦略を熟考していましたが、「サービスが先、利益は後」として北海道などの過疎地へも全国展開していく中で、海産物や農産物の産地の要望から都会への"新鮮直送"という新たな市場を生み出していきました[94]。いずれも、現場で悪戦苦闘し試行錯誤を繰り返す中から、戦略や市場を創り出し、業界トップ企業へと成長していったのです。

この2社を模範として起業したホームプロでも同様でした。利用者の声から、遠隔地のリフォームというネットならではの市場を成約全体の10%以上も生み出していたことに気がつきました。いざ始めてみると、加盟会社のサポート業務に想定外に手がかかることになったのですが、その手厚いサポートの存在によって次々と現れる模倣サイトに対して差別化できることになりました。アマゾンが当初ボトルネックになっていた物流を整備することで、競合のイーベイなどにも差別化できるようになった[95]のと同様です。

バーニーは、「実は、多くの企業の現行の戦略、しかも非常に成功している戦略の多くが創発戦略である」と指摘します[96]。経営資源(独自能力)を重視した創発型戦略は、日本企業の特徴であり強みであるといえます[97]。資源も戦略と同様に与件ではなく見出し創り出し組み直していくものです[98]。資源は固定化・実体化してとらえるべきではありません。ベイトソンも学んだ希代の心理療法家のミルトン・H・エリクソンが自身のポリオによる障害も治療に利用したように、あらゆるあるもの、ないもの、問題そのものですら、資源として活用(utilize)することができます[99]。

ジョミニの『戦争概論』では、はじめに目標点を設定し、そこへ到達するための計画を練り、軍を進めて戦います。「戦略的計画」、すなわち熟考型戦略が鍵となります。一方、クラウゼヴィッツの『戦争論』では、戦場において軍を進める中で、自軍が優勢となる決勝点をひらめき、そこで戦います。「戦略的直観」[100]、すなわち創発型戦略が鍵となります。ナポレオンは、クラウゼヴィッツのやり方で連戦連勝しています。実際にナポレオン軍と対戦し敗れたクラウゼヴィッツは、敵方の「迅速果敢な行動」が正しかったことを確信し[101]、

『戦争論』としてまとめたのです。戦闘で勝利を収める秘訣を聞かれたナポレオンは、「先ず飛び込んで、それから見るのだ」と答えています[102]。ナポレオンは、自叙伝でも、「兵法というものは、数の上で劣る軍隊を率いる場合においても、襲撃や防衛の時点で常に敵軍よりも強い勢力を持っていることが前提となっている。……直観的な行動こそが、戦争に勝利するために必要なのだ」と述べています[103]。実際の戦争でも、創発型戦略は有効なのです。

　このように、予測が困難な不安定で不確実な環境では、創発型戦略をとりいれることが不可欠です。とはいえ、ホンダの事例ではうまくいったからといって、熟考型戦略をまったく持たずに、一か八か市場に飛び込んで創発型戦略が生まれるのに期待するのは、いかにも無謀であり非効率です。ナポレオンも、直感的に行動するだけではなく、軍事史を徹底して研究し、戦場の等高線地図をつねに活用していました。

　熟考型戦略は機械論、創発型戦略は生命論に基づく対立する概念で同時には共存できませんが、どちらか一方しか選べないというわけではありません[104]。2つの戦略は、循環しながらいわばらせん状に累積的に発展させていくべきものです（図3-3）。まず仮説としての熟考型戦略から始まり、実際に試行錯誤する中から仮説を超える創発型戦略が生み出され（もちろん、熟考型戦略のままでうまくいくことや、熟考型戦略がうまくいかず創発型戦略も生まれずに終わってしまうこともあります）、それを熟考型戦略として取り込み深化させていく、というのが基本のサイクルとなります。

図3-3：熟考型と創発型の戦略の循環

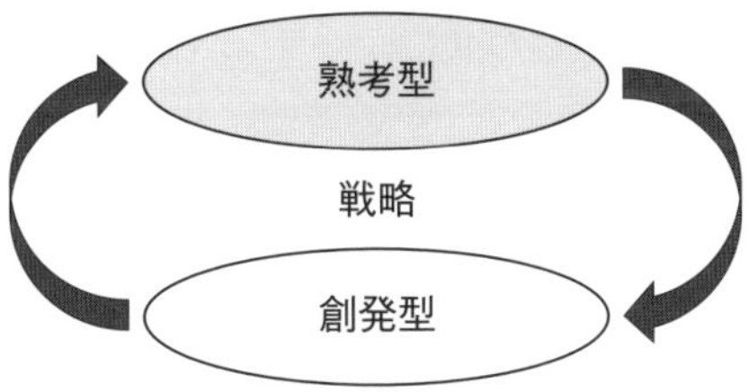

市場の不確実性の度合いに応じて、2つの戦略にかけるウェイトは異なってしかるべきでしょう。ここでいう不確実性とは、何が発生するのか予め確率で表現し得る「リスク（危険）」のことではなく、そもそも何が発生するのか確率で表現し得ない「真の不確実性」のことをいいます[105]。

　不確実性が高い場合には、熟考型戦略は暫定的な仮説とし、試行検証を通じた創発型戦略の形成にウェイトを置きます。不確実性が低い場合には、熟考型戦略の策定と実行にウェイトを置きますが、生み出されるかもしれない創発型戦略も取り込める態勢は整えておきます。

　熟考型戦略と創発型戦略は、一巡して終わりというわけではなく、循環を繰り返し、弁証法的に発展させます。はじめから2つの戦略を視野に入れて、段階に応じて使い分けていくべきなのです。想定外や偶然を忌避するのではなく、積極的にとりいれて活かすわけです。

　次の第2の次元である段階の計画と実行で、2つの戦略をこのように使い分けるべきだとする背景でもある事情や実例について、さらに踏み込んでみていきます。

　戦争についての戦略論では、クラウゼヴィッツ、ジョミニ、リデル＝ハートは、いずれも戦略だけでなく戦術も合わせて論じています。しかし、経営戦略論では、もっぱら戦略だけしか論じていません。戦術は、実務ノウハウ、ハウツーものなどとして、理論や研究の対象から外されています。文芸批評家の小林秀雄が指摘するように、「その根底的な考え方のうちに、生活常識への侮辱を秘めており、これに気が付いていないからである」[106]ということもあるのかもしれません。マーケティングにおいても、これまでのように戦略一辺倒ではなく、表裏一体である戦術も合わせて、バランスよく循環的に取り組まなくてはなりません（図3-2（78頁））。

第2の次元：計画だけでなく実行も（段階）

　計画さえきっちり立てさえすれば、終わりあるいは終わったも同然、というわけではありません。どんなによい計画も、実行しなければ絵に描いた餅にすぎません。マーケティングの教科書では計画ばかりが論じられていますが、実行は計画に比べ決して容易だというわけではありません。

■ 計画が先行するとは限らない

　1960年代の認知心理学の登場とともに、「生体にとってプランは、コンピュータに対するプログラムと本質的に同じである」[107]と見なされるようになりました。わたしたちは、まず計画を立ててからそれを実行している、というわけです。

　しかし、事前にすべてを計画してから実行することは、理論的に不可能です。哲学者のギルバート・ライルは、常に計画が行為に先行するとすれば、いつまでたっても行為が始まらなくなってしまうことを明らかにしています[108]。計画そのものもある種の行為なので、計画という行為についての計画が必要ということになります。さらに、その必要になった計画という行為についても計画が必要ということになり、次々に繰り返されて無限後退に陥ってしまうからです。

　また、ヒューマン・インターフェイス（人間にわかりやすく使いやすい機械）研究の第一人者で文化人類学出身の認知科学者であるルーシー・サッチマンも、初心者がコピー機をうまく利用できない過程の詳細な会話分析を踏まえて、実際に常に変化し予想しがたい状況に埋め込まれている行為は、あらかじめきっちり計画されたものではありえない、とします[109]。「いかにプランがなされても、目的的行為は避け難く状況に埋め込まれた（situated）行為なのである。状況的行為というのは、特定の、具体的な状況の文脈の中でとられる行為のことをさしている。〔……〕私たちの行為の状況は決して完全には予想で

きないし、それらは絶えず私たちのまわりで変化し続けているからである。その結果、私たちの行為は、体系だったものであっても、決して〔旧来の〕認知科学が提起するだろうような強い意味ではプランされてはいないのである」。実際、どこかに出かけるときに、道路のどちら側を歩いてどの横断歩道を渡って駅まで行き、駅のどの入り口から入ってどの券売機にいくら投入して切符を買い、どの自動改札機を通ってホームのどこに並び、何両目の車両に乗ってどの席に座り……などと、あらかじめ計画するような人は誰もいないでしょう[110]。

このように、論理的にも実際にも、常に計画が行為（実行）に先行して主導するわけではありません。あいまいで不確実な状況、切迫した状況の下で行動しなければならない場合はなおさらです。むしろ、行為は、事前の計画によってではなく回顧的に意味が形成され、事後的に判断されるものということができます。そもそも行為とは実際に為されたものであり、為されるまでは行為は存在しないからです[111]。起こっていることは、結果が明らかになるまで意味づけできません[112]。計画と実行は循環する関係にあるのです（**図3-4**）。先にみた２つの戦略は、計画⇨実行に対応するのが熟考型戦略であり、実行⇨計画に対応するのが創発型戦略ということになります。

昼間は銀行員として働き、夜は社会学者として現象学的社会学を切り拓いたアルフレッド・シュッツは、「未来完了時制の思考」によって説明します[113]。「実際、われわれは、行為をすでになされたものとして想像してみなければ、どの選択が目標を達成するためにふさわしいものなのかわからないのである。

図3-4：計画と実行の循環

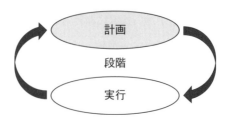

したがって、われわれは、すでに実現されたものとして想像された未来の事態——この事態を実現することこそわれわれの行為の目標なのだが——のなかに身を置いてみなければならない。行為をすでになされたものとして考えてはじめて、われわれは、それを実行するための手段が適切なものかどうかを、また実現されるべき目標がわれわれのより広い人生計画に合致するものかどうかを判断できるのである。私は、この熟慮の技術を『未来完了時制の思考』と呼ぼうと思う。〔……〕あらゆる予期がそうであるように、こうした未来の行為のリハーサルには空白部分があり、それは、行為が実際に遂行されてはじめて埋められるものである。行為者は、あとになってはじめて、自己の投企が検証に耐えるものであったか、それとも失敗に終わったかを知るのである」。創発型戦略が生まれるゆえんです。

　組織行動と組織心理を専門とするカール・ワイクも、シュッツを受けて、行為は完了したときにしかわからない、と主張します。「行為は思考に先行する。その反対があたかも真であるかのように行動するとき、すなわち行為する前に考えようとするとき、人は常々賞賛される。組織においても、計画する人は行動する人よりも高給なのが普通だが、行為する前に考える人を良しとするのは有害である。というのは、あなたは最初に何かを行ったり言ったりしなければならない。その後、あなたは自分が何を考えていたか、決定したかあるいは行ったかを見出すことができるのであるから。あなたが何者であるかは、後になるまで、言葉がすでに発せられるまであるいは行為がすでに終了するまで、あなたにはわからない」[114]。「センスメーキングは、確信よりむしろ行為から始まる。奇妙な話だが、この『考えてから行為する』から『行為してから考える』へのレシピの一見非合理に見える逆転は、結局『見ることは信ずること』というきわめて合理的なレシピに戻っている。人は、自分の見ているものが自分自身の過去の行為からもたらされた結果であるという点に気づいていない。彼らが見ているものは彼ら自身が作り出したものなのである。この連鎖は自己成就的予言とよく似ている。もっとも、そこでは予言が主導しているのではなく、結果が予言を探し求めているのだが」[115]。

心理学者として初めてノーベル経済学賞を受賞した行動経済学者のダニエル・カーネマンも、自らの経験を踏まえて、「研究者の中には、あるアイデアを口に出して（場合によっては論文まで書いてしまって）から、ずっと後になってようやくその重要さが理解できたという経験のある方がたくさんおられると思います」といっています[116]。20世紀における心理学の巨人ともいわれるジェローム・ブルーナーも、「書いてから考えるべき内容を発見する人がいるが、私もそうした人間の一人である」としています[117]。日本における認知科学を先導してきた佐伯胖（ゆたか）も、「書き上がった原稿を読み返してみて、その内容が当初想定していたものとはかなり違ったものになっていることに気づく。書いていく過程で自分が今まで何を考えていたかを『発見』したといってもいい」といいます[118]。研究者ほどには熟考しない一般人の場合、後になって気がつくことがより一層多いのではないでしょうか。

ヴェネツィア国際映画祭でグランプリを受賞した『羅生門』について、脚本を書き、監督をした黒澤は、「『羅生門』も哲学的にあゝでこうでなどと云ったことを問題にする人があるけどおかしいよ。あの場合だって何かこういう感じがあって、それが大きくふくらんであゝなっちゃったんだね。〔……〕こういうことをこの映画で主張してやろうなどというハッキリしたものではないんです。だから制作意図とかなんとかいうと嘘になるんだね」と述べています[119]。一躍"世界のクロサワ"となったにもかかわらず正直です。

半導体業界に君臨するインテルも、メモリ企業からマイクロプロセッサ企業になろうと当初から計画していたわけでは全くありませんでした。マイクロプロセッサは、日本のビジコン社が電卓を商品化する際にインテルへ依頼して偶然生まれたものです[120]。インテルは、「マイクロプロセッサ企業へと進化を遂げたことに後になって気づいたのである」というのが現実です[121]。インテルのトップ（CEO）を10年にわたり務め名経営者の誉れ高いアンドリュー・S・グローブも、「ソフトウエアとマイクロプロセッサの組み合わせこそがインテルに未来の扉を開いてくれたのに、われわれは10年以上もそれに気づかなかった。マイクロプロセッサはインテルの主力に育つのだが、最初の、そう10年ぐ

らいは、まるで前座の余興扱いだった」と述懐しています[122]。実に10年以上もかかった創発型戦略の事例です。

アマゾンでも、ベゾスをはじめとした幹部が「ようやく自社の事業を本当に理解できたと感じた」のは、1995年の起業から6年経った2001年でした。創業以来赤字を続け、1997年に株式公開（IPO）は果たしたものの先行きが不安視される中、経営陣と取締役で2日間にわたって社外でアマゾンの将来について討議することにしました。そのときに、価格を引き下げる⇨来客数が増える⇨売り上げが増え、手数料を払う売り手も集まる⇨サーバーや物流センターの固定費を有効活用できる⇨効率が上がり価格をさらに引き下げられる、という好循環を見出してベゾスをはじめ全員で大喜びしたのです[123]。翌2002年には初めて四半期での黒字化を達成しています。このように6年がかりで創発型戦略としてまとまったわけです。楠木が『ストーリーとしての競争戦略』[124]でとりあげている一例でもあります。実は、そこでは、アマゾンジャパン社長へのインタビューに基づいて、ベゾスが起業前に同種の内容をレストランの紙ナプキンに書いて構想したとされています。その後に公刊されたベゾス公認の伝記[125]では、起業6年後のこととされており、紙ナプキンの話はどこにも出てきません。レストランの紙ナプキンに書くというあたりが、シリコンバレーなどでよく語られる逸話と同じで、いかにも後から創られた伝説のような気がしないでもありません（アマゾンの事業計画については、ベゾスがシアトルへ移動する車中でつくった、サービス開始から1年経ってもまだなかったなど諸説あり[126]、真相は藪の中です）。どちらも事実だとするならば、ベゾスの紙ナプキンの熟考型戦略がいわばらせん状に発展し、幹部の討議において6年間の事業展開を踏まえた創発型戦略としてより具体的に深化し、全員に共有されたということになります。

第1章でふれたように、ホームプロでも同じ経験をしています。遠隔地のリフォームというネットならではの新しい市場ができていたことに気がついたのは、サービスの提供開始後1年以上経ってからでした。

経済学者の安冨歩は、「ものごとを事前によく調査し、それを元に計画を立案し、十分に吟味し、その上で実行し、成果を評価する」という「計画制御」の枠組みは、人間の関与する事態に適用することは、原理的に不可能だと指摘します[127]。社会は、機械と違って、要素も多く不安定で複雑極まりありません。仮に起きうる問題が50個あるとすると、その組み合わせは2の50乗、すなわち1,125,899,906,842,620通りとなります。不眠不休で1秒にひとつずつ数えるだけで、3,570万年以上かかってしまいます。計画の立て方ではなく、調査⇨計画⇨実行⇨評価という枠組みそのものが問題なのです。そこで、不測の事態にもリアルタイムで柔軟に対処するために、「区々たるものを結び合わせ、流れを創り出すことを目標とする方法」である「柔らかな制御」を提唱します。構造主義で有名な社会人類学者のクロード・レヴィ＝ストロースが、「ブリコラージュ」にたとえた「野生の思考」[128]と同じ考え方です。ブリコラージュとは、ありあわせのものを寄せ集めてつくる器用仕事のことです。近代以降の「栽培された思考」すなわち「計画制御」の考え方と対比されます。

実は人工知能の研究でも、1956年にArtificial Intelligenceという言葉が生まれて以来の古典的なルール・ベースのアプローチ、すなわち論理的に起こりうる事態に対するルールをあらかじめプログラムしておくやり方の限界が明らかとなっています[129]。後ほど第4章で詳しくみていきますが、そもそも周囲の状況を把握しきれないという「フレーム問題」です。「計画制御」は、実験のような限定された問題への対応は可能であっても、人間と同じように現実の複雑な問題にまで対処させることは不可能だったのです。それに代わって、1990年代半ば以降、容易に入手できるようになった大量のデータを高性能化したコンピュータで高速処理する、統計・確率論的なアプローチが登場しています。結果から原因を探るベイズ理論に基づき、繰り返し実験・測定・観測することによって、あてはまる確率を上げていくのです。インターネットの検索エンジン・機械翻訳・ターゲティング広告、ロボット掃除機、無人航空機（ドローン）、自動運転車などとして実用化されています。さらに2006年頃からは、脳のニューロン（神経細胞）とそれをつなぐシナプスからなるニューラル・ネッ

ト（神経回路網）をコンピュータ上に再現するニューラル・ネットワークのアプローチが有力となっています。コンピュータが、大量のデータから学習する対象である変数をも自ら見つけ出し、自律的に学習して賢くなっていくのです（ディープラーニング、深層学習）。音声認識や新薬開発、さらには多くの画像から猫や人の顔を人間に教わることなく人間を上回る精度で認識するようになった概念の獲得などの成果をあげています。こうした実績をあげている2つの新しい人工知能のアプローチは、まさに「柔らかな制御」によるものです。

マーケティングの実務においても、計画は「柔らかな制御」にとどめ、実行はブリコラージュで取り組むのが、現実的でありうまくいくでしょう。マーケティング論を専門とする嶋口充輝が、「新しい日本企業のマーケティング・モードは、『柔らかい戦略に方向づけられた戦略的実行』を主軸に展開される成長発展方式である」と指摘しているとおりです[130]。多忙な組織での詳細すぎる計画作成は、行動を起こす動機を殺してしまう可能性がある（過剰分析による機能麻痺）からでもあります[131]。

■計画は実行のための資源

こうして、計画は、あらかじめ実行を厳格に規定し制御するものではなく、むしろ実行していくためのきっかけ、資源ととらえることができます。

サッチマンは、「プランが状況的行為のためのリソース（資源）であって、どのような強い意味でも、行為のコースを決定するというものではないというものである」とし、カヌーの例を用いて説明しています[132]。カヌーで急流を下るとき、滝の上ではしばらくとどまって、その下り方を計画するでしょう。その計画は、「可能な限り左側を通って、二つの大きな岩の間を抜けて、次の岩石群のあたりを後ろ向きに右に行こう」というようなものかもしれません。その際、さまざまな考慮やシミュレーションが計画の中に盛り込まれるかもしれません。しかし、その計画がどんなに詳細なものであっても、カヌーで滝を通り抜ける実際の仕事には及びません。実際に流れに応じてカヌーを操る段になると、見事に計画を捨てて、使うことができるありとあらゆる身体化された

技能をよりどころにします。このカヌーにおける計画の目的は、流れを通してカヌーを移動させようということではなく、むしろ成功がかかっている身体化された技能を活かすのに最適で可能な位置取りができるように方向づけるというものです。

ワイクも、地図の例を用いて以下のように説明します。「戦略計画は地図とよく似ている。それは人びとを動かし、その方向を示す。人はいったん行為し始める（イナクトメント）と、何らかのコンテクストの中（社会）で、目に見える結果（手掛り）を生み出し、そしてこの手掛りは、いま何が起こりつつあるのか（進行中）、説明に何が必要か（もっともらしさ）、そして何が次になされなければならないのか（アイデンティティの啓発）を見出す（回顧）上で助けとなる。管理者としての成功を説明するものは、何を計画したかではなく、何を実行したかであることを、管理者は忘れている。管理者は、御門違いなもの―すなわち計画書―をいまだに信じており、この過ちを犯しているために、管理者は計画づくりにより多くの時間を割き、実行にあまり時間を割かない。そんな管理者に限って、計画づくりに多くの時間を費やしても何も改善されないと驚くのだ」[133]。

ワイクが劇的な実例として紹介するのが、アルプス遭難事故です。ハンガリー軍がスイスのアルプス山中で軍事演習をしていたときのことです。偵察隊が本隊を離れてすぐに雪が降り始めました。やがて一面の銀世界となり、道を見失ってしまいます。降り続く雪の中を2日間さまよい続け体力を消耗し、ついには死を覚悟します。進退窮まったかに思えたところ、ある隊員が偶然ポケットから地図を見つけます。この地図を頼りに行軍を再開し、3日目にして無事本隊と合流することができました。偵察隊の上官が帰還を喜んだのも束の間、その地図を見て凍りつきました。なんと、それはアルプスではなくピレネーの地図だったのです。要するに、違う山の地図のおかげで無事生還できたわけです。この危機的状況下での地図の効用は何だったのでしょうか。実際は別の山の地図だったのですが、信じるに足る道筋を明示し、確信をもった行動を引き出し継続させたことでしょう。それにより、一種の自己成就的予言（実

際とは異なる状況の思い込みが新しい行動を呼び起こし、実現してしまうこと）として、生還が現実のものとなったわけです。

　実際に、わたしも、かつて山歩きを始めて間もない頃に、同じような経験をしています。山道や標識が整備されていない低山に登った際に、2万5,000分の1の地形図を読み間違えて、予定のルートを歩いているつもりで、実際には違うルートを歩いて、目標地点とは違うところへ下山して驚いたことが何度かあります。最近はGPS（全地球測位システム）も併用するので、ルートを間違えて驚くこともなくなりました。こうした便利なGPSなどは使わず、地図と磁石だけでコースを巡り所要時間を競うオリエンテーリングという競技があります。どのように回るかルートのプランを立てる際に、初級者は移動する手順の系列としてとらえているのに対して、熟練者は何がどう見えてくるかという一種の知覚的予期として利用しています。プランは、移動という実行をコントロールするというよりも、移動中に現在位置を再画定するために環境の観察を方向づける道具として使われているのです[134]。

　大前は、「『計画実施』という言葉の意味も今日では従来と異なっている。『実施』とは、単に計画を決められた通り実行するかどうかということだけではない。企業は需要動向や顧客のことを学ぶために『実施』する」と指摘します[135]。清水も、「そもそも『出来た戦略をやるだけ』ということはあり得なくなっているということです。環境が毎日変わっているといってもいい現在、戦略は実行しながら修正しなくてはなりません。〔……〕想定外の問題が発生するのが常です。〔……〕戦略を実行するのは、失敗するかもしれないリスクと背中合わせなのです。戦略を実行するとは、そうしたリスクを認識し、走りながら考えることにほかなりません。戦略の修正とは戦略の実行の別の名前です」といいます[136]。

　戦略がコモディティ化している今日、こうした実行における有効な戦術の発見や戦略の修正こそが業績の決め手となります。戦略の修正が同一とはいえなくなる範囲にまで及ぶと、創発型戦略が生み出されたということになるわけで

す。

　ホームプロが成長軌道に乗れたのも、考えうる戦術を次々と試し続ける中から有効な戦術、成功するパターンを見出していったからです。リクルートは、社内用語で"フィジビリ"（事業化可能性調査を意味するフィジビリティ・スタディの略語）と称するテストマーケティングを頻繁に行い、成功するパターンの発見に注力しています。『ホットペッパー』でも、23版中で唯一収益化していた札幌版は、すすきのを中心に飲食店の掲載が過半を占めていることに気づき、札幌版をモデルとして水平展開することで事業全体を黒字化させたのは、第1章でみたとおりです。リクルートホールディングス社長の峰岸真澄がかつてホームプロの非常勤取締役だったときに聞いた、『ゼクシィ』などを立ち上げたときの話でもそうでした。しかも、リクルートでは、通常の1年単位ではなく半期ないしは四半期単位で経営サイクルを回し、最近ではIT関連の新規事業提案（New RING リクルート・ベンチャーズ）を毎月開催するなどさらに高速化しています[137]。そして、社長肝入りのコンピタンスマネジメント部が、有効なパターンである"型"を見出して、グループ内で共有化しています。

　ヤフーも、実験を行いそこから学ぶという「事実に基づく経営」を推進する文化を作り上げてきた企業です[138]。どのようなデザインが良いかというようなことを議論するのではなく、実際にやってみてどれが一番受けたかを見ます。ヤフーでは、色や広告の配列、テクストやボタンの位置など、常時20程度の実験を行っています。こうした小さな実験の積み重ねが、大きな成果をもたらします。例えば、検索窓をホームページの脇から中央に持ってきただけで、利用者が膨大に増えて、年間2,000万ドルの広告収入につながっています。

　アマゾンも、同様の実験を積み重ねてきています。現在でも、かなりの頻度で断続的に表示する内容や方式が変わるなど（時たま英語の表示が混在したりするのはご愛嬌ですが）、明らかに実際の利用・購入実績によるテストを繰り返しています。グーグルにいたっては、毎年数千もの実験を行い、実際の顧客で試しています[139]。

　ヤフーやアマゾンと同様のことを、ホームプロでも日々実践していました。

例えば、サイトの構成や表現について、アクセス履歴や反響をみながら、日常的に仮説検証を繰り返し常に改良していました。また、ヤフーやグーグルで検索すると、その検索した言葉にあらかじめ入札していた広告が自動的に表示されます。これをリスティング広告といいますが、複数の広告案をローテーションで自動表示させることができるのです。そこで、広告案の比較テスト（スプリットテスト、A／Bテストともいいます）[140]を常時リアルタイムで行い、反響のよい広告案への絞り込みを繰り返し、集客効率の向上に努めていました。

実際に実行し、顧客の反応を見て、競合の動向も踏まえ、計画を随時見直していかなくてはなりません。試行錯誤によって数多くの小さな（リスクをコントロールした）失敗を積み重ねながら成功を築き上げていくのです。まさに「失敗は成功の母」です。組織的な学習であり、経験と知恵が見えざる資源として創り出されていきます。

■90％は実行でつまずく

ミンツバーグは、「戦略計画作成が処方箋どおりに機能していないという事実が、専門書だけでなく、大衆誌（紙）でもよく紹介されるようになった。そうした状態に直面しても、計画作成行動は元がとれるという反証を提供できない」と指摘します[141]。

反証どころか、不利な証拠がますます増えています。そもそも事業計画書の作成は、ベンチャーキャピタルからの出資の獲得や初期段階の事業の存続とは相関関係がない、という研究結果が報告されています[142]。また、有効に策定された戦略のうち、実行に成功するものは10％にも満たないという調査結果も発表されています[143]。たとえそれなりの戦略があったとしても、90％以上が実行で失敗するわけです。「言うは易く行うは難し」とは、まさにこのことです。

著名な経営者のラリィ・ボシディと経営学者のラム・チャランは、「いまや実行力が企業の勝敗を分ける時代になった」といいます[144]。「実行は、現代の

ビジネス社会で語られていない問題、しかも最大の問題だ。実行力の欠如は、成功を妨げる最大の障害である。期待どおりの結果を出せないのはたいていの場合、実行力の不足が原因だが、ほかの原因によるものだと誤解されている」とします。フェファーとサットンも、多くの企業で、戦略そのものが悪いわけではなく実行が悪いのに、戦略を駄目だと決めつけている、と指摘します[145]。戦略の問題と戦略実行の問題を混同するのは、小売り、ホテル、レストラン、交通といったサービス業で特に多いといいます。サービスは現場で実行されてはじめて実現することからうなずけます。

　第1章で、『ホットペッパー』を成功させた平尾が、実行しないことが問題なのに"企画坊や"は戦略の練り直しばかりしている、と揶揄していたとおりです[146]。ホームプロに追随して参入した競合の多くが、ホームプロの戦略をまるごと模倣したものの実行が伴わず消えていったのも、先にみたとおりです。クラウゼヴィッツも、「戦争に必要な知識は単純であるが、実行も同様に容易であるということではない」といっています[147]。問題は戦略の実行の欠如にあることが多いのです[148]。宅急便の立ち上げ時に、「サービスが先、利益は後」として実行を徹底させたヤマト運輸の小倉は[149]、やはり傑出しています。

　なぜかくも戦略は実行でつまずいてしまうのでしょうか。
　フェファーとサットンは、企業でわかっていながら実行されない原因として、①問題を話し合っただけで仕事をした気になる、②過去のやり方にこだわりつづける、③部下を動かすために恐怖をあおる、④重要でないことばかり評価している、⑤業績を上げるために競争させる、の5つをあげています[150]。①のバリエーションとして、計画しただけで実行した気になる、計画を立てることと実行することが混同される、があります。
　清水は、戦略実行の失敗要因として、トップの鶴の一声（あれもこれも）、時間・準備不足、ビジョン・戦略が不明確、実行と評価制度のリンクがない・ゆるい、責任が不明確、部門間の対立、納得性・モチベーションが低い、片手間の実行、情熱・本気度の不足をあげます。こうした要因の底辺に横たわるの

は、戦略の実行に関する「誤った前提」と「社内のコミュニケーションの不足」からなる誤解、納得感の欠如であり、それらが戦略実行の失敗する真の原因だと指摘します[151]。

クラウゼヴィッツは、「もっとも笑うべきことは、〔……〕通俗的な見解に従って精神の力を理論から排除し、物質的なものだけに限定しようとしていることである。その結果、すべてが均衡や優勢、時間や空間並びに二～三の角度や線というようないくつかの数学的な関係に置き換えられることになるであろう。もし軍事行動がこのようなものでしかないのなら、このような貧困な思想から生み出されるものは、学校の生徒のための科学の問題以上のものではないであろう」と精神面を重視します[152]。事業でも同様です。リーダーシップ論を専門とするハイケ・ブルックと組織戦略論を専門とするスマントラ・ゴジャールも、多忙にかまけて目的を伴う意識的行動をとらないこと（アクティブ・ノンアクション）が問題だとし、困難であるにもかかわらず目的を果たすために断固として粘り強く執拗に行動する意志の力（アクション・バイアス）を最重視します[153]。ベンチャー企業が、物量に優る大企業を打ち負かす大きな要因のひとつでしょう。

■ 実行のためのヒント

戦略を確実に実行するための手立てはないものでしょうか。

ボシディとチャランは、実行はリーダーに似つかわしくない細かい仕事だと考えられているが、まったく逆で、リーダーのもっとも重要な仕事である、といいます[154]。人材、戦略、業務という３つのプロセスが優れた実行の核であり、リーダーはこれらを活用し連動させなくてはなりません。実行のためにリーダーがとるべき７つの基本行動は、①人を知り仕事を知る、②現実主義を徹底する、③明確な目標と優先順位を決める、④最後までフォローする、⑤成果を上げた者に報いる、⑥社員の能力を伸ばす、⑦己を知る、だとします。

まさにそのとおりでしょうが、これも戦略と同様に、「言うは易く行うは難し」ではないでしょうか。

そこで、『7つの習慣』で知られるフランクリン・コヴィーが、戦略を実行するための原則を見出し体系化してくれています[155]。『イノベーションのジレンマ』で有名な経営学者のクレイトン・クリステンセンも、この方法を薦めています。社員の行動の変革を求める戦略は、緊急を要する日常業務という竜巻が吹き荒れる中で実行されなければなりません。そのためには、1,500以上の組織に導入し実証済みの「実行の4つの規律（4Dx）」を定着させることが有効でしょう。4つの規律とは、①最重要目標にフォーカスする、②先行指標に基づいて行動する、③行動を促すスコアボードをつける、④アカウンタビリティ（報告責任）のリズムを生み出す、です。フィードバックのループをきっちり回すことになります。一見すると簡単そうですが、実践するには持続的な努力が必要です。

確かに、ホームプロでも、①独自の逆入札方式による成約件数・金額にこだわり、②紹介依頼率、平均応札社数などを指標として行動し、③最新の実績データを毎日メールで共有し、④毎週のミーティングで全員が進捗を確認する、というパターンが定着することで、事業がうまく回るようになりました。4つの規律のことを知っていて導入したわけではありませんが、あとから考えれば4つの規律に沿うかたちになっていきました。

とりわけ不確実性の高い新商品サービスの計画を実行に移す導入初期（ファーストマイル）においては、クリステンセンが共同で創立したイノサイトの推奨する方法を参考にするといいでしょう。書き下ろし（Document）、評価し（Evaluate）、フォーカスし（Focus）、テストし学習する（Test & Learn）、という4つのプロセスに分けて段階的に進め、不確実性をコントロールしていくものです[156]。ホームプロでは自己流で試行錯誤し、なにかと苦労しましたが、こうした雛型があれば効率的かつ迅速に実行していけます。

以上のように、計画と実行も、相互に依存し循環する関係にあります。**図3-4**（100頁）でみたように、計画⇨実行というだけでなく、実行⇨計画でもあ

るわけです。計画と実行のサイクルを高速で回転させることによって、マーケティングの精度を迅速に向上させていくことができます。

　映画『インディ・ジョーンズ／最後の聖戦』（1989年）の終わりちかくのシーンが思い浮かびます。インディが洞窟に仕掛けられたさまざまな罠を潜り抜け、ようやく辿り着いた聖杯の在り処が、千尋の谷の向こう側だったのです。意を決したインディが谷に一歩を踏み出すと、足元に橋が現れ出でて、無事谷を渡ることができます。渡るという実行をすると、橋という計画が見えてくる、というわけです。

　ホームプロでも、日々もがき動きまわることで、やるべきことが次々と見えてきました。行動することでまさに景色が変わって見えてくるのです。計画と実行は分離するのではなく、ひとつの学習プロセスとしてとらえなくてはなりません[157]。コミュニケーションにおける学習として、第4章でみていきます。

　実は、ホームプロを起業するきっかけとなったのが、"When I dream it, I really can do it."という言葉です。米国フロリダにあるディズニーワールドのエプコット・センターの入口に掲げられています。エプコット（EPCOT）とは、実験未来都市（Experimental Prototype Community of Tomorrow）の略称です。センターを訪れた、大阪ガスの当時の上司の有本雄美から聞きました。有本が掲げたビジョンに共感したことがホームプロの淵源にもなっています。そもそも夢を抱かなければ、夢が実現することはありません。しかし、夢を見さえすれば即実現するというほど、事は簡単ではありません。間をつなぐカンマには、容易に乗り越えられない深い溝があります。その溝を埋める言葉として、後年ネットの世界で見出したのが、アマゾンのベゾスがワークポリシーとした"Work hard. Have fun. Make history."です。ネットビジネスのパイオニアとして早くから注目し、米国のサイトをしばしば利用していたのです。日本のサイトがオープンした2000年には、ベゾスから手紙が届いて驚きました。わたしなりにワークポリシーを意訳すれば、次のようになるでしょうか。起業では猛烈に働かねばなりませんが、それだけでは疲弊します。その中に喜びを見出してこそ長続きします。そうして振り返ってみれば、新たな歴史がつくら

れているのです。大阪ガスの新規事業開発の中心であった山田廣則から学んだ、スッポンのように食らいついたら諦めない姿勢にも通じます。エプコット・センターの言葉は計画についてであり、ベゾスの言葉は実行についてである、といえるでしょう。この２つの言葉が揃い、ホームプロの起業を決意したのです。

第３の次元：結果だけでなく過程も（実践）

　計画を実行するといっても、現実となった内容である結果という孤立した断面（静止画）だけでなく、現実を創り出していく連続した過程（動画）にも着目しなければなりません。製品なら生産の結果である製品そのものだけをみていれば事足りたとしても、サービスとなると生産と消費が同時になされる過程にまで踏み込まないわけにはいきません。結果だけに着目するのであれば集団のレベルでとらえれば事足りますが、過程にまで着目するようになると集団内部の個人間の相互作用のレベルにまで踏み込むことが必要となります。

　企業では総じて過程よりも結果を評価しがちです。しかし、結果を評価するばかりでは、本当のところなぜそうなったのか理由はわかりません。研究についても同様でしょう。

　古くは、日常場面での記憶の研究で知られる心理学者のフレデリック・C・バートレットが、「心理学者は、実験的方法を用いようと用いまいと、反応だけを扱っているのではなく、人間という存在全体を扱っているのである。だから、実験者は、実験室内の被験者の反応を説明するだけでなく、普通の人間の日常的な行動についても考えてみなければならない」と指摘しています[158]。

　最近では、社会学・教育学・看護学などの分野で、結果だけではなく過程も含んだ実践についても研究されるようになってきています。「実践的転回」と呼ばれる動きです。客観的で抽象的な合理主義という呪縛を捨てて、「人々は実際になにをしているのか」に着目します[159]。社会の構造あるいは個人の属性ばかり重視する従来の理論への挑戦でもあります[160]。

図3-5：結果と過程の循環

　ドラッカーは、「マネジメントは、科学ではなく実践である」といいます[161]。マーケティングでも、これからは結果だけではなく過程も踏まえた実践全体に着目しないわけにはいきません。実践では、過程を経て結果があり、結果がまた過程を導くのです（図3-5）。

■ 渦中の判断は後知恵で語れない

　そもそも実践はいかなる状態のもとで行われるのでしょうか。
　クラウゼヴィッツは、「戦争は不確実性を伴うものである。軍事行動が繰り広げられる場の4分の3は多かれ少なかれ大きな不確実性という霧の中に包まれている」「戦争においてはすべての情報がきわめて不確実であり、このため独特な困難さを伴う。なぜならば、すべての行動はいわばまったくの微光の中で行われ、霧や月明かりが物体を過大に、また異様に見せるようなことはいつも起こりがちである」といいます[162]。
　映画『13デイズ』（2000年）が、1962年のいわゆるキューバ・ミサイル危機に際し米ソ全面核戦争の回避に奮闘するケネディ政権の13日間の内幕をほぼ史実に沿って描いているように[163]、国際関係も霧の中、一寸先は闇の世界です。当時の国防長官であったロバート・マクナマラは、ハーバード・ビジネススクール出身のMBAですが、後年つくられた彼のドキュメンタリー映画のタイトルがまさに『フォッグ・オブ・ウォー』（2003年）です。その中でマクナマラ自身が語った教訓のひとつが、目に見えた事実が正しいとは限らない、というものでした。ちなみに、マクナマラとともに国防総省で働いていた専門家た

ちが、その後ビジネスや学術の世界に転身し、戦略の概念が瞬く間に広まったのです。

　戦場や危機のときほどではないにしても、マーケティングの現場もやはり霧の中です。顧客の反応は前もって確実にはわかりません。競合企業がどこで何をしかけてくるかも完全には予測できません。技術の進歩により、新たな商品サービスが次々と登場してきます。企業は、「創造的破壊の多年にわたる烈風のなか」[164]にあるのです。第1章でみたDeNAの南場が「予測できなかった大小さまざまな難題が次々と襲ってくる」[165]といい、リクルート創業者の江副浩正が「毎日が火事」[166]というのが、まさに経営の実態です。ホームプロでも、想定外は日常茶飯事で、大抵のことでは驚かなくなりました。完全合理的経済人が前提とするような完全な情報を得られることは、現実にはありえません。ケース・メソッドの事例のように、情報がまとまって明示されることもありません。

　このような霧の中で、軍人や企業人は行動しなければならないので大変です。
　軍人については、マーレーらによれば、「第一に、戦略の形成に携わる者は、たとえ政治家であっても軍部の高官であっても、不完全な情報しか得られない世界に生きている。ほとんどの場合、彼らは相対する勢力の戦略的意図と目的についてそのもっとも基本的な概略以上のことを知ることはできず、彼ら自身についてさえ十分に理解することはできないのである。第二に、彼らはしばしば極度のプレッシャーの下で行動することを強いられる。一旦、危機が発生すれば、熟考する余裕はほとんど与えられない。その結果、彼らは長期的かつ広い視野に基づいた選択肢を考慮することなく、争点を限定してそれに集中せざるを得ない。つまり、数本の木を見ることはできても、森全体を見ることはできないのである」[167]。『13デイズ』にも描かれているとおりです。
　企業人については、フェファーとサットンによれば、「経営者の仕事は、得られるベストのデータに基づいて行動し、そのデータを新しくしていくことだ。完璧なデータはない。航空機の安全性、医療や軍であれ、民間企業であれ、ど

んな分野でも状況や環境は変わるのであり、そのたびに新しい知識が入る。リーダーは不確定さと付き合わなければならない（それが仕事である）」[168]。石井が好んで用いるカール・マルクスの言葉でいえば、大なり小なり「命がけの飛躍」の連続です。試行錯誤を繰り返さざるを得ないのです。

　ところが、わたしたちは、実際にはこうした霧の中での選択の連続であるにもかかわらず、過去を振り返る際にはあたかも一直線の因果の連鎖として見通してしまいます。

　哲学者のゲオルク・ヘンリク・フォン・ウリクトによれば、図3-6において、「図の一番上にある水平線は、一連の機会において、世界歴史が現実にたどった過程を表すことにする。この水平線が『現実の表面』であって、その下には『他のさまざまな可能性の深層』がひそんでいるわけである」[169]。過去を振り返るときには、この表面の水平線しか見えず、その下の選択肢は水面下に隠れてしまうわけです。

　例えば、研究開発の過程において、予期せぬ実験結果から気づいて感じとり、さらに省察することによって新たなモデルを生み出す場合があります。トランジスタの開発がまさにそうでした[170]。真空管と類似した半導体をつくろうとして、予期せぬ失敗をする中で、点接触型トランジスタ効果を発見したのです。

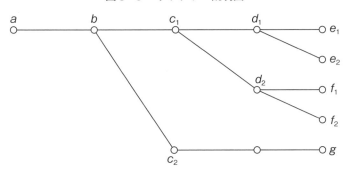

図3-6：ウリクトの説明図

出所：G・H・v・ウリクト（1984年（1971年））『説明と理解』産業図書。

ところが、そのモデルを過程の最初に戻して読み解いてしまい、あたかもそれが当初からめざされた路であるかのように説明されることが往々にしてあります。

従来の研究や理論は、このように回顧的に結果の水平線だけに着目しているものがほとんどです。第1章でみたホンダの対米進出についての報告書、ケースなどはその典型例です。

最近になって心理学でも新しいモデルが登場しています。単線的な人生経路ではなく、非可逆的な時間の中で、ある到達点（等至点と呼ぶ）に至るにも複数の選択の経路がありえた過程を明示する「複数経路・等至性モデル（TEM）」です[171]。

過去を振り返ると、いくつもあり得た可能性を捨象してしまう、ということだけではありません。そもそも状況のとらえ方からして違ってくるのです。

認知心理学を専門とする野村幸正は、過去の行為を説明する「認識の理論」とは別に、未来に向けて行為を生成する「行為の理論」が必要だとします[172]。認識の理論は、閉ざされた世界で全体視野から対象を切り離し、外部観測に基づき因果的に説明します。行為の理論は、開かれた世界で局所視野から対象とかかわりをもち、内部観測に基づき絶えず行為を生成します。

発達心理学を専門とする浜田寿美男も、甲山事件や狭山事件などの冤罪事件にかかわる供述鑑定の経験を踏まえて、外から眺める第三者の視点＝客観の視点に立って客観的世界をとらえる「客観の心理学」に対して、渦中を生きる本人の視点＝主観の視点に立って主観的世界をとらえる「渦中の心理学」の必要性を訴えています[173]。「客観の心理学」では、あらゆる情報源によって知ったとおりに事実を再構成し、臨場モデルに基づいて語ります。「渦中の心理学」では、渦中で感じたとおりに記憶を再現し、臨場体験そのものを語ります。裁判では「渦中の心理学」によって証言を認定すべきなのですが、検察調書も判決も「客観の心理学」のみによっていることがほとんどです。そのため、出来事が経過する順行の過程では気づくはずのないことが、結果の側から逆行して

入り込んでしまっていることを見抜けず、誤った判断をしてしまうことが少なくありません。

石井も、事後に外部者の立場から、直線的に必然の道筋の中で生まれてきた現実としてとらえる「科学的理解」とは別に、事前に当事者の立場から、曲線的にいろいろな当事者の判断や思惑あるいはさまざまな偶然が重なる中で生まれてくる現実としてとらえる「物語的理解」が必要だとしています[174]。

大前が、「ストーリーというのは思い返して出てくる部分が非常に多い。私もいろんなずるい経営者と会っているけれど、みんなうまい具合に過去が物語になっています。だけど一緒に苦労した人間から見ると、違いますよ。必死になって生きようとした末にやっただけというのがほとんどです」というとおりです[175]。

わたしたちは、必ずしもずるいというわけではなく、過去について辻褄の合った後講釈をし、それを信じ込む傾向があります（講釈の誤り）[176]。しかし、実際は、ホームプロでも、一直線のストーリー展開などでは決してありませんでした。第1章でみたように、霧の中での試行錯誤、紆余曲折の連続というのが実態でした。DeNAやホンダでも同様でした。

認識の理論、客観の心理学、科学的理解に基づく従来の事例のとらえ方では、自ずと限界があります。

清水によれば、「ケーススタディなどはあくまで事後の解釈に基づいており、事前、あるいはことの真っ只中にある人々の苦労や決断の難しさを、『分析すればよかった』の一言ですましてしまう大きな誤りと背中合わせです。〔……〕結果がわかった後の解釈は簡単です。しかし、それがゲームの最中にできるかどうかはまた別の話です。パスカルは、『私たちは、いかにも組織が目的に向かって一直線に進んでいたかのように解釈しがちだが、現実は違う。組織が、計算違い、失敗、あるいは予期しなかったことにどのように対処したかが長い目で見たときに成功に大きく関連する』と指摘します」[177]。

パスカルとは、第1章のホンダの対米進出の事例で、実際には熟考型戦略はなく創発型戦略だった実態を暴いた彼のことです。ボストン・コンサルティング・グループの報告書のような結果論、後知恵に留まっているわけにはいきません。行為の理論、渦中の心理学、物語的理解に基づいて事例をみていくことが必要です。

　認知科学・認知工学を専門とするドナルド・ノーマンも、人工物を使いやすく役立つようにデザインするには、システム全体を見る設計者の視点（システムビュー）ではなく、実際に利用する者の視点（パーソナルビュー）に基づかなければならない、と主張しています[178]。ほんとうに事例（人工物）を理解し実践に役立たせるためには、『羅生門』における弁明が三者三様であったことからもわかるように、当事者の目を通して（パーソナルビューで）出来事をとらえる（デザインする）ようにしなくてはならないでしょう[179]。

　マーケティングの事例についても、天上の神の視点に立って結果から逆行して見るのではなく、地上の人の視点に立って渦中を順行して見るようにすることが必要です。映画を見た観客ではなく、映画を演じる役者になりきらなくてはなりません。

■ 動けばわかる、わかれば動ける

　わたしたちは霧の中の現実を頭の中だけで認知する（表象主義、記号主義、計算主義などといわれます）のではありません。霧の中という状況に埋め込まれた身体の活動を通じて認知するのです。

　まず、認知は個人の頭の中だけで行われるものではありません。1956年に認知科学が誕生して以来、当然の前提とされていたコンピュータのような情報処理（消費者情報処理理論がまさにその典型です）だけではなかったのです。認知は状況に埋め込まれており（situated）、外界との絶え間のない相互作用の中で行われているのです。1980年代半ばから登場した状況的認知、状況論など

とよばれる、以下のような研究によって明らかにされています（実験室から現場へ）。

　サッチマンは、先にみたように、「行為は本来的に状況に埋め込まれたものであり、状況に埋め込まれた行為は本質的にアドホックな（その都度的な）ものだという考え方をとる」として、状況論を打ち出しました[180]。

　文化人類学者であり認知科学者でもあるジーン・レイヴも、日常生活におけるスーパーでの食料品のバーゲンやお買得などの計算の実践は、同じ人であっても、自宅の冷蔵庫の空き具合や持って帰る手間を考慮し、値札表示を活用して計算を省略したりするなど場面によって個別的で異なったものであり、学校での算数の計算とは違うとの研究に基づいて指摘します。「重要なのは、頭のなかにある知識の構成が、頭の外である社会的世界と複雑な関わり方をしているということではなくて、どうにも分けることの不可能なあり方で社会的に組織されているということにある。日常の実践で見られる『認知』は、心、体、活動、それに文化的に組織された状況（そのなかには他の行為者も含まれる）にまたがっている、あるいはこれらに広がってはいるが、そのなかで分けられてはいない」[181]。

　レイヴと文化人類学者であり認知科学者でもあるエティエンヌ・ウェンガーは、近代の学校教育における一斉授業とは異なり、リベリアの服の仕立屋職人などが日常の実践の共同体に全人的に参加する中で、見よう見まねで技能を習得する徒弟制の学習の研究に基づいて主張します。「状況に埋め込まれているという性質（つまり、状況性）は、〔……〕知識や学習がそれぞれ関係的であること、意味が交渉（negotiation）でつくられること、さらに学習活動が、そこに関与した人びとにとって関心をもたれた（のめり込んだ、ディレンマに動かされた）ものであることなどについての主張の基礎となるものである。こういう見方は、状況に埋め込まれていない活動はない、ということを意味している。それは幅広い理解が全人格を取り込むものであり、事実的知識のかたまりを『受容する』ようなものではないことを強調し、世界の中で、世界とともに行う活動を重視し、また、行為者、活動、および世界が互いに相手を作り上げ

ているという見方をとった」[182]。

　学校での一斉授業や実験室での統制実験は、状況を捨象して知識だけを伝達するという例外的な場合にすぎなかったのです。日常の生活では、例えば、入り組んだ路地裏の居酒屋に、夜間だと難なく行き着けるのに、昼間だと道に迷ってしまうのは、道筋という知識が夜という状況に埋め込まれて一体化しているからです[183]。会社で顔を知っている人でも、休みに他所でばったり出会うと気づきにくいのは、その人の特徴が会社という状況に埋め込まれて記憶されているからです。商品サービスについても、取り扱われる店、売り場、棚などによって、売上が大きく左右されます。対象者の属性と商品サービスの購入意向を尋ねるだけのよくあるアンケート調査が往々にして外れるわけです。

　また、認知は身体を通じて（embodied）行動することに密接にかかわり依存しています。頭の中で行われるコンピュータのような情報処理だけとはやはりちがいます。身体があることで環境と相互作用することができます。身体を通じて外界に働きかけることによって得られた情報、経験こそが知の源泉です。知能は身体に宿るのです。物体としての身体というよりも、動きとしての身体にです[184]。1980年代半ばから登場した身体性、身体論などとよばれる、以下のような研究によって明らかにされています（脳から身体へ）。

　認知心理学者の佐々木正人は、文字を思い出す際に文字を指で書きつける"空書"をはじめとした研究から、「認識の研究にこれまで『からだ』がなかった」が、「『からだ』は認識の野として脳の指令におとなしく従属する道具ではなく、認識生成の核となる場である」「動くからだそれ自体が意味を生成する」と指摘します[185]。発話におけるジェスチャーもそうした一例でしょう。

　生命の本質に迫るオートポイエーシス（自己創出）の理論で知られる生物学者・認知科学者のフランシスコ・ヴァレラらは、色は知覚能力から独立した世界に先立って存在するものではなく、構造的カップリング（入出力なしに影響を与え合う関係）によって生成されるものであるとする色知覚などの研究から、「心は身体化されている」とし、認知は「身体としてある行為」であり、「第一

に、各種の感覚運動能力を有する身体の様々な体験に認知が依存すること。第二に、これらの各種運動能力自体がより包括的な生物的、心理的、文化的コンテクストに埋め込まれていること」を強調します[186]。

認知科学者で哲学者でもあるアンディ・クラークは、制御・知覚・運動が渾然一体となった自律型ロボットの実験による新しい人工知能の研究から、「心は決して身体を伴わない論理的推論装置ではないのだ」「世界の側にたくさんの情報を残した能動的な戦略を用い、リアルタイムでの身体と世界の相互作用をうまい具合に繰り返しながら、問題をロバスト〔頑強に〕かつ柔軟に解決する手段が知能である」といいます[187]。

人工知能を専門とするロルフ・ファイファーとクリスチャン・シャイアーは、エージェント（人間、動物、ロボットの包括的な総称）を全体としてとらえ、その自律的な振る舞いに着目した研究から、「知覚や行動の能力は、知能にとって必要不可欠である。世界を知覚し、相互作用するための身体がなければ、真の知能は発現しない。思考や直観といったプロセスも、センサシステムとモーターシステムの相互作用から創発、接地されるのである」[188]「身体性は〔……〕知能にとって本質的であり、身体性を理解しない限り高度な知能という難問を解くことができない」[189]といいます。

レイコフとジョンソンは、思考のほとんどを占める認知的無意識において身体経験に基づくメタファーが果たす大きな役割についての研究から、「知覚や運動のような身体の能力とは独立に切り離された、理性という完全に自律的な能力などというものは存在しない」「心は単に身体化されているだけではなくて、我々の概念システムが、我々の身体の共通性、それから我々の住んでいる環境の共通性の上に描かれるような、そのようなやり方で身体化されているのである」とします[190]。

わたしたちは、身体を通じて行動することによって環境にある情報を見出し、その情報により行動パターンを調整します。状況に埋め込まれた行動（実行）を通じて、思いもよらなかった意図（計画）がしばしば立ち現れてくるのです。

アテナイのペリパトス（学園の歩廊）を歩いたアリストテレスの逍遥学派が

あり、京都の「哲学の道」を歩いた西田幾多郎や田辺元の京都学派があります。現象学を編み出した哲学者のエトムント・フッサールは、「哲学の散歩」を日課としていました。歩くことで脳内物質のセロトニンが活性化し、思索が深まります[191]。運動こそが脳の機能を向上させます[192]。ドラッカーも、山歩きを趣味としていました。実は、本書のアイデアの多くも、週末に山歩きをする中で思いつきました。洋の東西を問わず、最高の認知とされる悟りを求めて多くの僧が修行に励んできたのも、身体が認知に深く関与していることの証といえます[193]。知はまさに"体得"し、身に付けるものなのです。

アフォーダンス（動物にとって包囲する環境が提供する意味）で有名な生態心理学者のジェームズ・J・ギブソンは、「我々は、動くために知覚しなければならないと同時にまた、知覚するために動くことをしなければならない」といいます[194]。空軍のパイロットが実際にどのように知覚しているのか研究するなかで、幾何学のような形ではなく、対象そのものの姿、動きによる変形を知覚していることを発見したからです。わたしたちは、変化することから変化に埋め込まれている不変を知るのです[195]。「環境の情報は、私たちの行為をコントロールするのだ。しかし、一方で、私たちの行為の側も、環境から知覚される情報をコントロールしている。〔……〕知覚と行為は循環している。〔……〕環境と動物が出会っているその境界面では、情報が行為をコントロールし、行為が情報をコントロールする」ということになります[196]。知覚と行為は相互に依存し循環する関係にあるわけです。わたしたちは行為によって環境との関係を調整しているのです。

このように認知（知識を得るはたらき）の基底にある知覚（感覚器官を通じて知るはたらき）からしてが、脳内の処理だけを通じて内的な表象（心の絵としてのイメージと心の言葉としての命題）が構成されるようなものではありません。わたしたちは、カメラで撮影するかのように物事を見ているわけではありません。動くことによってわかり、わかることによって動けるのです。

なんのことはない、鎌倉時代に曹洞宗の開祖である道元がいったとおり心身一如、すなわち心と身体は一体不可分なものの両面だったというわけです[197]。ようやく20世紀になって、ドイツでは、医学者のヴィクトーア・フォン・ヴァイツゼカーが、病気の原因についての研究で、心と身体はそれぞれが原因と結果となる円環の関係にあり一体であると主張するようになります[198]。米国では、ジークムント・フロイトの精神分析理論の受容を契機として、医学者のフランダイス・ダンパーやフランツ・アレキサンダーが心身医学を提唱するようになります[199]。こうして、医学界でも認められるようになっていきました[200]。「病は気から」といわれるように日常感覚ではごく当たり前に思える内容が、心を対象とする心理学と身体を対象とする医学（生理学）に専門分化した近代科学では、長らく認められてこなかったのです。まさに第2章でみたパラダイム、観察の理論負荷性のなせる業です。

　脳は身体に、身体は環境に組み込まれており、身体と環境もわたしたちが心と呼ぶものの構成要素となっています[201]。熟達した身体活動による相互作用を通じて経験を成立させているのです。社会的事実は、客観的な対象ではなく、実践的な達成です。デカルトのいうように身体から切り離されて「我思う」ゆえにではなく、フッサールがいうように身体を介して認識の視点を自在に転換することを「我できる」がゆえに、「我あり」なのです[202]。

■エスノグラフィから行動観察まで

　現場に密着し実践を解き明かす調査研究が、文化人類学を淵源とし社会学や社会心理学を中心に発展してきています。

　エスノグラフィは、もともと文化人類学で生まれた調査手法とその作品のことです。近代人類学の祖とされるブロニスワフ・マリノフスキがニューギニアでの2年間の現地調査（フィールドワーク）をまとめたのが始まりです[203]。実際に現場に入り込み、地元の人たちと暮らし、研究対象とする事象に参加し内側から観察することで、内部者の視点を解読し、民族（エスノ）誌（グラ

フィ）として濃密に記述します[204]。そのためには、地域・時代・社会文化などの背景となる文脈を理解することが不可欠です[205]。「人びとが実際に生きている現場を理解するための方法論」ということができます[206]。ボストンのイタリア系移民のスラム・コミュニティに入り込み街角にたむろするギャング集団の実態を描いたり[207]、シカゴの麻薬使用者やジャズメンと交わり集団からの逸脱を描いたり[208]したのが、社会学における先駆的な研究として有名です。認知科学では、先にみたサッチマンやレイヴ、ウェンガーなどの文化人類学出身者が、日常の現場のエスノグラフィによって認知科学の新しい理論を牽引しています。ベイトソンも文化人類学の出身です。エスノグラフィは、唯一絶対の客観的な真実ではなく、研究者が意図的に取捨選択して部分的な真実を描き出したものであることに留意しておく必要があります[209]。

米国マーケティング学会が、20名余りの研究者が全米を旅しながら消費の実態を調査する「消費者行動オデッセイ（冒険の旅）」というプロジェクトを1985年に行ったのをきっかけに、エスノグラフィによる消費者研究が行われるようになりました。エスノグラフィは、消費者自身も気がついていないような本音（インサイト）を見出せることから、消費者調査でも利用されるようになってきています。アップルの最初のマウスのデザインで知られるデザインコンサルティング会社のIDEOは、常に観察することから始め、製品や顧客経験のイノベーションを生み出し続けています[210]。米国の伝統的な巨大企業でも、文化人類学出身者を採用するなどして行われるようになっています。P&Gでは、現場に行って直接顧客を観察することで、浴室や床の掃除道具などの商品開発でヒットを連発しています[211]。GEでも、消費者が気にしている環境汚染を解決する製品を企業に提供することで、業績を伸ばしています。半導体メーカーのインテルでさえも、人びとがどのように仕事や生活をしているのかを観察するようになっています[212]。インテルは、そうした取り組みにより、コンピューティング技術中心のイノベーションから、ユーザー体験への方向転換を進めています[213]。

経営学では、組織論における組織文化からエスノグラフィによる研究が始ま

りました[214]。現在は、経営戦略論にも広がっています。実際に組織の中で戦略を形成していくことに関わる人々の行いを分析する調査研究が、「実践としての戦略（Strategy as Practice）」として欧州で行われだしています[215]。後から関係者にインタビューをして当時の状況を振り返ってもらうのではなく、実際の戦略をつくる現場に入り込み、リアルタイムで人びとの活動（戦略化）を直接観察するものです。

　エスノメソドロジーは、シュッツの流れをくむ社会学者のハロルド・ガーフィンケルが創始したもので、社会の人たち（エスノ）が実際に用いている方法論（メソドロジー）を記述します。自明視されている日常の秩序が、実際にはどのように構成されているのかを解明します。ガーフィンケルが、米国の裁判の陪審員は宣誓するように法のみに従い公平に判断しているわけではなく、実際にはしかるべき結論がまずありきでそれに応じた事実を拾い集めて後づけで正当化するなど、日常生活での常識的な方法を微修正して用いていることを発見したのがそもそもの始まりです[216]。そうした方法論は、それを用いている本人も明確に意識していないことが少なくありません。実際の現場に出向いて観察し、話を聞き自らも体験して事例を研究するフィールドワークが行われます。社会生活を成り立たせる会話が行われている現場を録音・録画して、発言の内容のみならず微細な身体の動きなどまで精密に記述する会話分析がよく用いられます。

　マーケティングにおけるエスノメソドロジー研究では、マーケティング論を専門とする田村直樹による生命保険セールスの分析があります[217]。あるセールスマンは、保険の仕組み図を提示することで、夫婦それぞれの人生におけるリスクが埋め込まれた新しい知覚のフィールドを再構成します。貯蓄性商品の元本割れの問題は、説明のわかりにくい担当者の問題に再構成し、説明がわかりやすい自分との成約に結びつけます。また、別のトップセールスマンは、アプローチでは、必ずリビングルームで夫婦一緒に話をするようにし、例え話を使って保険の必要性を説明しながらしっかりした担当者の必要性にも気づかせ

ます。保険は必要だと自ら言わせるかたちで一度クロージングをして、必要と認めた見込み客にだけ紙と鉛筆を用いた実情調査へと進んで契約を結びます。そして、保険請求を確実にするためとして、次なる見込み客である親しい者の紹介を取り付けます。

　セールスといえば、わたしも、当時の大阪ガスの新入社員研修の一環として、一般家庭向けのガスファンヒーターの飛び込み営業を３か月間していたことがあります。毎日１軒１軒回って売り歩くのです。わたしのビジネスの原体験ですが、残念ながら現在は行われていません。全社共通の販売目標のひとり60台に対して、実績はダントツの150台（153台成約で後に３台キャンセル）でした。始めてから２週間は１台も売れなかったのですが、最初の１台がとあるマンションの女子大生に売れた途端、通りの向かいにあった美容室でもすぐにもう１台売れました。それ以降は、コンスタントに１日平均２台のペースで売れるようになりました。女子大生に売れて気を良くしたということもあるでしょうが、２週間の試行錯誤によって以下のような販売プロセスを編み出していったからです。まず、暖房器具と使用状況を確認し、問題点をひととおり質問します。この時点でいったん見込み度を見極め、興味を示した方にのみ実物見本を見せながら効用を説明します。そして、最後に割引価格を一発提示します。当時は一番安い機種でも実売価格で３万5,000円ほどしましたが、90％以上がその場で即決で売れました。一度もこちらから「買ってください」とお願いしたことはありませんでした。売ったのでなく売れたのです。

　それから17年余りして、神田からある経験則を教わり驚きました。それは「PASONAの法則」といい、P（Problem、問題点の明確化）⇨A（Agitation、問題点の炙り立て）⇨SO（Solution、解決策の提示）⇨N（Narrow down、絞り込み）⇨A（Action、行動への呼びかけ）の順にセールスレターを書くとよい反響を得られるというものです[218]。わたしの販売プロセスがまさにこの法則の順番どおりになっていることに気がついたのです。最後のAだけはしなかったのですが、どおりで実績があがったわけです。実はそれだけでなく、販売プロセスを開始するための玄関突破の秘策もセットで編み出していました。

こちらは、後ほど第4章で、新しい理論に基づいて種明かしすることにします。

　アクション・リサーチは、現場を見聞きするだけでなく、現場の人たちとともに現実をよりよく変えていく共同実践研究です。研究者は変化を起こすべく現場に介入します。事物的な実在としての現実であるリアリティではなく、時間的な現在進行中の現実であるアクチュアリティを対象とすることになります[219]。

　第2章のパラダイムの7つの視点のうち、立脚点である「主客分離」から「主客一体」へ、でみたように、研究者と対象者は無関係ではいられません。そもそも研究実践は、研究者と対象者が相互に影響を与え合い、濃淡の差こそあれ共同実践としてのアクション・リサーチになってしまうものなのです[220]。アクション・リサーチは、自覚的に、特定の状況の下で理論と現場の現実を直接的に結び付ける取り組みといえます。そこでは、研究者と対象者の観察⇨考察⇨行動が相互作用的に不断に循環する一連の活動が行われます[221]。研究者と対象者とからなるグループの中でのグループ・ダイナミックス（集団力学）としてとらえることができます[222]。単一の研究方法があるわけではなく、心理学・社会学・経済学といった社会諸科学を統合していかねばなりません[223]。

　アクション・リサーチでは、どこでもいつでも普遍的に妥当する真理・法則としての「正解」ではなく、特定の現場で当面成立し受容が可能な「成解」を共同で社会的に構成しようとするものです[224]。提唱者である心理学者のクルト・レヴィンの「書物以外のものを生みださない研究は満足なものとはいえないであろう」[225]という考えに基づいています。

　実行を重視しファシリテーション（活動支援）を謳っているようなコンサルティング会社は、まさにアクション・リサーチを行っているといえるでしょう。ただし、守秘義務があるため、機微にわたる内容が外部に出ることはありません。

　そもそもマーケティングの取り組みそのものが、自覚的に行われれば、市場に介入し顧客へ働きかけるアクション・リサーチととらえることもできるので

はないでしょうか。いわゆるテストマーケティング、リクルートの"フィジビリ"が典型例です。ホームプロの起業も、わたし自身が主体として参加し、研究の対象でもあるアクション・リサーチとして行ってきた、ということができます。先ほどのガスファンヒーターの飛び込み営業での販売プロセスの確立もそうです。そうしたこれまでの研究を総括するのが本書ということになります。

　実践を調べる場合、意識的にある意図をもって行われる行為（action）だけでなく、無意識で行われる行動（behavior）にも着目しなくてはなりません[226]。行動には意識的なものと無意識的なものがあり、意識的に行われるものだけが行為とされます。心理学では行動が、社会学では行為が対象とされるのが一般的です。後ほど第4章で詳しくみていきますが、最近の神経科学によれば、人間の脳においてさまざまな感覚器官からもたらされる情報の実に最大95％は無意識で処理されているといわれています[227]。マーケティングにおいても、無意識での情報処理に基づく行動にまで踏み込まないわけにはいきません。

　大阪ガスグループで取り組んでいる「行動観察」は、まさに実践の過程を構成する行動を観察するものです[228]。先にみたエスノグラフィに加え、人間工学・環境心理学・社会心理学・表情分析・しぐさ分析を用いて観察結果を分析します。行動観察は、従来のアンケート調査（分類想起のスピード比較により、本人も意識していない態度を見極める潜在連合テスト（IAT）[229]を除く）やグループインタビューに比べ、消費者自身も気がついていない言語化されていないニーズを抽出でき、消費者が実態と異なる答をしてしまうバイアスを排除できるメリットがあります。実は、東京のある現場で、行動観察研究所長の松波晴人が行動観察しているところを行動観察したことがあります。そのとき松波とも話してよくわかったのですが、ただ漫然と観察しても得られる知見は限られます。第2章でみた観察の理論負荷性からして、さまざまな理論を身につけ多様な視点から観察できることが、多くの有益な知見を得るための基礎となります。その際に、マーケティングでの視点となりうるのが、この後に第4章でみていく新しい理論です。

欧米では、特に買い物客についての行動観察が「ショッピングの科学」として確立しており、参考になります[230]。

最近ビッグデータ（高頻度で生成更新される大容量で多様なデジタルデータの集まり）が注目を集めています。ビッグデータに限らず、明確な目的のもと、全顧客の購買データや閲覧履歴の分析によって精度の高い相関関係（パターン）を見出し、顧客の特性に合った商品の広告を出したり推奨したりすることで威力を発揮します[231]。アマゾンのサイトが好例です。すすめられてついつい余計に買ってしまったことがある人も多いはずです。わたしもそのひとりです。しかし、そもそもデータになっていない内容は分析の対象外です。過去の売れ筋はわかっても、機会損失まではわかりません。コンピュータで高度な統計処理をしても、購買にいたる行動やその理由まではわかりません。アマゾンでも、優先的に2日以内で配送する有料会員制の「Amazonプライム」を2005年に導入するにあたっては、購買行動にどのような影響がでるのかまったく予想することはできず、清水の舞台から飛び降りるしかありませんでした。いざふたを開けてみると、プライム会員になると、買う金額が平均で約2倍となって大成功でした[232]。セブン-イレブンは、いち早くPOS（販売時点情報管理）システムを導入していますが、今日にいたるまで店頭での仮説検証型発注を徹底し続けています。事前に仮説を立てて発注し販売データで検証することによって、売れた理由を理解することができ、それがまた次の発注につながるからです[233]。将来的には、人工知能（ディープラーニング）の進化によって、データさえあればコンピュータだけで仮説設定[234]まで行えるようになるでしょうが[235]、それまでは人間が行わなければなりません。

行動を観察する際には、観察者と被観察者とは相互に影響を与え合うことに留意する必要があります（主客一体）。また、かつて隆盛を極めた行動主義心理学のように、外部から観察可能な行動のみに着目すればよいというわけではありません。行動主義を批判して認知心理学が出てきたように、認知すなわち主体の内的過程にも着目しなくてはなりません。行動とそれを支える身体と認知の両方に着目することが必要です。

レイヴとウェンガーも指摘していますが、外側から実践について語ることと実践の中で語ることは違います。実践について語られても、実際の実践を学ぶことを意味するわけではありません[236]。わたしたちが未知の領域に突入し、そこから何らかの意味ある事実を見出すためには、実験的な試行が不可欠です[237]。ほんとうのところは、やはり実際にやってみないとわからないものなのです。いくら畳の上で水泳を学んでみても、実際に泳いでみなければ、泳ぐということを本当に理解することはできません。ヤマト運輸の小倉も、「やってみなければわからないんですね。やればわかる。やってみてわかったことを直す」といっています[238]。サントリーの"やってみなはれ"[239]、リクルートの"フィジビリ"、アマゾンの"とにかくやってみよう賞"（賞品は使い古したナイキの靴の片方）[240]などは、組織として実験的試行を奨励している好例です。GEのウェルチやグーグルのエリック・シュミットも、いかに数多く試行させるかに腐心しています[241]。

既知の市場なら市場調査も有効ですが、未知の市場を開発するにはコストを抑えながら高速で市場参入を繰り返す「探検的マーケティング」[242]が有効です。起業でいえば、無駄なく俊敏に、実用最小限の製品で構築⇨計測⇨学習のサイクルを回し適宜方向転換（ピボット）する「リーン・スタートアップ」[243]です。最初のプランAは、まずものにはならず、一連の仮説を系統的に実験で試したプランBこそがものになります[244]。実践は、反復的な慣習的行動だけではなく、探索的な日常的実験を伴うものなのです[245]。

■ マーケターは省察的実践家

実践において大切なのが、省察（reflection）、すなわち自らを振り返る、かえりみることです。省察しなければ、実践から学ぶことはできません。実践と省察を循環させるのです（図3-7）。

調査研究やコンサルティングの実務家でもある哲学者のドナルド・ショーンは、いわゆる専門家は「技術的合理性」に基づいて所与の問題を解決するのに

図3-7：実践と省察の循環

対して、「省察的実践家（reflective practitioner）」は、複雑であいまいな現象に対し、状況との対話に基づいた「行為の中の省察（reflection in action）」によって意味を理解し問題を設定し立ち向かうものとします[246]。「行為の中の省察」は、アリストテレスのいう実践に対応した「知慮（フロネシス）」[247]やポランニーのいう言葉では語れない「暗黙に知ること（tacit knowing、いわゆる暗黙知）」[248]に通じるものです。外面的な形を超えた意味としての「型」や型に基づいた全体としての「わざ」[249]を含みます。実践的な思考では、理論は、活動とは別に実践過程を外側から統制し基礎づけるのではなく、思考と行為の枠組みとして内側で機能します。「行為の中の省察」を通じて問題が絶えず再定義され再構成される「デザイン的合理性」に立脚します。

いわゆる専門家は、個人として顧客の抱える問題に対し専門的知識や科学的技術を合理的に適用し、与えられた問題の解決（problem solving）を行います。問題にふさわしい手法を選ぶ意思決定（decision making）です。従来の理論が前提としてきたマーケターの姿といえるでしょう。一方、省察的実践家は、同僚や顧客とも協同して、複雑であいまいな文脈の中で問題を探索し学びあって解決する実践を展開し、問題の設定（problem setting）から行います。取り巻く状況をとらえる意味形成（sense making）[250]です。新しい理論が前提とするマーケターの姿です。

いわゆる専門家が技術のみを探究する一重の学習をするのに対し、省察的実践家は問題だけでなく自己自身をも省察する二重の学習をします。いうなれば、自ら役者であるとともに観客にもなる一人二役です。こうした実践での学習は、

哲学者であり教育思想家でもあるジョン・デューイが明らかにしたように、観察（observation）⇨洞察（insight）⇨省察（reflection）の順に行われます[251]。専門家から省察的実践家への変化は、顧客との関係の変化や研究と実践の変化だけではなく、官僚化している組織や機構そのものの転換へもつながっていきます。

　行為の後で分析する「行為についての省察（reflection on action）」も大切ですが、臨機応変、当意即妙な「行為の中の省察」こそが実践の核です[252]。先ほどみた行為の理論、渦中の心理学、物語的理解に基づく省察です。マーケターとしてのあるべき姿が、この行為の中で省察する省察的実践家です。

　以上のように、マーケティングの対象の３つの次元である、戦略と戦術（局面）、計画と実行（段階）、結果と過程（実践）は、それぞれ循環する関係にあります。一方のみを重視する二項対立を超えて、全体としてとらえなければな

図3-8：対象の３次元での循環

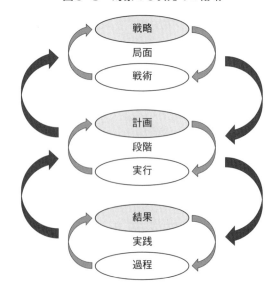

りません。さらに、局面・段階・実践の各次元の間も循環する関係にあります（図3-8）。本章の冒頭でみた対象の3次元の全体像（図3-1（74頁））を動的な関係として展開したものということができます。マーケターは、行為の中で省察し、これらの二重に循環する関係の動的バランスをとりながら実践していかねばなりません。従来の理論は、網掛けをした戦略・計画・結果だけをとりあげて、静的にしかとらえていなかったのです。

数字によって失われる意味

　理論の対象としては、これまでみてきた3つの次元のほかに、量的側面と質的側面に分けることもできます。第2章でみたパラダイムの7つの視点のうち、着眼点である「数量・機能」から「性質・意味」へ、に対応します。ただし、行動といった対象には量と質の両方の側面が同時に混在しており、どちらか一方に着目することはできても、3つの次元のように切り分けることができません。対象の3つの次元とは異なった切り口である「側面（aspect）」としてとらえることにします。

　科学を志向する従来の理論では、量的研究が客観的な説明として重視されてきました。質的研究は、主観的な解釈にすぎないとして、軽視あるいは無視されてきました。近代特有の二項対立の発想です。

　いうまでもなく、ビジネスでは目標と実績をきっちり数字で押さえることは基本中の基本です。しかし、数字だけでは、管理を徹底し標準化により効率を上げることはできても、創造を促進し差別化により効果を出すことは困難です。量と質は両方押さえることが必要です。弁証法における量質転化の法則にあるように、量と質は、量的な変化が質的な変化をもたらし、また質的な変化が量的な変化をもたらす、という相互に依存した循環的な関係にあるからです[253]。

にもかかわらず、研究において数値が頑ななまでに重用されてきたのは、科学史家のセオドア・M・ポーターが指摘するように、偏見とされることへの恐れから科学としての装いを繕うためでしょう。「われわれはここに、広く行きわたる『探究者の偏見』への恐れを見出すことができる。この恐れはしばしば、定量化できるものを客観的に扱うために、もっとも重要なことに触れずにおくという傾向を生む」「科学的知識は、境界が不安定な分野、境界問題に絶え間なくさらされている分野〔社会科学〕では、目立って科学らしい装いを見せるようになる。〔……〕科学とは実際、共同体からつくられているのだが、その共同体はしばしば問題にされ、不安定で、外部の批判が内側まで入り込んでくる。科学的言説のもっとも独特で典型的な特徴は、この共同体の弱さを反映している。科学の客観性に対する莫大な保険料は、少なくとも部分的には、結果として起こる圧力への対応なのである」[254]。

こうした数量の偏重には、数理統計学、数理経済学を専門とする竹内啓でさえも、警鐘を鳴らしています。「社会科学の対象は社会であり、社会を構成するのは人間である。社会科学の目的は社会的存在としての人間を理解することである。人間はその置かれている社会的、自然的条件によって制約された存在であると同時に、一人ひとりが自らの意志によって行動する主体である。だから一人ひとりの人間は決して人数に解消することはできないし、人間の行動を環境条件に対する反応関数によって記述することで理解できるものでもない。社会科学者は、社会的な意味を持つ数と量の背後に、生きた人間が存在していることを忘れてはならない」[255]。

近代資本主義の研究で有名な経済史家の大塚久雄も、「なんでも単純に量化して数字にしてしまい、ひたすらそういう数字に興味を集中する。〔……〕こういう傾向が文化の全面に広がっていき、ついにはすべてのことがらから意味を奪いとってしまう。そういう意味喪失の時代となりつつある」と指摘します[256]。

ドラッカーも、「定量化したものは、建物そのものではない。外側の建築足

場にすぎない。やがて取り払うべきものである。しかし、もっと重要なことには、社会生態にかかわる現象の定量化は人を誤りに導く。あるいはまったく役に立たない。〔……〕今日、定量化に必要なデータは、あまりに貧弱である。〔……〕しかし、私が定量化を行わない最大の理由は、社会的な現象のなかで意味ある事象は、定量化に馴染まないからである」といいます[257]。

　社会学や心理学などでは、質的研究が有力になってきていますが、経営学やマーケティング論、消費者行動論では、依然として量的研究でないと学術的な研究とみなされない傾向が根強く残っています。
　米国で教鞭をとっていた清水によれば、米国を総本山とする経営学で研究者が主にやっているのは、企業間の業績の違いを客観的、科学的に解明することです。さまざまな理論をベースに、仮説を立て、多くのサンプルを集め、業績の違いに対して、どのような要因が影響するのかを統計的に検証します。ケーススタディもありますが、バイアスがかかるとされ、科学的であることを主眼とする学界の主流とはなりえていません[258]。
　同じく米国で教鞭をとっていた経営学者の入山章栄によれば、欧米の経営学者の多くは科学性を重視しており、そのために「理論⇨統計分析」の演繹的なアプローチが支配的です。一般的な法則を検証することを世界の経営学が目的としているかぎり、この潮流は当面変わりそうにありません[259]。
　米国の学会誌を分析した経営学者の井上達彦によれば、やはりマネジメントの学会では統計学をベースにした研究が主流です。記憶に残らないような示唆しかもたらさない仮説であっても、それを検証できれば掲載されるという統計調査のほうが有利で、学術雑誌への論文の掲載比率では、全体の約90％を占めています[260]。
　このように、客観的な科学らしく装うことを重視し、業績として認められやすい研究論文を書くために、統計分析によって重箱の隅をつつくような量的研究がひたすら量産され続けるようになっています。「実験のための、実験による、実験的研究」の落とし穴にはまりこむと、抜け出せなくなるのです[261]。

しかし、先にみた人工知能の急速な発展により、データの分析のみならず仮説の設定まで自動化が進んでいくと、そうした量的研究の価値は減じていくものと思われます。

　大量のアンケート調査に基づき高度な統計分析をした量的研究だからといって、正しい内容だとは限りません。例えば、業績が良い企業についてはリーダーシップ、顧客志向、従業員満足といった個別の項目の評価も良くなり、逆に業績が悪い企業ではそうした個別の項目の評価も悪くなる傾向が顕著です。業績を知っていて、その理由として項目を選び評価しがちだからです。勝てば官軍、負ければ賊軍になってしまうのです。心理学者のエドワード・ソーンダイクが陸軍で将校の兵士に対する評価を調査していて発見した「ハロー効果」です。ハローとは後光、光背のことで、特徴的な一面（業績）に影響されて他の面（個別の項目）についても同じように評価する傾向のことをいいます。「色の白いは七難隠す」というわけです。

　業績から独立したデータを集めるなどしてハロー効果を排除することもなく、業績好調の要因を分析しているような量的研究が数多く出回っています。さらに、相関関係と因果関係が混同され[262]、成功事例ばかりに注目し失敗事例を研究しません[263]。原因と結果の有無の2×2表をまとめ、統計的有意差を見極めるのは因果推論の基本中の基本です。理由はひとつという思い込み、他社の動向を踏まえない絶対的な業績の把握などが妄想に拍車をかけます。経営戦略論を専門とするフィル・ローゼンツワイグは、有名なベストセラーの『エクセレント・カンパニー』や『ビジョナリー・カンパニー』も、そうしたいい加減な量的調査を振りかざすものだとしています[264]。カーネマンも、両書は誇張されすぎており、ハロー効果と結果の良し悪しで意思決定の質を判断する結果（後知恵）バイアスによる錯覚を誘発するものだと指摘しています[265]。

　こうしてみてくると、従来の理論の多くは、夜道での落し物を街灯の下だけ探しているようなものではないでしょうか。

従来の理論が成り立つ世界の戦略・計画・結果をもっぱら対象とし、科学としての厳密性・客観性を主張しています。後講釈は、現場の実態に踏み込まなくても、あるいは踏み込まないがゆえに、なんとでもいえます。

　新しい理論は、これまで暗闇の下にあった戦術・実行・過程にこそ光を当てます。日常の現場を対象にしているのです。マーケティングや消費者行動は、机上ではなく顧客のいる現場で起こっています。いまここで進行しつつある事態に対処するのに役立たなければなりません。それなくしてマーケティングは完結しないからです。

　次の第4章では、この新しい理論の内容である主体とその関係についてみていくことにします。加護野は、現実と乖離する「学者の理論」ではなく、経営の実践を支えている「日常の理論」に着目する重要性を指摘しています[266]。「学者の理論」とは、従来の理論のことです。新しい理論は、「日常の理論」そのものではありませんが、それを解明し裏づけ実践の役に立つ理論です。

第4章

理論の主体の欠落を埋め、関係を見直す

4つの要素と新しい理論・モデル

従来の理論の主体に欠ける4つの要素

　従来の理論は、第1章でみたように、マーケティングではR⇨STP⇨MM（4P）⇨I⇨Cの体系、消費者行動では消費者情報処理理論が中心となっています。

　従来の理論は、第2章でみた機械論に基づきます。人は自覚して意図的に対応し（意識）、論理的に判断し（理性）、主体がだれであっても認識する世界は同じで（客観性）、それはいつでもどこでも変わりません（普遍性）。念頭にあるのは「完全合理的経済人」です。

　従来の理論は、自然科学を模範とした理想型といえます。現実について理想に合致する部分は説明できます。しかし、理想型とするのに不都合なところを切り捨てて単純化し過ぎたため、生身の人間である主体の実態とは乖離しているところが少なくありません。第1章でみてきたとおりです。

　新しい理論は、第2章でみた生命論に基づきます。人は知らず知らずに自動的にも反応し（無意識）、好き嫌いでも判断し（感情）、主体であるわたし（たち）によって認識する世界も異なり（（間）主観性・（間）身体性）、それは時と所によって変わります（状況・文脈）。念頭にあるのは「限定合理的経営人」です。

新しい理論は、現実をありのままに理解（解釈）しようとするものです。第2章の主客一体でみたように主体と客体は本来不可分ですが、そうした不可分の世界をとらえるために必要な主体のあり方についてみていくことにします。

なお、主体には、顧客はもちろんですが、マーケター、さらに研究者もあてはまります。

従来の理論は、主体について、もっぱら図4-1の中心にある網掛けをした部分の意識と理性だけしかみてきませんでした。主体について、従来の理論に欠けていて、新しい理論に統合する4つの要素、すなわち、内から外へ向けて、無意識、感情、（間）主観性・（間）身体性、状況・文脈について、順にみていくことにします。それぞれについての指摘や研究は数多くあるのですが、これらを統合したひとつの主体とその関係のモデルとして明確に提示されたことはこれまでありませんでした。

マーケティング論を専門とするバーンド・H・シュミットは、特性と便益を本質とする伝統的マーケティングに対して、感覚的経験価値（SENCE）、情緒的経験価値（FEEL）、創造的・認知的経験価値（THINK）、肉体的経験価値とライフスタイル全般（ACT）、準拠集団や文化との関連付け（RELATE）を

図4-1：従来の理論の主体に欠ける4要素

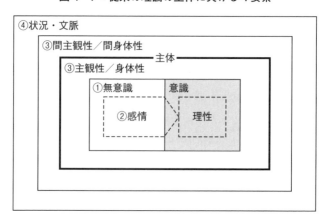

本質とする「経験価値マーケティング」を提唱しています[1]。認知科学を参考につくられた5つのタイプからなる経験価値は包括的で、新しい理論のめざす方向にも合致しています。しかし、顧客に提供すべき価値として考慮すべき要素（モジュール）として列挙したもので、ひとつに統合された主体や関係のモデルとしては提示されていません。

■ 第1の要素：知らず知らず──95%を占める無意識

　古代ギリシャ以来、意識が人間の精神活動において中心的な役割を果たしていると考えられてきました。現在も世間一般の常識としてはそう信じられているでしょう。しかし、最近の脳神経科学や社会心理学の多くの研究によって、実は無意識が大半の役割を担っていることが明らかとなっています[2]。人は自分で思っているほど、自分の心の動きをわかってはいないのです[3]。意識にのぼらないからこそ無意識なわけですから、特に本人には無意識のはたらきがわからなくても無理はありません。とはいえ、従来の理論のように意識ばかりではなく、新しい理論は無理をしてでも無意識にも着目しなくてはなりません。先に、第3章の第3の次元の実践のところで、意図的な行為だけではなく無意識の行動にまで対象の範囲を広げるとしたこととも対応しています。

　わたしたちは意識である意思を起点として行為していると通常考えています。しかし、そうした常識は、脳神経科学者のベンジャミン・リベットによって否定されています[4]。まず無意識のもとで電気的活動として脳から行為の指令が出され、その後で行為しようとした意思が認識され、そして実際の行為が行われることが、実験によって明らかとなっています。無意識下の脳による行為の指令により、行為を行う神経過程と意思を生み出す心理過程が同時に開始しても、例えばペンを取るために手首を曲げるまでに0.55秒かかるのに対して、ペンを取ろうという意思が認識されるようになるには0.35秒しかかからず、実際に手首が動くより0.2秒早く意思が認識されるので、あたかもはじめから意思によって手首を動かしているように錯覚して感じるだけです。行為の始点は無

意識です。意識は無意識が決定したことを事後に承認や拒否するだけなのです。

　先に第3章で、人間の脳においてさまざまな感覚器官からもたらされる情報の実に最大95％は、無意識で処理されていることにふれました[5]。社会心理学者のティモシー・ウィルソンによれば、わたしたちの五感（視覚、聴覚、触覚、味覚、嗅覚）は、1秒間に約1,100万ビット（かつて使われていたフロッピーディスクほぼ1枚分に相当）の情報をとりいれています。ところが、人が意識的に処理できるのは、最大でも1秒間に約40ビットの情報に過ぎません。残りの1,099万9,960ビットについては、無意識に処理されているというのです[6]。95％どころではなく、実に99％以上の情報が無意識で処理されていることになります。2,000人以上を対象に行われた脳波測定調査によれば、購買行動の85％をコントロールしているのが無意識でした[7]。従来の理論のように、1％ないし5％、多くても15％の情報を処理するだけの意識さえとりあげていれば十分だとは到底いえないでしょう。

　無意識といえば、精神分析の創始者であるフロイトの主張が有名です。後期のフロイトは、前意識と無意識をあげます。前意識は、注意を向けるだけで簡単に意識化することが可能です。無意識は、心理的苦痛の源として意識の外に抑圧されていて意識化が困難です。前意識と無意識をあわせたものが潜在意識です。潜在意識は、有名な氷山の絵で、海上にわずかに出ている意識の下にあって海面下に沈んでいる大きな部分にあたります。

　フロイトの無意識のとらえ方は、現在では狭すぎることがわかっています。抑圧のためではなく、効率性という理由から、意識の外で心の働きが起こるようになっているのです。環境を即座に非意識的に評価し、明確化し、解釈し、行動を開始させるという能力は生存に有利なため、進化的選択がなされたのです。非意識的思考が進化による環境への適応であることを強調し、ウィルソンは「意識的にはアクセスできないが、判断、感情、行動には影響を与える心的過程」を「適応的無意識（adaptive unconscious）」と名づけています[8]。その

後、「第1感」として広く知られるようになりました[9]。本書では、フロイトの抑圧された狭い無意識ではなく、ウィルソンの適応的な広い無意識のことを無意識としてとらえることにします。

　無意識は、素早く、効率的に情報を集め、解釈し、評価し、動作に向けて目標を定めます。例えば、子どもが母国語を身に付けるように、パターンを見出し学びます。騒々しいパーティーで談笑中でも自分の名前はよく聞こえるように（カクテル・パーティー現象）、注意するものを選択します。意識では認識できない刺激に反応するサブリミナル効果があるように、情報を解釈します。なんとなく人や行動を避けたりするように評価します。権力への欲求を満たす手段として性を求めるように、目標を設定します。そして、無意識は、記憶の中の情報がより活性化する「アクセス可能性」と、自らにとって最大の喜びを与える「良い気分」とに基づいて情報の重要性を判断します[10]。

　意識されないレベルで呈示された刺激の知覚によって、生体になんらかの影響のあるサブリミナル効果は、米国の映画館でのコカ・コーラとポップコーンの売上の実験が有名ですが、存在することは実証されているものの、常に見られるというわけではありません[11]。
　テレビや映画などの連続映像で、気が付かない短時間だけ文字やイメージを呈示する場合、空腹感や喉の渇きなどの感覚には効果が確認されていますが、広告された商品の選択行動についての効果はあまり見られません。NHKと民放連の放送基準では、サブリミナル的な手法は禁じられています。
　印刷媒体などの静止画像で、性や死に関わる文字やイメージを写真や絵の中に埋め込んだ場合、興奮などの感覚には効果が確認されていますが、態度や購入意欲では効果があったりなかったりして一貫せず、選択行動や記憶については効果が見られません。
　したがって、広告についていえば、ある商品をサブリミナル広告で宣伝した場合、その商品はよいものである、好きであると思わせることはできますが、

それだけで実際に買わせることまでは難しいということになります。

　わたしたちは、自分で考えているほど自分の心を知っておらず、自分の心をコントロールしているわけでもありません。先に第3章でもみたように、意識的な計画が常に実行に先行しているのではありません。意識上でも、理性による論理的思考だけではなく、一瞬で意識にのぼる判断である「直感（gut feeling）」、もとになっている理由が自分でもよくわからない判断である「直観（intuition）」を基盤としているのです[12]。直感はいわゆる思いつき、直観は全体と本質の直接的で瞬時の理解というふうに考えればわかりやすいでしょう。実際には明確に区別されず同義語のように用いられていることも少なくありません。直感や直観は、映画『燃えよドラゴン』（1973年）で、ブルース・リーが言った"Don't think, FEEL!"のあてはまる場面です。映画『マトリックス』（1999年）なら、モーフィアスが言った"Don't think you are, know you are."です。

　学問においても、直感や直観が大切であると、近代社会科学の泰斗であるマックス・ウェーバーが指摘しています。「情熱はいわゆる『霊感』を生みだす地盤であり、そして『霊感』は学者にとって決定的なものである。ところが、近ごろの若い人たちは、学問がまるで実験室か統計作成室で取り扱う計算問題になってしまったかのように考える。〔……〕実験室でもまた工場でも、なにか有意義な結果を出すためには、いつもある—しかもその場に適した—思いつきを必要とするのである」[13]。

　分析一辺倒だった経営の分野でも、次第に直観や直感がとりあげられるようになってきています。ミンツバーグは、「組織の効果性は、『合理性』と呼ばれるあの狭量な概念に潜んでいるのではなく、清明な論理とそして強力な直観の混ぜ合わせのなかに潜んでいる」[14]といいます。経営についていくつかとりあげると、「成功への最後のステップにおいては、大胆で直観的な飛躍が必要なことが多いのである」[15]とし、「直観が経営の多くの分野で重要な意味をもつ」[16]とし、「戦略的直観は人間の脳裏に作用し、新たなアイディアを生み出す

鍵となる」[17]とし、「正しい判断をするためには分析と直観の融合が求められる」[18]などとしています。マーケティングでも、石井は、「経営者が跳ぶ、そこには経営者が将来の事業についてもつところのインサイトの存在がある〔……〕キーワードは、〔……〕『暗黙に認識する』ことと『対象に棲み込む』ことである」[19]とし、マーケティング論・消費者行動論を専門とする水越康介は、「ビジネスのアイデアを手に入れるためには、相手をリサーチしても仕方がない。なによりリサーチするべきは、あなた自身の確信の根拠だということです。〔……〕答えを持っているとすれば、それは自分だけ　それが本質直観です」[20]とします。

　マーケティング論・消費者行動論を専門とするジェラルド・ザルトマンは、「従来のマーケティング・パラダイムにはらむ、最も深刻な問題は、人間の心（mind）や、脳（brain）、体（body）、そして社会（society）といった重要な要素を人為的に分断してとらえてしまっていることである」とし、心―脳―体―社会のもたらす相互作用にこそ目を向けるべきだとします[21]。マーケターと顧客は意識と無意識で相互に影響し合い「市場の心」を形成しますが、最も活発である無意識を十分に活用できていません。95％を占める無意識は、アンケート調査やグループインタビューではわかりません。無意識の思考内容の多くはメタファーを通じて掘り起こすことが可能であり、製品サービスやその使用体験に関して抱いた考えや思いを表す写真や絵を回答者に持参してもらい、心の奥底に潜む思考や感情を聞き出し、核となるメタファーを見極める「ザルトマン・メタファー表出法」について特許を取得し提供しています。
　さらに最近では、脳科学の進展に伴い、「ニューロ（神経細胞）マーケティング」が注目されています[22]。放射性同位体を注入して測定する陽電子放出断層撮影法（PET）や高周波磁場を使って測定する機能的磁気共鳴画像（fMRI）など、脳計測機器を使い脳画像や生理学的指標により活発に働いている脳の領域を特定します。脳の活動から思考や感情を逆推論するものであり、それだけですべてが解明できるわけではありませんが[23]、従来の調査ではとらえきれな

かった本音について、たとえ本人が意識すらしていなくても、解明につながる手段となります。脳計測機器が高価で大きく、被験者が動けず利用場面が制約されるといった難点が改善されていけば、実務でも本格的に利用されるようになっていくでしょう。

このように、マーケティング、消費者行動の新しい理論では、意識だけでなく、無意識や直観・直感にも着目します。

■ 第2の要素：好き嫌い ── 98％を占める感情

無意識の機能のうちで最も重要なのが、評価としての感情を生み出すことです[24]。しかも、認知科学を専門とする戸田正直によれば、「人間は必ずしも意識していませんが、ほとんど98％位は感情に流されて、感情に従ってやっている」のです[25]。夏目漱石も書いているとおり[26]、人は情に棹差し流される存在なのです。

感情の定義はさまざまで、定説といえるものがありません。以下の定義が比較的わかりやすいでしょう[27]。広義の「感情（affect）」とは、対象や原因が明確で一時的に強い「情動（emotion）」と対象や原因が明確でない状態の「気分（mood）」からなります。特に感情が生じたときの主観的な感情経験に着目した場合には狭義の「感情（feeling）」とよびます。心理学が主に対象とするのが情動で、感情をもたらす神経過程や身体生理反応なども含めるのが一般的です[28]。

本書では、特に身体的状態に着目して、広義の「感情（affect）」は、無意識下で特に身体的状態の変化を伴い比較的強力な「情動（emotion）」、意識上でのそうした変化の主観的な経験である狭義の「感情（feeling）」、情動に由来せず拡散して比較的長く続く「気分（mood）」（「背景的感情」）からなる、ということにします[29]。「情動は身体という劇場で演じられ、感情は心という劇場で演じられる」ということになります[30]。動物の進化において、まず情動が生

まれ、情動を基盤として人間にはより高次な感情が生まれたことに沿ったとらえ方です。

古代ギリシャの時代から、感情は理性（reason）をかき乱す邪魔者として扱われてきました。哲学者のイマヌエル・カントは、「情緒は盲目的」で「心意識の一種の動揺」であり、「とうてい理性の適意に値いし得るものではない」とまでいっています[31]。感情は心理学の主たる研究対象からも長らく外されていました[32]。

現在では、感情は理性にとって不可欠であり、合理的で適応的な行動を高度に支えるものであることが明らかとなっています。理性は結論を導きますが、行動を導くのは感情です。

神経科学者のアントニオ・R・ダマシオは、脳の前頭葉（眼窩前頭皮質）に損傷を受けた患者を研究するうちに、知能は健全でも情動がはたらかなくなると意思決定や行動に異常をきたすことに気がつきました。そこで、「情動は理性のループの中にあり、また情動は通常想定されているように推論のプロセスを必然的に阻害するものではなく、そのプロセスを助けることができる」というソマティック・マーカー仮説を提唱しました[33]。ある行動をとってある結果が生じある身体的な状態（快・不快など）となった場合、そうした経験的な結びつきが身体的な（ソマティック）印（マーカー）として刻印（記憶）され、その行動や結果を考えると、その身体的な状態が自動的に再現されるようになるのです。選択肢についての身体的状態に基づけば、時間をかけて熟考しなくても素早く選択することができます（快なら選択し、不快なら躊躇します）。この仮説は、現在は広く受け入れられるようになっています。

ただし、後ほど詳しくみるように、好きか嫌いか、感情反応が強いか弱いかだけで物事を決めてしまう「感情ヒューリスティック」も存在するので[34]、感情は必ずしも合理的にばかりはたらくわけではありません。感情以外にもさまざまなヒューリスティックが存在するので、感情がはたらかなければ理性は常に合理的だというわけでもありません。

1980年代に、認知と情動のどちらが先行するのか、社会心理学で激しく争われたことがあります。世にいうザイアンス・ラザルス論争です。ロバート・ザイアンスは、認識できないほど短時間であっても、繰り返し接するだけで好ましさが増大する単純接触効果がみられることから、情動と認知は独立したものであり、刺激が認知されなくても情動は生じうる、「好き嫌いに理屈はいらない」と主張しました。それに対して、リチャード・ラザルスは、状況に対する評価としての認知は必ず情動に先行しなくてはならないと主張しました。両者の主張は平行線をたどり、論争は決着を見ないまま終息しました。しかし、認知のとらえ方をよく比べてみると、ザイアンスは意識レベルの意図的で複雑な情報処理のみと狭くとらえ、ラザルスは無意識レベルの自動的で単純な情報処理まで含め広く考えていたのです。意識的な判断としての認知が常に情動に先行するわけではないということでは、両者は一致していたといえます[35]。

　実際、その後の脳神経科学の研究によって、情動が意識的な認知には先行することが裏づけられています。

　脳科学者のジョセフ・ルドゥーは、「脳での刺激の情動的意味評価は、認知系がその刺激を完全に処理し終わる前に始まる。実際、われわれの脳はそれが何なのかを正確に知る前に、それが自分にとって良いものなのか悪いものなのかを判断することができる」といいます[36]。ルドゥーらが、ラットの実験で並列する2つの経路の存在を明らかにしたことに基づきます。すなわち、「感覚性視床および感覚性皮質から扁桃体への並列の二種の伝達系が関与している。皮質下の経路は外界のおおまかな像を伝え、より詳細で正確な描出は皮質経由で送られてくる。視床からの経路では一つしかシナプスを介さないが、皮質からの経路で扁桃体を刺激するにはいくつかのシナプスを刺激する必要がある。各々のシナプスで時間が加算されるため、視床路の伝達のほうが速いということになる」わけです[37]。これは、いち早く危険を回避して生命を守るためであるとともに、情動系が価値を認めると脳内活性が上がり学習効果を高めるため（好きこそ物の上手なれ）であると考えられます[38]。

これを受けて、脳科学者の松本元は、「知・情・意は互いに並列ではなく、階層化され相互に連関し、情が受け容れられ、意が高まり、知が働くと考えられる。脳では、情・意が、マスター（主人）で、知はむしろ、スレーブ（従僕）であるとみなすことができよう」とします[39]。ヒュームの、「理知は情緒の奴隷であり、且つただ奴隷であるべきである。換言すれば、情緒に奉仕し服従する以上の何らかの役目を敢えて僭望することは決してできないのである」[40]という当時は異端であった指摘も、実は間違っていなかったわけです。「脳の活性に最も支配的な情報は、『情』に関するものである。一般的に、情は低次元の心のはたらきと思われがちだが、実際には情こそ脳というエンジンをもっともよく働かせるガソリンなのである。人は情が受け容れられ、それによって意欲が上がると脳の活性も高まり、知が働くようになる」ということになります[41]。

通常わたしたちが行動しているときに働いているのは弱い感情です。しかし、「注意（attention）」が働くと、強い感情によって認知的な資源がその注意を向けた目の前の事だけに集中され反応するようになります（いまここ現象）[42]。市場は「人のたくさんいる部屋」のようなもので、説得やロイヤルティの前にまずは注意を獲得しなければ始まりませんが、やみくもに大声で叫べばいいというものではありません[43]。人間の注意は希少な資源ですが、機械のように合理的なものではなく、生物心理学的にとらえなければなりません。注意は、情報を集めるためではなく、情報を振るい落とすための機能であり、無意識レベルで特に生存にかかわる事柄と自身に関わる事柄に優先的にはたらきます[44]。

マーケティング、消費者行動の従来の理論の世界では、依然として理性への働きかけが中心を占めています。R⇨STP⇨MM（4P）⇨I⇨Cの体系しかり、消費者情報処理理論しかりです。感情を正面から体系的にとりあげた研究はまだわずかしかありません。

そうした中、消費者行動論を専門とするモリス・ホルブルックとエリザベ

ス・ハーシュマンを嚆矢とする快楽消費の研究が先行しています[45]。快楽消費とは、それ自体が目的であり快楽である消費です。芸術消費や遊びとともに、感情経験を対象に研究されています。消費者行動論を専門とするアルジュン・チョードリーは、理性的反応とともに感情的反応を測定する尺度を開発し、アンケート調査により消費者行動におけるさまざまな感情の影響を定量的に分析しています[46]。

マーケティングでは、本章の冒頭でみたシュミットの経験価値の研究があります[47]。B・ジョセフ・パインⅡとジェームズ・H・ギルモアの経験経済も同種のものです[48]。マーケティング論と消費者行動論を専門とする上原聡は、小売店舗を対象に感情全般を測定する尺度を開発し、店舗特性に対する購買行動の傾向をアンケート調査し、快楽と覚醒の高低の感情状態で4つの店舗グループに分類し、課題と戦略について分析しています[49]。一種の感情といえる顧客満足に関する研究だけは、これまでに数多くなされています[50]。

経営学でも、清水は、人間から感情を取り除くことはできず、「経営者、そして社員はもっと『好き勝手』なことをすべきではないのか」といいます[51]。楠木も、「すべては『好き嫌い』からはじまる」として、「好き嫌いだけでは経営できない。しかし、好き嫌い抜きにして経営を語れないのも事実。好き嫌いに目を向けなければ、その経営者なり経営の本当の動因はつかめない」とし、「好き嫌いの復権」を主張するようになっています[52]。

実務の世界では、以前から感情への働きかけを重視したマーケティングが提唱され、実績をあげています。例えば、1937年に、セールス・コンサルタントのエルマー・ホイラーは、「感情で買っているのだなどと言えば、むきになって反対する方もいるかもしれないが、これは事実である」といっています[53]。ブランドコンサルタントのマーク・ゴーベは、ブランドをデザインすることは認知にとどまらず感情に訴えるエモーショナルな対話を創出し人間的結びつきを構築することだと主張し、コカ・コーラをはじめとしたグローバル企業で成果をあげています[54]。第1章でふれたように、わたしが学んで実践した、神田

の「エモーショナル・マーケティング」[55]、小阪の「ワクワク系マーケティング」[56]もそうした例です。

　神田は、「理屈が通ればお客は購入してくれる」という常識は嘘だと指摘します。よくある商品自慢や会社自慢は、広告宣伝の反応率を下げる大きな原因です。「まず『欲しい』という感情がある。そして、その欲求を理屈で正当化するのである。つまり理屈というのは、お金を使った後ろめたさを正当化する言い訳として使われる」のです。したがって、商品説明は、「欲しい」という感情を持っている見込客に対してのみ、効果を上げることになります。まずは、見込客の感情的な反応を起こすことが極めて重要となります。

　後づけで選んだ理由をつくりだすことは、選択盲（choice blindness）の実験でも明らかとなっています[57]。選んだ対象を選ばなかった対象にすり替えて見せても、選んだ理由を聞くと淀みなく説明してしまうのです。自分の信念を肯定する証拠を意図的に探す確証バイアスもはたらくでしょう[58]。購入後に理由を尋ねるアンケート調査はあまりあてにならないわけです。

　小阪は、そもそも人が消費するのはワクワクするためであり、「『ワクワクしたい』というのは人の根源的欲求である」といいます。ワクワクすることで自分の気づかなかった必要や願望を発見し、それをどうしても満たしたい欲求に火がつき行動を起こすのです。こうしたワクワクしたいという人の根源的な欲求を鍵とした商売繁盛のしくみを築くのが「ワクワク系」です。ワクワク系では、来店するまでそうとは気づかなかったが、欲しかったものに出会えたという圧倒的なワクワクがあるので、たとえ購買動機がなくても、新たな発見への期待感ゆえに来店動機が起きて来店するとします。

　顧客の獲得には、ワクワクする新しさ（新規性）の刺激・興奮型の快が有効です。覚醒を制御するドーパミン、衝動を制御するノルアドレナリンがはたらきます。一方、顧客の維持には、ホッとする親しみやすさ（親近性）の癒し・鎮静型の快が有効です。不安を制御するセロトニンがはたらきます[59]。ダイレクト・マーケティングで、顧客の維持にはニュースレターの発行による顧客関係づくりが必須とされるゆえんです。この新規性と親近性は、必ずしも矛盾す

るものではなく、知覚における地と図の関係と同じように、互いに協調し合うものです[60]。

このように、マーケティング、消費者行動の新しい理論では、理性だけでなく、感情にも着目します。

■ 第3の要素：わたし（たち）── 世界を創り出す（間）主観性、（間）身体性

近代以降、認識される対象としての客観それ自体が唯一存在することは、疑うことのない自明の前提とされてきました。認識の客観性は、対象としての客観それ自体と一致していることになります。主観的な価値判断を排除して、事実に基づいて客観的に判断するのが、科学としての学問のあるべき姿であるというわけです。

しかし、よく考えてみれば、対象としての客観は、主観の外側にそれ自体が存在するというものではなく、主観の内側で確信されるものでしかありません。実際にはありえない客観それ自体の存在について考えるのではなく、主観的な経験である「現象」にこそまず着目しなくてはなりません（「事象そのものへ」）。フッサールが創始した「現象学」です[61]。現象をとらえるためには、主観の外に客観が存在するかどうかという判断をひとまず括弧に入れて停止し（エポケー）、対象は主観的な経験の中で成立するものとして主観的な経験に還元されなければなりません（現象学的還元）。現象学でいう還元は、第2章でみた還元論における還元が他のものに置き換えることを意味するのとは反対に、現象に徹することを意味して使われるので注意が必要です。

最も基本的である知覚の経験において、意識は常に何ものかについてという「志向性」を持っています。先にみた意識に先行する無意識下の脳の電気的活動こそ、意識に先行して意識を規定する志向性をとらえたものといえます[62]。物事のさまざまに現れる側面は、そのものというひとつの対象に総合されます。意識は、さまざまな現れ方をする物事に同一性を与えるはたらきをするわけで

す。例えば、いま読んでいるこの本について、真正面から表表紙を見た場合あるいは真横から背を見た場合、見た目には長方形をした平面に過ぎません。しかし、その時には見えていない裏表紙があり、天・小口・地の厚さもある直方体としての本を思い描きます。知覚とは、見えるままの対象を写真に撮るように受け取ることではなく、対象の全体像を思い描くはたらきなのです。わたしの見ているものをあるものと見なす、個体（メンバー）をある類（クラス）にあてはめる、という「パターン認識」を行い、情報を圧縮しているのです[63]。能動的に注意を集中して一般化を行い、「多に一をみる」わけです[64]。第2章でふれた視覚ゲシュタルト転換の例でいえば、同じ絵（**図2-2**（40頁））を見ても、アヒルとみなしたりウサギとみなしたりします。そのあてはめの判断は、理性的、論理的なものではなく、直感的、審美的なものです。一義的必然性のない創造的な価値判断をしているのです。

　こうした知覚は、対象のみが孤立して行われるのではなく、周囲の世界の中において行われます。知覚は世界を前提に行われるとともに、知覚することによって世界を書き換えていきます。ここにいう世界とは、わたしたちが日常的に生きて直接経験する「生活世界」のことです。わたしたちの「生きられた経験」そのものです。いわば一人称のパースペクティブに基づく世界です。科学における「客観世界」は、この生活世界を基盤とし、予測の必要から数学的法則を見出すことによってつくりだされた理論的構築物にすぎません。いわば三人称のパースペクティブに基づく世界です。一般に考えられているように、まず客観世界があって、それをわたしたちが生活世界として認識しているのではありません。第2章でみたプラトンの洞窟の比喩でいえば、わたしたちは強力な近代科学の先入見の呪縛によって身動きできずに影の世界（客観世界）を見てそれを現実だと思い込んでいるのです[65]。実際はその逆なのです。科学は、「世界経験の二次的な表現でしかない」[66]のです。例えば、右目をつぶって左目だけで光景を見た場合、フッサールも学んでいた物理学者で哲学者でもあるエルンスト・マッハの描いた絵（**図4-2**）[67]にあるように、実際には眼孔と鼻とマッハの場合はさらに髭もかすめた光景を見ています（生活世界）。それをも

図4-2：マッハの描いた絵

出所：E・マッハ（2013年（1886年））『感覚の分析』法政大学出版局。

とにして、自身もその中に含まれた光景をあたかも天から眺めているようなイメージを形成して、思い浮かべているのです（客観世界）。かくして、「客観的な諸科学の真理から、主観的・相対的な生活世界へ帰還することが、普遍的な哲学としての現象学の第一歩である」ということになります[68]。

　フッサール以降、生物学者のヤーコブ・フォン・ユクスキュルが生物についてそれぞれの種が固有に有すると主張する「環世界（Umwelt）」[69]も同種の発想といえます。例えば、ダニにとっての世界は、吸血するのに意味がある、汗の酪酸の臭いと動物の体の温かい温度と毛のない皮膚の感覚のみから成り立っていて、人間にとっての世界とは異なります。シュッツがわたしたちの諸経験における意味づけによって構成されるとする「多元的現実（multiple realities）」[70]も同様です。例えば、わたしたちの世界は、日常の世界、空想の世界、狂気の世界、芸術の世界、夢の世界、科学の世界など複数あります。臨床心理学者のポール・ワツラヴィックが主張する「発見された（discovered）現実」ではない「創造された（invented）現実」[71]も同じ流れにあるといえます。

社会構成（構築）主義の基となった構成主義（Constructivism）です。ちなみに、量子力学における「多世界解釈」では、多数の世界が本当に共存しているが、人間は自分が属する1つの世界しか見ることはできないとしていますが[72]、その1つの世界をどうとらえるのかがここでの話ということになります。

経営の実務では、現場・現物・現実が大事だとよく言われます（三現主義）。現場に足を運び、現物を手に取り、現実をこの目で見なくてはいけません。「百聞は一見に如かず」です。資料や伝聞で知った客観世界だけで判断しては誤る、自ら生活世界に入り込んで判断せよ、という戒めといえます。

マーケティングも、客観世界での商品サービスの実体をめぐる争いではありません。生活世界での商品サービスの認識をめぐる争いです。優れた商品サービスであるからといって売れるわけではありません。その商品サービスのカテゴリーで顧客の心の中に最初に入り込んだものが優れた商品サービスである、優れた商品サービスだからこそ一番手になっているのだと認識され売れるのです[73]。

インターネットショッピングモール（仮想商店街）といえば、今日ではほとんどのひとが一番手として思い浮かべるのは楽天市場でしょう。実は、三井物産のキュリオシティが、楽天より2年も早く1995年にサービスを開始していました。大日本印刷や凸版印刷も顧客企業を集めたモールを開設していましたが、売上実績はほとんどあがっていませんでした。1997年に専業として参入した楽天（1999年まではエム・ディー・エム）は、当時としては破格の月額5万円の出店料で中小企業を開拓するとともに、新聞や雑誌のパブリシティに注力して数多くの記事にとりあげられることにより[74]、一番手としての認識を確立しました。キュリオシティは、2000年に独立法人化して楽天を追いかけますが、時すでに遅し。楽天との差は開くばかりで、2005年にヤフーショッピングに吸収されました。そのヤフーも、ポータルサイトとしては一番手ですが、ショッピングモールでは楽天に水をあけられています。第1章でもふれましたが、インターネットオークションでは、1999年に開始したヤフーオークション（現ヤフオク）が一番手の認識を得ると、2か月遅れで参入したDeNAのビッダーズ

(現モバオク)はどうしても追いつけず、米国では一番手のイーベイも2002年に参入したもののわずか1年で日本から撤退しました。

当時は国内4社ともに接点があり、こうした動向も間近にみていたので、ホームプロでは、インターネットでのリフォーム仲介でなにがなんでも一番手、実績No.1の認識を確立することにこだわり、仲介実績の拡大とパブリシティにひたすら注力しました。

生活世界についての認識は、人によって異なります。一人ひとりのわたしの「主観性」です。知覚心理学によれば、主体によって身体を介して環境にかかわってきた脳の来歴は自ずと異なり、その来歴に基づく主観も違ってきます[75]。「十人十色」です。しかし、まったく別々の世界というわけではなく、わたしたちは同じ世界に生きているとも認識しています。わたしたちは、どうやって生活世界に含まれる他人と理解し合えるのでしょうか。フッサールは、わたしたちはお互いにやりとりすることによって、お互いの生活世界の認識をすり合わせて書き換え、共同で築き上げているからだとしました。わたしたちの「間主観性(Intersubjektivität)」(相互主観性、共同主観性とも訳されます)です。いわば二人称のパースペクティブです。ブルーナーも、乳幼児が言語を用いることができるようになるためには、母親らへの間主観的な接し方を学習しなければならず、間主観的な対応は対人関係を取り続けるうえで不可欠なものだと指摘しています[76]。こうした主体間での共有に着目したメタ理論(個別の理論の根底にある理論)が、第2章でみた「社会構成(構築)主義」といえます。

間主観性を裏づける一例が、社会心理学者のムザファー・シェリフによる実験です[77]。真っ暗闇の中では、静止した光点が動いているかのように知覚されます(自動運動現象)。その動く範囲の認知について、ひとりで100回判断した場合は、個人特有の一定の範囲に収束していきました。2人あるいは3人で互いに声に出しながら100回判断した場合には、互いに歩み寄るかのようにしてひとつの判断値に収束していったのです。光点の自動運動そのものはあくまで幻想です。個人的な幻想(主観性)が他者との交流の中で、社会的に受け入れ

られる共同幻想（間主観性）へと徐々に変化していったのです。

　実験ではなく実社会での間主観性をイメージしやすいのが、映画『十二人の怒れる男』（1957年）です。12人は裁判の陪審員で、黒人の少年が明らかに父親殺しの犯人だとして全員一致で有罪（死刑）の評決を出そうとします。ところが、ひとりだけ疑問があるとして無罪を主張します。他の11人もしぶしぶ証言の内容について議論し見直していったところ、先入観や偏見にとらわれていたことが次々に明らかとなります。最終的には全員一致で無罪の評決にいたるのです。

　フッサールの現象学は、古代からある独我論（唯我論）の焼き直しに過ぎない、と批判されることがあります。独我論とは、実在するのは主体の自我だけであり、他者や外界の物事は主体の意識の内容であるにすぎない、とする考え方です。

　しかし、フッサールは客観性を否定し、主観性にとどまるだけというわけではありません。主観性の構造を明らかにし、客観性にかわる間主観性を打ち出しており、独我論だとの批判は当たりません[78]。むしろこれまで客観性と信じられてきたものは、実は間主観性にほかならず、いわば疑似客観性にすぎなかった、といえるのではないでしょうか。結局のところ、客観的だと主観的に思っているにすぎません[79]。客観性の中には主観性が入り込んでいるのです[80]。

　社会心理学者の小坂井敏晶が指摘するように、「主観と客観は原理的に相容れない了解方式」であり、客観性の追求は、「主観性の絶え間のない相対化の努力」に支えられたものなのです[81]。「現象学の最も重要な収穫は極端な主観主義と極端な客観主義とを接合させること」[82]にあります。

　フッサールは、わたしのうちに他者を経験すること、身体的表現の意味を理解する感情移入（自己移入）によって間主観性を基礎づけようとしました。「以心伝心」「魚心あれば水心」というわけです。しかし、それだけではいまだ主観性の域を出ず、間主観性を裏づけるには説得力がありません。そこで、

フッサールを継承する哲学者のモーリス・メルロ=ポンティは、発達心理学を踏まえて、「他人知覚においては、私の身体と他人の身体は対にされ、いわばその二つで一つの行為を成し遂げることになるのである。つまり私は、自分がただ見ているにすぎないその行為を、いわば離れたところから生き、それを私の行為とし、それを自分でおこない、また理解するのだ。こうして私の志向が他人の身体に移され、他人の志向も私の身体に移されるということ、このように他人が私によって彼自身から疎外され、私もまた他人によって私自身から疎外されるということこそ、他人知覚を可能にするものなのである」とします[83]。他人を含む世界との関わりを根底で支えているのは身体であり、幼児が人まねをするように、身体同士の関わりである「間身体性」が間主観性を生み出すのです。まさに身をもって知り、腑に落ちるわけです。わたしたちの経験は、心的経験とともに身体経験から構成されています[84]。思考の95%を占める無意識は身体の行動にのみ現れ、その行動を介してのみ他者は知ることができるわけですから、間身体性は間主観性に不可欠なわけです。

フッサールの流れをくむシュッツも、「われわれ関係は時間的性格をもつばかりでなく、空間的性格ももっているのである。いいかえるなら、そこには他者の意識だけでなく身体も含まれている。そして、他者の心のなかで起こっていることの把握は他者の身体運動の知覚を媒体としてはじめて成り立つ」とし[85]、音楽に見られるような「相互的な同調関係」が基底にあるとしています[86]。

1996年になって、自分がある行動をしても、他者がする同じ行動を見ただけでも、まったく同じように反応し活性化する脳の神経細胞が発見されました。まるで鏡のように他者の行動を映すことから、「ミラーニューロン」と名づけられました[87]。わたしたちは、他人のすることを無意識のうちに自動的にシミュレーションしているのです。視覚だけでなく、聴覚でも同じように反応することが明らかとなっています。思わずもらい泣きしたりもらい笑いしたりするわけです。このミラーニューロンの存在は、間身体性、相互的な同調関係と感情移入、間主観性の考え方を神経生理学において裏づけたことになります。ミラーニューロンを発見した4人のうちのひとりも、実はメルロ=ポンティを

参考に研究していました。ただし、ミラーニューロンがありさえすれば他者と完璧に同調できるわけではなく、やはり経験を通じて他者との関係を学習することが必要です。

　教育臨床学を専門とする中井孝章は、現象学は意識化しうる限りで無意識も思考の対象としうるが、それでは広大かつ瞬時の無意識をとらえきれないという限界を指摘します[88]。そうした意識化しえない無意識には、意識することではなく、身体性、行動することによって対応するしかないでしょう。

　マーケティング、消費者行動が行われる「市場」をとりあげてみましょう。場所としての「いちば」ではなく、制度としての「しじょう」です[89]。従来の理論では、市場は確固たる実在であるかのように実体視します。市場は調査をすれば発見できるものとされます。しかし、実際には、企業とそのマーケティング活動、顧客とその消費者行動などが個々にあるだけです。社会についてもそうですが[90]、市場そのものを実際に見た者は誰ひとりとしていないでしょう。

　マーケティング論・消費者行動論を専門とする木村純子によれば[91]、いまや年中行事のひとつとなっているクリスマス・ケーキ市場は、明治時代に横浜の不二家が外国人向けに製造したのが始まりです。1950年代に各社の大量生産を契機に急速に普及し、手作りやカップル向けなども新聞や雑誌などで話題となり、「クリスマスにケーキ」が定着しました。さまざまな企業やメディアによる打ち手が連なることによって、重層的かつ動態的に構築されていったのです。

　バレンタイン・チョコレート市場も同様です。大正時代に神戸のモロゾフが売り出したのが始まりです。1950年代から各社が次々に発売するようになり、1970年代になってようやくバレンタインデーの宣伝が奏功し定着しました。チョコレート会社が主に宣伝し、女性客が多かったことから、女性から愛を告白しチョコレートをプレゼントするという日本独特のコンセプトが固まり浸透していったのです[92]。

　マーケティング論・消費者行動論を専門とする松井剛によれば[93]、1990年代

末から興ったいわゆる"癒しブーム"も、たんに消費者の癒しへの欲求が高まったからというわけではありません。消費者・企業・メディアの相互作用から生み出されました。市場の競争の中で癒しへのニーズが見出され、顧客の減少に対処するために企業が癒しを訴求し、癒しという言葉がマーケティングで利用されるとともにメディアが流行語として盛んにとりあげることで、さらに癒しが流行するとともに日常的な言葉として定着していったのです。

ホームプロが参入した住宅リフォーム市場でも同様です。現在6兆円とも7兆円ともいわれる巨大市場は、40年あまり前には概念自体が存在しませんでした。当時は、リフォームといえば洋服の手直しのことで、住宅では増改築や営繕、修理、修繕、補修などと呼ばれ、ばらばらに分かれていました。その後、欧米のリノベーション（renovation）やリモデリング（remodeling）に倣って、リフォームという和製英語（英語のreformの原義は改革です）が販促活動で使われ始めます。カタカナのイメージが好感をもたれ、増改築などと入れ替わるとともにひとつにまとまり、量的にも拡大していったのです。

そもそも、社会制度とは、経験的な実在ではなくて理念的な構成物なのです。市場は、間主観的に構成ないしは社会的に構築されていくものなのです[94]。

こうした市場におけるブランドも、間主観的に構成ないしは社会的に構築されながら浸透していくものにほかなりません。この点に関して、石井は、ブランドは製品と相互に支えあう関係にあるので、社会の共同幻想にとどまらずある種の社会的実在性がある、と主張します[95]。無形のサービスについても考えると、やはりブランドは基本的には間主観性、理念的な構成物にとどまるものではないでしょうか。

いずれにしても、企業の手を離れて生成されるブランドは、自社の所有物のように思い通りに変更することができなくなります。古くは、コカ・コーラが、1985年に昔ながらのコカ・コーラに替えて、20万人近い試飲テストでよりおいしいと評価されていた新しい味のニュー・コークを発売したところ、顧客からの猛烈な非難の嵐に、3か月後には元の味のコカ・コーラをコカ・コーラ・ク

ラシックの名前で再発売することを余儀なくされました[96]。最近では、米国最大の衣料小売店のGAPが、2010年に新しいブランドのロゴを発表したところ、顧客の猛反発を受け、わずか１週間で撤回せざるをえなくなりました[97]。

このように、マーケティング、消費者行動の新しい理論では、現実を科学にとらわれた客観世界としてではなく、間主観性、間身体性に基づく生活世界としてとらえます。

■第４の要素：時と所──60〜70％を決める固有の状況・文脈

実際にマーケティングが行われるのは、特定の時と所においてです。状況やコンテクスト（文脈）といわれます。しかし、その内容、異同は必ずしも明確ではありません。

状況（situation）は、辞書[98]の定義をまとめれば、「さまざまに移り変わる物事の、その場その時のありさまや様子」のことです。主体はお互いにとっての状況です。時と所が特定されると、主体の無意識や感情によっても喚起される関心に応じて選びとられた状況が立ち現れます[99]。状況は世界（リアリティ）から切り取られた部分的な意味対象といえます[100]。

コンテクスト（context）は、日本語では文脈や脈絡などと訳されています。辞書[101]の定義をまとめると、元々は「文中での語と語、文章中の文と文の意味内容のつながりぐあい」（まさにcon（together）＋text、テクストと共に）ですが、一般的に「物事の筋道や背景」とされます。マリノフスキが、近代人類学の模範となった参与観察による現地調査で部外者として苦労した経験から、「状況のコンテクスト（context of situation）」を造語し、「コンテクストという概念が十分な効果をもつためには、それは内容的に大いに拡張されなければならない。実際、それは単なる言語学の羈絆(きはん)を脱して言語の話される一般的状態の分析に適用されねばならない」と主張した[102]のが、定義の拡大に寄与しました。状況のコンテクストについて、フィールド（何が起こっているかという活動領域）、テナー（誰がかかわっているかという役割関係）、モード（どの

ような役割を果たすのかという伝達様式）の３つの特性で解釈でき、テクストとの間で双方向に推理される、とするとらえ方[103]は、分析の役に立ちます。文化人類学出身のベイトソンは、こうしたコンテクスト（文脈）を、「有機体に対し、次に行うべき選択の選択肢群がどれであるかを告げる出来事すべてに対する集合的総称」と定義しています[104]。出来事ですから、主体によって受け取り方は自ずと異なります[105]。文脈は、世界の実態そのものではなく、世界についての想定という「心理的な構成概念」ということになります[106]。

　こうしてみると、その時その所における物事のありさまを主体が選びとってとらえたのが状況で、その時その所にありつつもその時その所にとどまらない物事のつながりぐあいにまで着目したのが文脈である、と区別することができます。一方、対象の抽象度の違いから、状況は対象とする物事間の相互作用であり、文脈は概念・カテゴリー間の相互作用の認知的表象であるとする認知言語学での区別も主張されるようになっています[107]。対象の範囲でみれば、先の区分ともちょうど合致します。本書では、このふたつの区分をいわば縦軸と横軸として一体のものととらえることにします。状況はその時その所における物事そのもののありさまをとらえたもの、文脈はさらにその状況について概念

図4-3：環境・状況・文脈の関係

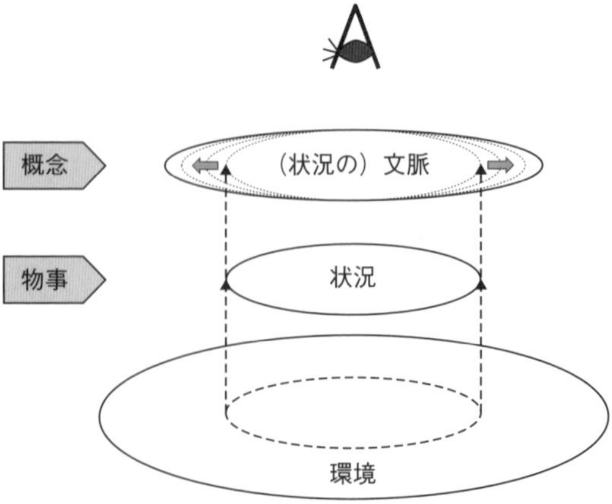

のつながりぐあいをとらえたもの、ということになります。

　状況の基底にある環境、すなわちその場その時にとどまらず主体の関心の有無にかかわらず周囲を取り巻く世界[108]そのものも加えて、環境、状況、文脈の関係を図示すると、図4-3のようになります。状況や文脈は、主体の関心に応じて環境から一部を切り出して参照しているものです。状況と文脈は、後ほどの引用などでもみられるように、実際には明確に区別されず同義語のように用いられていることが少なくありません。

　近代科学は、研究の対象を周囲の状況から切り離して考えます。先に第2章でみた機械論に基づく方法論である還元論の発想です。従来の心理学は、主体の心にのみに着目し、主体のおかれた状況を無視してきました[109]。科学的な実験では、常に同じ状況の下で検証し、個別の状況を捨象した理想状態における普遍的な法則の定立をめざします。状況による違い、さらには状況そのものを無視することになるわけです。従来の消費者行動論も同様です。従来のマーケティング論は、経営環境として政治・経済・社会・技術などの動向について計画を立案するときには考慮します。しかし、マーケティングが実際に行われる具体的な状況となると、先に第3章でみたように実行を軽視することとあいまって、総じて無頓着です。

　現実のマーケティングは、隔離された実験室の中で行われるわけではありません。生活世界における日常場面、すなわち特定の時と所である状況の下で行われます。状況から逃れることはできません。人は状況にも流される存在なのです[110]。先に第3章の「第3の次元の実践」のところでサッチマンやレイヴらが指摘していたように、わたしたちは状況に埋め込まれている（situated）のです（状況論）。霧の中にある状況についての判断は戦略の大前提であり[111]、状況を踏まえないような戦略は机上の空論にすぎません。第2章でみた生命論に基づく方法論である全体論の発想です。全体の状況・文脈のなかでこそ理解しなければなりません。

探してみれば、さまざまな分野の多くの先人が同様の指摘をしています。古くはデューイが、「経験は真空のなかで生起するものではない。〔……〕経験を引き起こす源は、個人の外にある。経験はこれらの源泉によって、絶えず養い育てられる」と指摘しています[112]。メルロ＝ポンティも、「本質とは、それが現われる個別的『状況』を通じてしか接近できないものなのです」といいます[113]。"社会心理学の父"と呼ばれるレヴィンは、行動（B）＝F（人（P）、環境（E））でPとEは相互依存の変数であるとする函数を提示し、その場を「生活空間」とよんでいます[114]。ワツラヴィックらも、「観察する範囲がその現象の発生する文脈を含むくらい十分広くないと、現象が説明できない。ある現象とそれが起きた基盤との間や生物と環境との間の関係の複雑さがわからなければ、対象としている現象は、観察者に何か"訳のわからない"ものとして立ち塞がるか、研究対象に勝手な属性を付与させてしまう」といいます[115]。ギブソンは、「人間は自分が置かれている状況の産物である」とします[116]。哲学者のジョン・バーワイズとジョン・ペリーも、「実在は状況—すなわち、個体が性質を持ち、さまざまな時空位置においてさまざまな関係にたつこと—から構成されている。われわれはつねに、状況の中にある」といいます[117]。文化人類学者のクリフォード・ギアーツも、「知の形態は常に紛れもなく地方固有〔ローカル〕のものなのであり、その形態が利用するもの、そしてそれを包み込むものから切り離すことはできない」とします[118]。

1980年代後半からは、認知科学者にも同調するものが出てきます。先陣を切ったサッチマンは、「行為が例外なく特定の社会的物理的な周辺環境に状況づけられるものであるかぎり、その状況は行為を解釈する際に決定的に重要になるということである」といいます[119]。ブルーナーも、「行為は、それを説明するにあたっては行為を状況の中に位置づけること、つまり行為を文化的世界とつながるものとして考えることを求めている」と指摘します[120]。社会心理学者のマリオット・アロンソンも、「人物や事物についてのわれわれの思考は、それを取り巻く文脈によって規定されている」とします[121]。カーネマンも、「私たちは無意識のうちに周囲の状況から刺激を受け、それによって思考や行

動が規定されることがわかっている」「人間の行動はその状況に固有の多くの要因に左右される」といっています[122]。

　状況を認識することが、実はわたしたちにとっていかに重要であるかを明らかにしたのが、第3章でみた古典的な計画制御、すなわちルール・ベースの人工知能における難問「フレーム問題」です。フレーム問題は、人工知能と同根である消費者情報処理理論にも突きつけられた難問といえます。1980年代になって指摘されるようになりました。それまでは、人工知能はもっぱら情報に基づく問題解決について研究されてきました。実験室内ではまだそれでもよかったのですが、現実の世界へ一歩踏み出した途端に、そうは問屋が卸さなくなくなりました。人工知能であるためには、その前に、世界についてのモデル、心の中に思い浮かべる外的対象の像である表象をもたなくてはならなくなったのです[123]。

　周囲のあらゆる状態について漏れなく記述するとなると、記述の量が爆発的に増えて、いつまでたっても終わらなくなってしまいます。人工知能を搭載したロボットが、時限爆弾の仕掛けられた部屋から予備の電池を救出するという作り話が有名です[124]。ロボットは台車を見つけ、電池を乗せて持ち出します。ところが、台車には爆弾も一緒に乗っており、爆発してしまいました。そこで、意図した対象物だけでなく副産物についての帰結も考えるように、設計を変更しました。ロボットは、台車を動かしても壁の色は変わらない、台車を引けば車輪が回る、……と演繹しているうちに時間切れとなり、またもや爆弾が爆発してしまいました。それではということで、関係のない帰結を無視するように設計を変更しました。ロボットは、微動だにせずひたすら無関係なものを記述しているうちに時間切れとなり、やはり爆発してしまいました。

　必要な情報だけを有限の枠（フレーム）にうまく囲い込めないことから、フレーム問題と呼ばれます。周囲の環境をフレームに囲い込んだのが状況・文脈だということができます。人間は先にみた志向性により対応しています。人間にも不慣れな環境ではフレーム問題が起こりえますが[125]、人間は身体をもっ

て動きながら絶えず外界と相互作用し変化する情報を得るとともに、余計な情報は切り捨てて学習していくことによって乗り越えることができます[126]。こうした人間と同様の柔らかな制御、すなわち統計・確率論（ベイズ理論）さらには脳を模倣したディープラーニング（深層学習）による人工知能が、膨大なデータを高速で処理できるコンピュータの進展を背景に、1990年代半ば以降になって登場し、ようやくフレーム問題を乗り越える可能性が生まれつつあります。

　認知神経科学によれば、脳の機能と環境は身体を介して相互に作用しており、脳の記憶は環境に依存し、環境の内容は脳の状態に依存します。環境は脳の認知システムの一部、外部記憶装置なのです[127]。にもかかわらず周囲の状況から切り離してしまうと、脳は従前のように機能しなくなってしまいます。脳は環境から独立したインテリジェント・システムと考えるのは誤解です。先にみたミラーニューロンは、例えば実際に食べ物を取る行動を見ると反応しますが、パントマイムでの全く同じ行動を見ても反応しないことが実験で明らかとなっています[128]。ミラーニューロンは、状況の中で行動をとらえ、状況に応じて反応したりしなかったりしているのです。

　たとえ同じ物事であっても、取り囲む状況や文脈が異なると、わたしたちは違ったふうにとらえます。「居は気を移す」「所変われば品変わる」のです。
　同じ図形であっても、周囲に何があるかによって見え方が違ってきます。心理学者のフランツ・C・ミュラー＝リヤーが考案した錯視（**図4-4**）はその一例です。2本の線は同じ長さですが、その両端に、内向きの羽根が加わった

図4-4：ミュラー＝リヤーの錯視

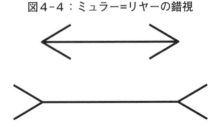

図4-5：ブルーナーの文脈効果

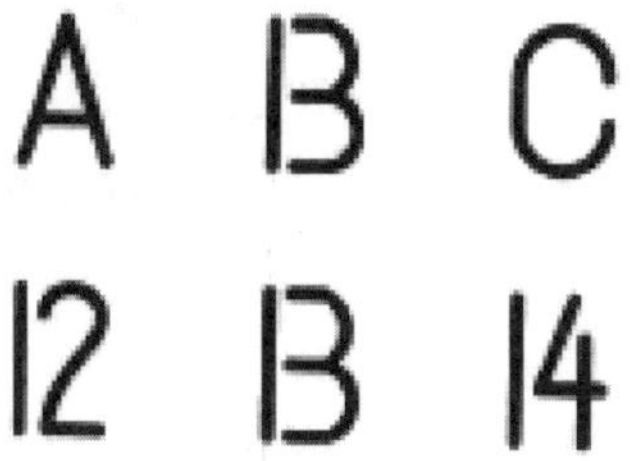

A B C
12 B 14

ほうは短く見え、外向きの羽根が加わったほうは長く見えます。また、同じ文字なのに、周囲にある文字によって異なって見えます。ブルーナーが明らかにした視知覚の文脈効果です（図4-5）。アルファベットの並びにあるとBに見え、数字の並びにあると13に見えます。視知覚は、カメラのように網膜像から得られた情報を受動的に処理するだけではなく、文脈に基づき情報を能動的に解釈する、構築的な過程なのです。

　同じ言葉であっても、どのような文脈にあるかのよって意味が違ってきます。「コンテクストなしには言葉も行動もまったく意味を持ちえない」とすらいえます[129]。表面的な文字どおりの意味だけではなく、文脈によって言外の意味を引き出すことで、真意を理解しなくてはなりません。現代思想史において最初に明確に打ち出されたのが、数学者で論理学者のゴットロープ・フレーゲによる文脈原理です[130]。「語の意味（Bedeutung）は、命題という脈絡（Satzzusammenhang）において問われなければならず、語を孤立させて問うてはならない」「常に、完全な命題を念頭に置かなければならない。その中でのみ、語は本来、意味を持つのである」[131]。さらに、哲学者のチャールズ・W・モリスが、「研究の主題を記号と解釈者との間の関係にすることもできる。このような関係は記号過程の語用論的次元と呼び、〔……〕この次元の研究を語用論と名づける」として、初めて語用論（Pragmatics）を提示しました[132]。言葉だけの意味を研究する意味論とは別に、言葉が実際に使われたときの意味について研究されるようになります。しかし、その後も言語学では、純粋な理

論文法こそが研究の主流だとして、実際の言語使用に関する語用論はくずかご呼ばわりされます。ようやく1970年代になって、言語使用は言語そのものの本質を理解するのにも不可欠であることが広く認識され、言語使用者の視点からの語用論が定着するようになりました[133]。語用論において意味を規定する「コンテクストとは話し手と聞き手のよって共有されていると想定される背景的な知識で、問題となる発話によって話し手が意味することを聞き手が解釈するのに役立つもの」とされます[134]。ただし、静的なものではなく、「コンテクストは動的なものである。それは絶えず生成発展しつつある状況であり、使用者どうしの間断なき相互行為によって促進されてゆくものである。〔……〕人々と同様、コンテクストも前進的である」ことに注意しなければなりません[135]。

ところが、わたしたちは、いわば素朴な心理学として他者の行動を解釈するのに、外部の状況の影響を過小に評価し、個人の内面の影響を過大に評価する傾向があります[136]。他人の行動は見えても、行動に影響を及ぼす状況は見えないことが多いことにもよるのでしょう。「状況は、実際は絵画を囲む額縁を含めて見るのに、額縁内の絵画だけを見るのに似ている」のです[137]。東洋人に比べ西洋人に特に強く現れる傾向です[138]。例えば、書き手や話し手に内容の選択の自由がない場合でも、表明された内容によってその人の態度を推し測ります。広範に見られる現象であることから、基本的帰属錯誤と呼ばれます。他者の行動の原因を内面に過剰に帰属させる誤りというわけです。

先にふれたキューバ・ミサイル危機を描いた映画『13デイズ』は、人類にとって幸いにも例外だった事例です。ケネディ大統領は、フルシチョフ首相から妥協を図る書簡と強硬な姿勢の書簡を相次いで受け取り、対応に苦慮します。クーデターでフルシチョフが失脚したのか。裏取引の可能性に味を占め強気に出たのか。その間にも、キューバを偵察していた米軍機が撃墜され、誤ってシベリアの領空を侵犯した米軍機が追撃されます。回答期限が迫る中、1通目はフルシチョフ自身が書いたもので、2通目はクレムリンの強硬派をなだめるためのものという状況を見破ります（実は、後年明らかとなったのですが、ケネ

ディとフルシチョフとの間には、100通以上の往復書簡によって個人的な関係が築かれていました[139]。ケネディは、1通目の書簡だけに返答し、2通目の書簡は無視します。フルシチョフはキューバからのミサイル撤収を表明し、核戦争突入の危機が回避されます。

　実際には状況の影響は想像以上に大きく、軽視することは到底できません。朱に交われば赤くなってしまうのです。社会心理学者で6次の隔たり（自分が知っている人を順に6人介すると世界中の人と知り合える）の仮説のもとになった実験でも有名なスタンリー・ミルグラムが行った服従実験（通称アイヒマン実験）がそのよい（わるい？）例です。大学での体罰と学習効果の測定実験とされた状況の下では、参加した普通の人々の実に65％が、実験者に命じられるままに、隣室の生徒役に対して致死の危険があるとされた最大限の450Ｖの電気ショックまで与えたのです[140]。実際には電気は流れておらず、さくらの生徒役が苦痛を演技していたのですが、状況によって普通の人々が殺人すら犯しかねないという内容は電気以上のショックを与えました。最近フランスで、テレビのクイズ番組と称して同種の実験をしたところ、なんと81％もの人が最大限の460Ｖの電気ショックまで与えました。その内容は、『死のテレビ実験』というドキュメンタリー番組として公共放送で放映され、反響を呼びました[141]。

　デューイは、「経験は、常に、個人とそのときの個人の環境を構成するものとの間に生じる取引的な業務であるがゆえに存在するのである。しかもその個人の環境は、ある話題や出来事についての話し相手から構成されている。というのは、そこに語られている主題も、その場の状況の一部を構成しているからである」といいます[142]。シュッツも、「世界は、われわれが自らの行為のよって変様すべきものであり、あるいはまた、われわれの行為を変様させるものである」と指摘しています[143]。第3章でみたエスノメソドロジーの創始者ガーフィンケルが、こうした主体と状況・文脈との関係、社会秩序を産出するしく

みを指示性と再帰性の2つの概念によって、次のようにうまくとらえています[144]。

発話や行為はそれだけでは意味が多様であいまいです。文脈に基づいてはじめて意味が特定されます。発話や行為はいわば文脈を指示する表現にほかなりません（指示性（indexicality））。例えば、「ここ」と言っただけで、仕事中ならば、それはオフィスのことであって、地球や日本のことではないことがわかります。そして、文脈の認知や記述は、認知し記述する文脈の中にありながら、同時にその文脈について認知し記述することになります（自己言及性）。認知や記述と文脈は、一方が決まれば他方が決まるというものではなく、相互に規定し合う関係にあります（再帰性（reflexivity））。例えば、「仕事中です」と言うことは、「今は仕事中である」と文脈そのものを記述すると同時に、「今は仕事中だと仕事中に言っている」すなわち「静かにせよ」と記述自体が組み込まれるべき文脈の特徴を創り出します。こうした再帰性による生成と所与の循環によって、社会秩序が創り出されていくことになります。指示性と再帰性について図示すると、**図4-6**のようになります。

再帰性というのは、第2章でみたシステムでいえば、フィードバックが円環（ループ）をなし循環するということです。システムを臨床へ展開した家族療法の相互作用理論でいえば、個々の人ではなく人と人との間の関係に着目するものです[145]。国際政治の相互依存論でいえば、非対称的な複合的相互依存関係が軍事力に替わってパワーの源泉であるとするものです[146]。弁証法でいえ

図4-6：状況・文脈の指示性と再帰性

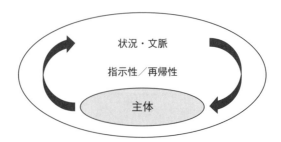

図4-7：エッシャーの『描く手』

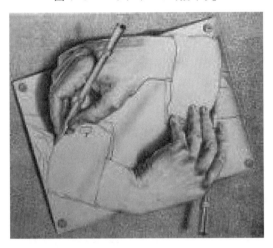

出所：M・C・エッシャー（2003年（1992年））『M・C・エッシャー』TASCHEN。

ば、対立するもの同士は互いの性質が相互に浸透して発展が進むという対立物の相互浸透です[147]。「歌は世につれ世は歌につれ」ということです。だまし絵で有名なマウリッツ・エッシャーの2つの手がお互いの手を描き合っている絵『描く手（Drawing Hands）』[148]（図4-7）のイメージです。

　再帰性を主体と状況の相互作用としてみると、同じ状況であっても、主体によって反応が異なります。状況が主体を選び、主体が状況を選びます。状況によって主体の活性化される部分が異なります。主体が状況を変え、状況が主体を変えます[149]。

　再帰性は、社会学の状況の定義や予言の自己成就、心理学のピグマリオン効果などに通底するしくみといえます。状況の定義とは、状況を現実として定義すれば、その結果状況は現実のものとなることをいいます。予言の自己成就とは、状況を誤って定義すれば、その誤った状況を現実のものとする行動を引き起こし、状況が現実のものとなることをいいます。ピグマリオン効果とは、教師が優秀な生徒として期待すると実際に成績が向上することをいいます。「嘘から出たまこと」「瓢箪から駒」です。昭和恐慌のときに、銀行が倒産の噂に

よる取り付け騒ぎによって本当に倒産してしまった実例が有名です。個人が貯蓄に励むと社会が貧しくなる、インフレなので購買するとインフレが加速する、リスクを管理することでリスクが高まる、などがあります。

マーケティングにおける市場の創造も同じではないでしょうか。マーケティングの本質が変化する環境への「創造的適応 (creative adaptation)」[150]であるといわれるのは、まさに再帰性のことをさしているものといえるでしょう[151]。リクルートの江副が定めたかつての社訓であり、今も受け継がれているDNAともいえる「自ら機会を創り出し、機会によって自らを変えよ」[152]も、再帰性の例です。KJ法で有名な川喜田二郎が、創造的行為について説明するのも再帰性です。「創造的行為は、まずその対象となるもの、つまり『客体』を創造するが、同時に、その創造を行うことによって自らをも脱皮変容させる。つまり『主体』も創造されるのであって、一方的に対象を作り出すだけというのは、本当の創造的行為ではないのである。そして創造的であればあるほど、その主体である人間の脱皮変容には目を瞠るものがある」[153]。

状況や文脈のように関心を持ち意識するわけではないからといって、取り囲む環境と無縁でいることはできません。物理的な環境と人間のやりとりにおいても、人間が環境を変化させたり、環境によって人間の行動と経験が変化させられたりします[154]。第3章でみた身体化された認知です。わたしたちは無意識のうちに感覚の影響をずいぶんと受けているのです[155]。

環境的な要因が消費者に無意識の影響を与えていることを裏づける多くの実験結果があります[156]。例えば、メニューに「しゃきしゃきのキュウリ」などのような修飾語を付けただけで、まったく同じ料理なのにおいしいと評価し、しかも食べた当人はそのことに気づきませんでした。スーパーで遅いテンポのBGMを流すと、より長い時間店舗内にとどまり、売り上げが40％上昇しました。スーパーのワイン売り場で、ドイツ音楽を流すと売れたワイン全体の77％をドイツワインが占め、フランス音楽を流すと73％をフランスワインが占め、買った当人は音楽に影響されたことにはほとんど気づきませんでした。ストッ

キングの販売で、同じストッキングの中である匂いを付けたものだけが突出して売れたのですが、匂いがついていることに気づいていた人は250人中6人だけでした。

次のような内容も、研究によって明らかにされています[157]。物理的な暖かさを感じると、気前が良くなります。スーパーでの試食などの際に、軽く腕に触れると、購入率がアップします。柔らかい椅子に座らせると、価格交渉で譲歩しやすくなります。男性は赤に魅力を感じるので、商品の値段が黒ではなく赤で書いてあるほうが割安に感じます。店内に気持ちのいい香りがしていると、長時間店に滞在し、財布のヒモが緩み、商品に対する評価も好意的になります。

わたしたちは、食べる量を決定するのは、どれだけ空腹であるのか、好きな食べ物であるのか、などによると思い込んでいます。しかし、調査によって、食べる量は主に周囲の環境によって決まることがわかっています。食べ過ぎるのは、家族や友人、パッケージや皿、名称や番号、ラベルや照明、色や形などが、実は原因となっています[158]。

社会的な環境である文化は、実験中心の心理学では長らく無視されてきました。心理学が、文化を独立変数、精神を従属変数として扱ったため、文化と精神の統一性が壊され、時間的に、文化は刺激、精神は反応と順序づけられることになったからです[159]。しかし、ギアーツが言うように、「文化から独立して存在する人間性などというものはない。〔……〕われわれは文化を通じて完成する、不完全ないし未完成な動物である」のです[160]。心は普遍的なもので、文化の影響でその現れ方が異なってくるのではありません。心のプロセスそのものが文化によって異なりうるのです[161]。文化は心を生成し、心は文化を維持し変容させます[162]。文化は実在するものではなく、心的プロセスに内在するものなのです[163]。特に人工物による文化歴史的な媒介に着目したとらえ方も有力です[164]。文化人類学者のエドワード・T・ホールは、西洋は言葉以外の文脈への依存度の低い低コンテクスト文化であるのに対し、東洋は言葉以外の文脈への依存度の高い高コンテクスト文化であると指摘しました[165]。社会心理学者のリチャード・E・ニスベットも、西洋人は対象そのものの属性に着

目し分類する分析的思考であるのに対して、東洋人は対象を取り巻く全体の関係を重視する包括的思考であると指摘します[166]。

　こうした個別の状況を考慮せずに、既存の理論で一般的に説明できる要因は、実はせいぜい３、４割しかありません。経営学の世界で最も権威のある米国の学会誌 *Academy of Management Journal* に2008年に掲載された55の論文のうち21が多変量解析を用いており、1を最大として全変動のうちどれだけ説明できるかという指標である相関係数の二乗のR^2が、最高で0.78、最低で0.02、単純平均で0.34でした[167]。「厳しい審査を経た第一級の論文がこうですから、いわゆる『経営書』のいう『成功要因』『失敗要因』がどの程度の説明力を持っているかは推して知るべしといってよいでしょう。クラスや書籍で得られた知識は、私達が実際に経営で直面する固有の問題解決のために有効ではあるけれども、その問題にかかわる様々な要因のうち、指摘しているのは実は３割か４割にすぎないということです。もっと言えば、残りの６割から７割というのは、個別〔……〕の状況を踏まえ、自分で考えなくては解決できないということなのです」と清水は指摘します。ここにも、第１章のはじめでみたように、米国でMBA出身者の多い会社ほど業績が芳しくない原因のひとつがあるのではないでしょうか。６、７割を占める個別の状況にも着目しないわけにはいきません。

　経営やマーケティングでも、状況・文脈を重視した研究が徐々に現れてきています。
　古くは、組織論におけるコンティンジェンシー（条件適応）理論があります[168]。状況・文脈についてではありませんが、組織をとりまく環境によって、適合する組織のかたちやしくみは異なり、環境との適合が組織の成果を決定する、とします。それまで考えられていたような、どの組織にもあてはまる唯一最善の方法などは存在しない、とするものです。コンティンジェンシー理論が登場するまでは、環境が比較的安定していたこともあって、組織の成員の動機

づけばかりが強調されていました。

　マーケティングで、状況・文脈について正面から打ち出したのが、研究者では第1章でみたように石井であり、実務家では青木貞茂です。青木は、「マーケッター、商品の開発者は生活価値、生活の意味を原点に置き、生活者はどういう商品を求めているのか、なぜそういう商品が欲しいのか、その背景にあるのは何か、といった『文脈』を理解できなくてはならない」として、「文脈の創造」に重点を置いたマーケティングを提唱しています[169]。商品単独でわかる機能や品質ばかりに注力するのではなく、生活者にとって商品の意味や価値を特定する具体的な文脈を把握し創造していかなければならない、とします。アップルのCMがそうした取り組みの好例でしょう。iPhoneが使われる状況・文脈をひたすら描き続けています。ジャパネットたかたの「幸せになれる商品の使い方」の説明というのもそうした例です。

　経営学を専門とする寺本義也は、コンテクストの転換により新たなコンテクストを創造し、より高度で多様なコンテンツ（意味・価値）を創出すべきであるとします[170]。同じく経営学を専門とする原田保らは、コンテンツを単独ではなくより大きなコンテクストの中に位置づけて提示するコンテクストデザインにこそ注力すべきであるとします[171]。

　マーケティングを専門とする阿久津聡と石田茂は、ブランドについての知識を文脈として機能させ蓄積していくことによって、ブランドの価値を生み出していくコンテクスト・ブランディングを提案します[172]。消費者行動論を専門とする新倉貴士は、これまで軽視されてきた状況要因のうち、消費者の選択に影響を与えるコンテクスト効果について調査分析しています[173]。

　栗木は、状況を踏まえた思考において、マーケティング・コンセプト（顧客志向）へ繰り返し立ち返り問い直すことによって、状況に根ざしつつ状況を乗り越えていかなくてはならないとし、さまざまな問題や陥りやすい罠について解明しています[174]。

　ミンツバーグも、マネジメントは、サイエンスでも専門技術でもなく、実践の行為であり、主として経験を通じて習得され、具体的な文脈と切り離すこと

ができない、としています[175]。

　経営やマーケティングにおいても、状況・文脈を重視する研究が最近になって増えてきているということは、これまで状況・文脈がほとんど無視されてきたことの裏返しです。科学をめざして普遍的な法則をひたすら追究すれば、自ずと状況・文脈は無視されることになります。米国生まれのマーケティングで等閑視されてきた状況・文脈が、もっぱら日本で注目されてきているのは、先にみたホールやニスベットが指摘した東西文化の発想の違いが根底にあるからでしょう。

　このように、マーケティング、消費者行動の新しい理論では、時と所に固有の状況・文脈を重視します。

新しい理論における主体のあり方

　いよいよここから、従来の理論に欠ける４つの要素を踏まえて、新しい理論における主体のとらえ方についてみていきます。ここでいう主体には、顧客はもちろんですが、マーケターや研究者もあてはまります。

■システム１（速い思考）とシステム２（遅い思考）

　認知神経科学と認知心理学では、脳のはたらきには、ある程度機能を異にし、長所と短所が対照的な２つの認知タイプに分けられるのが一般的になっています[176]。認知機能の二重過程モデルと総称されます。多くの研究者がさまざまな名称と特徴を主張していますが、いずれの内容も基本的に類似しており、自動的で簡便な無意識的過程と統制的で入念な意識的過程からなる相補的な二重の過程をなしています。

　"近代組織論の始祖"とされるチェスター・Ｉ・バーナードも、1936年の講演で、長年の実務経験を踏まえて、「精神過程は、二つのグループ、すなわち私が『非論理的』ならびに『論理的』と呼ぼうとするものから成り立っている

と考えるのが実際的には便利であり、重要であると思う」「人々の間の、また人々のおこなういろいろの仕事の間の、最も重要な差異は、現実の思考、すなわち推理がどれほど用いられるか、あるいは要求されるかというその程度にあると思う」「思考過程を偏重する傾向を打破し、しかるのち、非論理的過程の正しい理解を発展せしめることが必要である」とし、非論理的な精神過程とは「しばしば軽蔑される直観と、迅速な精神過程」であると述べていました[177]。

カーネマンは、社会的推論に関して、直感的な「システム1（速い思考）」と熟慮的な「システム2（遅い思考）」という区分を採用し[178]、広く受け入れられています。行動経済学者のリチャード・H・セイラーらも採用しています[179]。元々は認知心理学者のキース・E・スタノヴィッチらが提唱したもので[180]、カーネマンの書名の『ファスト＆スロー』[181]もここからきています。システム1（速い思考）が連想を駆使し自動的で努力を要しないのに対して、システム2（遅い思考）は規則に支配され意図的で努力を要します。システム1（速い思考）は常時モニターしていて、対処できないときにシステム2（遅い

図4-8：システム1（速い思考）とシステム2（遅い思考）

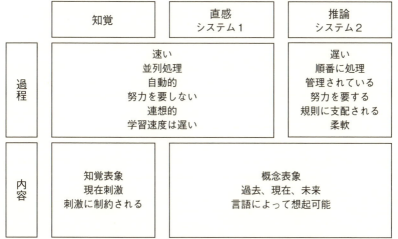

出所：D・カーネマン（2011年）『ダニエル・カーネマン　心理と経済を語る』楽工社。

思考）がはたらきます。気まぐれなシステム１（速い思考）と怠け者のシステム２（遅い思考）のペアというわけです。カーネマンがノーベル賞受賞記念論文「限定合理性の地図」に用いたのが図４-８です[182]。動物に共通の知覚から進化したのが直感（直観）であり、人間だけがもつ推論への橋渡しをしている、という進化論的な考え方に基づいています。直感（直観）は、潜在的で意識的にコントロールすることがむずかしい点では知覚と共通しますが、現在の刺激に束縛されるのではなく言葉によって喚起された概念の影響を受ける点で知覚とは異なります。

■システム１（速い思考）におけるヒューリスティクスとバイアス

先に第２章でみたサイモンの限定合理性を具体的に解明した地図の内容が、カーネマンらの「ヒューリスティクス」と「バイアス」です。ヒューリスティクスは直感的思考がとる単純化された近道の判断・経験則、バイアスはある特定の状況で繰り返し起きる系統的な認知の偏り・ゆがみです。単なるでたらめというわけではなく、規則性があり、「予想どおりに不合理」[183]なのです。

ヒューリスティクスは、システム１（速い思考）において用いられます。わたしたちは、簡便な思考法を用いることによって思考を節約し、おおむね正しい判断をしています。急場をしのぐ方略としては、局外の観察者からすれば合理的ではなくても、渦中の当事者にとってはそれなりに合理的であるといえます[184]。しかし、時として大きく誤った判断をしてしまいます。「不確実な事象に関する判断（のすべてではなく、いくつか）においてはヒューリスティクスが媒介として作用し、それによって予測可能なバイアスが（いつもではなく、時には）生じる」ということです[185]。カーネマンらは、こうした客観的には合理的でない例外的事象（アノマリー）をヒューリスティクスが生み出すバイアスとしてとりあげ解明しました。

同じシステム１（速い思考）の直観（直感）でも専門的なスキルから導かれる直観（直感）は、ヒューリスティクスではなく、長年にわたる訓練と実践の成果だとして区別されます。起業家のエフェクチュエーション（熟達した起業

家が実際に用いている論理)[186]はそうした一例です。ホームプロを起業するときに、自らも起業・経営経験のある事業開発部長であった三田進と佐藤雅映から受けた助言は貴重でした。

　具体的なヒューリスティクスとバイアスとしては、以下のようなものがあります[187]。カーネマンの共同研究者だったエイモス・トヴェルスキーも認めているように[188]、現場の実務では経験的に知られていた内容も多く、実験によって確かめられたわけです。
　先行する刺激（プライム）が後続する刺激への反応に影響を与えるのが「プライミング効果」です。先に「第4の要素：時と所」のところでもみたように、わたしたちは、無意識のうちに周囲の環境から影響を受け、思考や行動を規定されているのです。本書を読んだこともプライムとなります。高齢という言葉を読んだり観念を想起したりすることで、意識していないにもかかわらず実際に歩く速度が遅くなります。公民館で催事を開くと他所でするよりも受注しやすいのは、場所のプライムによるものです。
　繰り返しや見やすさが親しみや信頼を感じさせるのが「認知容易性」です。繰り返しについては、先に「第2の要素：好き嫌い」のところでふれたようにザイアンスが単純接触効果として明らかにしています。広告を何度も繰り返してブランドを売り込むわけです。やさしく覚えやすい文章を読みやすく印刷すれば、内容が真実だと信じられやすくなります。発音しやすい社名や商品名にしたほうが、好感度が高く信用されやすくなります。
　一面的な印象ですべてを評価しようとするのが、第3章でもふれた「ハロー効果」です。商品やサービスの特徴を描写するときは、最初の印象が重みを増し、後のほうの情報はほとんど無視されることもあるので、言葉を並べる順番が重要です。
　最初に提示された内容に引きずられて十分に調整できなくなってしまうのが「アンカリング（繋留）効果」です。全く関係のない無意味な数字であっても、当人がそのことをわかっていても、アンカー（錨）になります（恣意の一貫

性)。アップルは、iPhoneを499〜599ドルで発売し、すぐに200ドルも値下げすることで、120ドルの他の携帯電話と比べられることなく、30〜40％も安くなったと感じさせました。住宅の全面リフォームも、建替・新築と比べることで安く感じます。標準モデルに高級モデルを追加すると、たとえ高級モデルそのものはあまり売れなくても、高級モデルがアンカーとなってお買得に思えるようになった標準モデルの売上が増加します。

　すぐに手に入る手がかりで判断するのが「利用可能ヒューリスティック」です。事例が頭に浮かぶ容易さで頻度や確率を判断します。難しい質問を別の易しい質問にして答える置き換えの一種です。自分が欲しいと思う商品はみんなも欲しがっていると考えます。まだ珍しいからネットやテレビ、雑誌で取り上げられた商品は、実際よりも売れているように思われます。地震が発生すると、地震保険に入る人が急増します。グーグルの検索結果の上位表示だけを見て判断します。

　限られた事例を代表として用いて事象全体を推し量るのが「代表性ヒューリスティック」です。その事例が典型的だと思われるほど確率を過大に評価します。たまたま知っている出身者の特徴でもって国民性や県民性を論じます。妻や娘が好きだというだけで、女性全般が好むブランドだと考えてしまいます。行列ができている店だから料理もおいしいはずだと思って並んでしまいます。「一事が万事」というわけです。

　好きか嫌いか、感情反応が強いか弱いかに基づいて判断を下すのが「感情ヒューリスティック」です。これも置き換えの一種です。好きな商品のメリットは大きくデメリットやリスクは小さく評価し、嫌いな商品ではその逆になります。「あばたもえくぼ」です。パッケージが気に入った商品は、その中身までおいしそうだと思ってしまいます。

　同じ情報でも提示の仕方、表現の仕方（フレーム）が違うだけで考えや選好が異なるのが「フレーミング効果」です。一種の思い込みです。食品について、脂肪含有率10％と表示するよりも90％無脂肪と表示したほうが圧倒的に好まれます。ガソリンスタンドで、1リッターあたり現金払い130円、カード払い135

円だった場合、カード割増と表示するよりも現金割引と表示したほうがよく売れます。安くてお得と思われるアウトレット店では、はじめからアウトレット専用に作られた商品が売られていることがあります。大量に在庫があっても、店頭には少量だけ展示することで売れるようになります。メール送付の許諾について、不要な場合にチェックするあるいはあらかじめ付けられているチェックを外すようにしているのを必要な場合にチェックするように変更すると許諾数は激減します（デフォルト、初期値は、ほとんどの場合そのまま選ばれます）。ブランドによって、同じ品質の商品であっても知覚される価値が変わります。

　状態（絶対量）よりも参照点からの変化（得失）に敏感であることを明らかにしたのが「プロスペクト（予想・期待）理論」です。わたしたちは、利得よりも損失に強く反応します（損失回避）。利得に対してはリスクを回避し、損失に対してはリスクを追求します。1万円お得というよりも1万円の損というほうが2〜3倍も大きく感じられ、より多くの反響を得られます。小売りでは、得られるはずの利得である売りそびれた機会ロスよりも、実際に生じる損失である売れ残った廃棄ロスのほうに目が向いてしまいます。すべてのオプションを付けておいて不要なものを断るようにすると損した気がし、オプションがないところに希望するオプションを加えるようにすると得した気がするので、後者より前者のほうがずっと多くのオプションが付けられます。

　記憶に基づく経験全体の評価はピーク時と終了時の苦痛や満足の平均でほとんど決まるのが「ピーク・エンド効果」です。クレームが発生しても、きちんと対処し最終的にきっちり満足してもらえれば、ファンになってもらえます。ピークに同じハイライトの観光をしたとしても、3日間の旅行で有終の美を飾れば、10日間の旅行で尻すぼみに終わるよりも、楽しかったと記憶されます。「終わりよければすべてよし」といわれるとおりです。

■ システム2（遅い思考）における精緻化見込みモデル

　システム2（遅い思考）においても、主体がメッセージの内容を理解し賛否

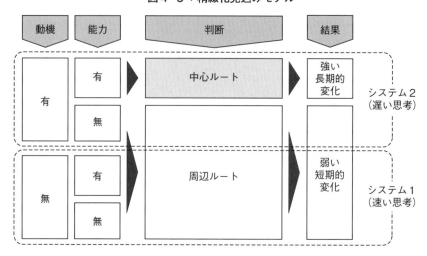

図4-9:精緻化見込みモデル

の態度を決定するまでの過程について、従来当然の前提とされてきたように合理的に判断するとは限りません。必ずしも合理的とはいえない判断と組み合わせた二重過程モデルが、1980年前後から社会心理学で提唱されるようになり、続いて消費者行動論でもとりいれられ、現在では広く認められるようになっています。

社会心理学者のリチャード・E・ペティとジョン・T・カシオッポによる「精緻化見込みモデル（elaboration likelihood model）」（図4-9）が最初に提唱され、2015年時点でも最も普及しています[189]。精緻化とは、メッセージの内容をよく検討することで、その可能性の高低に注目した理論です。

メッセージによって商品を購入するなど態度を変容する場合には、2種類の過程があるとします。ひとつは、メッセージの内容そのものを慎重に検討し判断する、高い精緻化の「中心ルート」です。もうひとつは、メッセージの内容ではなくその周辺の単純な手がかり（第1章でふれたチャルディーニのあげる「影響力の武器」[190]である返報性・一貫性・社会的証明・好意・権威・希少性

の6つがまさに該当します）をもとに判断する、低い精緻化の「周辺ルート」です。

　受け手が検討することに動機づけられており（話題が個人的に重要で関心があるなど）かつ検討する能力がある場合は中心ルートがとられ、いずれかが欠ける場合（価格の安い日用品を買うときや検討している時間がほとんどないテレビCMなど）には周辺ルートがとられます。中心ルートをとった場合は、変容後の態度が継続しやすく、態度と一致した行動がとられやすい傾向があります。一方、周辺ルートをとった場合は、変容後の態度が変化しやすく、態度と一致しない行動がとられやすい傾向があります。ふたつのルートは独立で排他的というわけではなく、共に起こりえて優位な処理のほうが目立つとされます。

　2つのシステムとの関係について、あらためて整理しておきましょう。受け手が動機づけられている場合（図4-9の上半分）は熟慮的なシステム2（遅い思考）がはたらくが、動機づけられていない場合（図4-9の下半分）には直感的なシステム1（速い思考）がはたらくと考えられます。これを2つのルートからみれば、中心ルートではすべてシステム2（遅い思考）がはたらくが、周辺ルートではシステム2（遅い思考）がはたらく場合とシステム1（速い思考）がはたらく場合があるということになります。本書では、システム1（速い思考）についてはヒューリスティクスとバイアスをとりいれており、受け手が動機づけられシステム2（遅い思考）がはたらく場合について中心ルートと周辺ルートをとりいれることにします。

　商品に応じたルートに沿って説得するのが基本となります。例えば、住宅や保険であれば、中心ルートがとられやすいので、メリットをきっちり説明し裏付けるデータもあげます。菓子や飲料であれば、周辺ルートがとられやすいので、キャラクターを使いイメージに訴えかけます。実際には、純粋に中心的であったり、純粋に周辺的であったりする説得のメッセージはほとんどありません。たいていは、両方のルートに狙いを定めた要素を持っています[191]。
　ポジティブな（例：快い、楽しい、高揚した）感情の時には周辺ルートで

メッセージ以外の手がかりでの簡便な検討が、ネガティブな（例：不快な、悲しい、憂鬱な）感情の時には中心ルートでメッセージそのものの慎重な検討がとられやすいとされています[192]。ポジティブな感情は物事がうまくいっていることを示唆するので簡便な検討ですまし、ネガティブな感情は物事がうまくいっていないことを示唆するので慎重に検討しようとするわけです[193]。ネガティブな感情にある者は説得しにくいような印象がありますが、実際には説得されやすいということになります。

　従来の理論は、意識上の理性についてもっぱら中心ルートを前提としてきました。**図4-9**の網掛けの部分です。消費者選択情報処理モデル[194]はその典型例といえます。しかし、現実には周辺ルートが多くとられていることは、日頃の活動を顧みるまでもなく明らかです。情報が氾濫し多忙を極める今日では、周辺ルートが占める割合がますます高まってきているといえるでしょう。

■ 4つの要素と統合した「行動モデル」

　意識上の理性について二重過程モデルを採用し、さらに欠けている4つの要素を加えてひとつに統合したモデルが、本書独自の「行動モデル」です（**図4-10**）。行動経済学や行動意思決定論でいうところの行動であり、意識的な行為だけでなく無意識的な行動も含みます。生身の人間が実際にどう行動するかをとらえるモデルです。従来からの完全合理的経済人の「全知全能モデル」[195]に対して、現実に即した限定合理的経営人の「行動モデル」（サイモン[196]の提示した限定合理性に基づく「行動モデル」に、「この直観理論は、実際上、行動理論の一つの構成要素である」とする「直観モデル」も含め、さらに4つの要素を加えた広義の「行動モデル」です）というわけです。限定合理性を敷衍し、システム1（速い思考）ではヒューリスティクスとバイアス、システム2（遅い思考）では精緻化見込みモデルの中心ルートと周辺ルートをとりいれています。二重過程が入れ子状に二重になっています。

　人は自覚して意図的に対応し（意識）、論理的に判断し（理性）、主体がだれ

図4-10：行動モデル

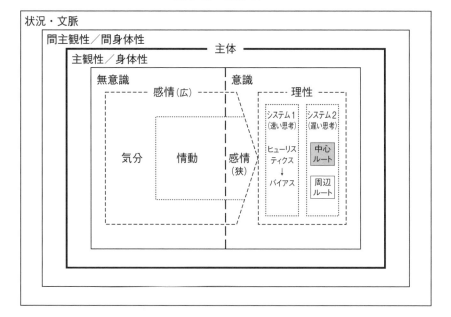

であっても認識する世界は同じで（客観性）、それはいつでもどこでも変わらない（普遍性）、というわけではありません。人は知らず知らずに自動的にも反応し（無意識）、好き嫌いでも判断し（感情）、主体であるわたし（たち）によって認識する世界も異なり（(間) 主観性・(間) 身体性）、それは時と所によっても変わるのです（状況・文脈）。

従来の理論は、「全知全能モデル」として、もっぱら図の網掛けをした部分、すなわち意識上の理性の中で内容そのものを慎重に判断するシステム２（遅い思考）における中心ルートばかりみていた、ということになります。法人向け（BtoB）ではまだしも、一般消費者向け（BtoC）では、意識の上での理性に基づいた論理的な判断をもっぱら前提とするマーケターと、自然体で無意識に感情に基づいて直感的にも判断する消費者が対峙すれば、ミスマッチが起こるのも当然です。従来の理論が現場の実践、現実と乖離して役に立たないことになるわけです。最近では、消費者行動論を専門とするマイケル・R・ソロモンの

『ソロモン消費者行動論』[197]に、「消費研究者は、意思決定を理解するために合理的パースペクティブ（rational perspective）を採用するのが一般的である」が、「この合理的なプロセスは多くの購買決定を正確に描写していない」とあるように、正面から指摘されるようになってきています。

新しい理論における主体間の関係のあり方

■ 主体間の相互作用としてのコミュニケーション

新しい理論の「行動モデル」は、ひとりの主体における主観性、意味解釈を中心にとらえたものです。主体（自己）に対する状況の中から他の主体（他者）を取り出せば、主体と主体の間での相互作用がコミュニケーションということになります。主体間における間主観性のしくみでもあります。

マーケティング活動は、売り手と買い手という主体間で、直接あるいは間接でのコミュニケーションを基本として行われます。コミュニケーションのモデルでみていくのが便利です。

マーケティングをコミュニケーションとしてとらえる際に注意しなくてはならないのは、4Pのうちのプロモーションだけがコミュニケーションなのではないことです。プロモーション以外にも縦割り組織に分散する情報発信を統合せよとする統合マーケティング・コミュニケーション（Integrated Marketing Communication）[198]にとどまるものでもありません。後ほどみるように、情報発信だけでなく、なにもしないことや伝えないでおこうとすることも含めすべてのマーケティングに関わる活動がコミュニケーションなのです。

マーケティングではありませんが、映画『13デイズ』に好例があります。マクナマラ国防長官が、大統領から発砲禁止命令が出ていたにもかかわらずソ連船の上空に照明弾を発射させた海軍のアンダーソン提督に対して、烈火のごとく怒って言います。「これは海上封鎖ではない。これは、このすべては、これ

まで世界が経験したことのないような新しい言語なのだ。ケネディ大統領はフルシチョフ首相と意思を通じあわせようとしているんだ」[199]。船舶の航行と対応という活動による米ソ両国のコミュニケーションです。マクナマラは、アンダーソンが攻撃ではないとして行った照明弾の発射が、ソ連には米国が攻撃してきたものと受け取られかねないことを危惧して怒ったのです。

従来の理論が採用する機械論に基づく「通信モデル」、新しい理論が採用する生命論に基づく「対話モデル」について、順にみていくことにします。

■ 機械のような「通信モデル」でいいのか

コミュニケーションは、よく言葉のキャッチボールに喩えられます。キャッチボールであれば、子供でも容易にできるはずです。ところが、大人になっても日々苦労しているというのが実感でしょう。コミュニケーションは、言葉だけでされるものではなく、キャッチボールのように単純でもありません。

言葉のキャッチボールの喩えにも、実は理論的な裏づけがあります。米国電信電話会社（AT&T）のベル研究所の通信工学者であったクロード・シャノンとワレン・ウィーバーによる「通信モデル」（図4-11）です[200]。送信者が

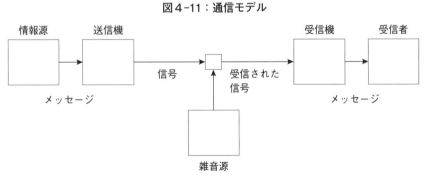

図4-11：通信モデル

出所：C・シャノン、W・ウィーバー（2009年（1949年））『通信の数学的理論』筑摩書房。

話した音声を電気的な信号に変換し、雑音の影響を防いで効率よく伝達し、届いた信号を音声に復元し受信者が聞く、というものです。雑音（ノイズ）はコミュニケーションから排除すべき邪魔者です。コミュニケーション論や社会学でも、この「通信モデル」や簡略化したSMCR（情報源⇨メッセージ⇨チャネル⇨受信者）モデル[201]が多用されています。意味がそのまま伝えられるとすることから、「導管モデル」[202]や「伝達モデル」[203]などといわれることもあります。消費者行動論やマーケティング論でも同様に採用されています[204]。かのコトラーも、当然のように「通信モデル」を採用し、受信者から発信者へ反応とフィードバックのループを点線で付け加えて微修正しています（図4-12)[205]。マーケティング・コミュニケーションを前面に掲げた本が何冊も出ていますが[206]、やはり同様に「通信モデル」あるいはその修正モデルに依拠しています。家庭や学校、会社などの日常生活でも、「通信モデル」を暗黙の前提としていることがほとんどでしょう。言葉のキャッチボールとの喩えが定着しているわけです。

そもそも「通信モデル」は、記号を電気的な信号パターンに変換し雑音の影響を受けずに効率よく伝達するために考案された通信工学の理論です。まさに

図4-12：コトラーのコミュニケーション・モデル

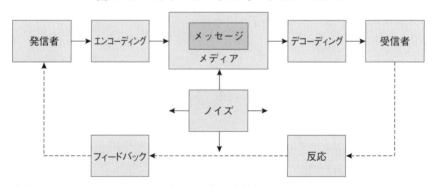

出所：P・コトラー、K・ケラー（2014年（2006年））
　　　『コトラー&ケラーのマーケティング・マネジメント（第12版）』丸善出版。

機械論に基づくモデルです。それを人間が情報の意味内容をやりとりするコミュニケーションにまで拡大適用するのは行き過ぎです。実は、シャノンとウィーバー自身も、「情報を意味と混同してはならない」「通信の意味的側面は工学的側面とは関連がない」と明記しています[207]。しかし、情報通信分野での目覚ましい成果に惑わされて、人間のコミュニケーション全般にまで過度に一般化されるようになってしまったのです。この理論は、意味論的なレベルを伴うような通信上の諸問題を扱うのには適当ではありません[208]。コミュニケーションの効果だけに着目し、人間のコミュニケーションの多くの重要な局面に適合しない「機械的な線形モデル」です[209]。人間とその感受性をまったく無視しており、「左脳の線形的な偏向の典型」です[210]。情報の意味内容が送信者や受信者の外部にあって、まるで小包のように往来するとの考えはとれません[211]。

「通信モデル」であるコトラーらのコミュニケーション・モデルは、かつての主流であった、マーケティングは交換（取引）であり生産者が創り出し製品に内在した価値が顧客へ移転される（交換価値）という経済学から借用した考え方や、一方的に発信し一律に対応するマス・マーケティングには向いています。しかし、サービス化の進展や情報通信技術（ICT）の飛躍的な発展と社会への浸透もあって今や主流となりつつある、マーケティングは関係（相互作用）であり顧客にとっての価値は顧客のもとで創り出される（利用価値）という考え方や、双方向でやりとりし個別に対応するダイレクト・マーケティングには、それにふさわしい新しいモデルが必要です。

■ 人間らしい「対話モデル」とは

それでは、人間のコミュニケーションは、どのように考えればいいのでしょうか。人間のコミュニケーションにふさわしいモデルを双方向でやりとりされることを重視して「対話モデル」と呼ぶことにします。意味が生み出されるとすることから、「生成モデル」や「構成モデル」[212]といってもいいでしょう。

「対話モデル」は、ベイトソンらのコミュニケーションと行動に関する理論[213]を起源とします。人間のみならずイルカやカワウソのコミュニケーションについて、文化人類学で実践してきた観察研究を行うなかから編み出されました。なかでも、ダブルバインド（二重拘束、矛盾した命令を逃れられない中で繰り返し与えられること）と名づけられたパターンは有名です。この理論を継承し実践的に発展させることで、家族療法や短期療法とよばれる心理療法が誕生しました[214]。家族療法や短期療法は、精神分析のように個人の精神内部に疾患の原因を求めるのではなく、人間関係を司るコミュニケーションを変化させることによって、顕著な治療成果をあげています。わたし自身も、家族療法、短期療法の専門家である長谷川啓三、吉川悟、若島孔文らのワークショップに参加し、冷や汗をかきながらロールプレイングをしたこともあり、自信を持って言えます。「対話モデル」は、こうした臨床の現場から生まれ活用されている実践的なコミュニケーションと行動に関する理論です。まさに生命論に基づいたモデルであり、「臨床の知」[215]そのものです。

「対話モデル」では、コミュニケーションを相互作用（interaction）すなわち双方向での循環的な情報のやりとりとして考えます[216]。「通信モデル」のように、一方向で直線的に流れるものとは考えません。コミュニケーションは、送り手と受け手のそれぞれ個人を孤立した単位（モナド）とはせず、両者でやりとりし循環する関係を単位（ダイアド）とすることになります。受け手がいなければ、送り手がいくら発信しても、コミュニケーションは成り立ちません。送り手からのメッセージは、受け手が解釈することによって意味が生み出されます（共通の意味への参与）[217]。しかし、送り手と受け手をペアとして単位とするということではありません。送り手と受け手との間の関係を単位とするのです。こうした相互作用の視点に立った上で、「対話モデル」は以下の5つの公理（根本となる前提）によってコミュニケーションをとらえます[218]。

第1に、人はコミュニケーションしないではいられない（One cannot NOT

communicate.)のです。すべての行動はコミュニケーションです。言葉を発する必要もありません。送り手が意図しなくても受け手に伝わってしまうからです。何も伝えないよう意図的に努力しても伝わってしまいます。試しに2人で無表情かつ無言で向かい合ってみれば、それでも伝わってしまうことがわかるでしょう。対面していなくても、届いたメールに返事を出さず放置するだけで、不在・多忙・失念・怠惰・無視・拒絶などが状況・文脈に応じて伝わります。コミュニケーションは、送り手や受け手の意図を超えて循環する相互作用です。活動すること活動しないことすべてがマーケティングのコミュニケーションなのです。

第2に、コミュニケーションには、内容と関係の2つのレベルがあります。まず、内容そのものを伝えるコミュニケーション（報告（report）機能）があります。それに加えて、関係を伝え行動を限定・拘束するメタ・コミュニケーション（命令（command）機能）がセットになっています。メタとは、超、高次のという意味で、メタ・コミュニケーションはコミュニケーションについてのコミュニケーションということです。わたしたちは、内容そのものよりも高次にある関係により一層注意を払っているのです。

コミュニケーションが主に言語で行われるのに対して、メタ・コミュニケーションは、表情・口調・姿勢など非言語行動で多く行われます。「目は口ほどに物を言う」のです。行動の言語、「沈黙のことば」です[219]。助詞・助動詞・敬語・方言など一部の言語でも行われます[220]。「〜でいい」か「〜がいい」、「〜よ」か「〜ね」など、たった一字変わるだけで、与える影響がまったく違ってきます（それぞれ、前者は上手に、後者は下手に出ています）。メタ・コミュニケーションは無意識に行われることが多く、感情を理解する手がかりを与えます[221]。言葉では語られない本音が現れます。最近では、こうした「正直シグナル」のデータをセンサー機器で取得し統計分析する取り組みも行われています。例えば、エグゼクティブは、ビジネスプランの内容そのものよりも、提案者の自信や決意を示すシグナルにより大きな影響を受けることが確認され

ています[222]。行動に影響を与えるメタ・コミュニケーションにこそ着目しなくてはなりません。とりわけ高コンテクスト社会である日本ではそうです。「通信モデル」とは逆に、「対話モデル」では関係を伝える雑音（ノイズ）こそコミュニケーションにとって重要なのです。

例えば、上司が「忌憚のない意見を聞きたい」と口では言っても、しかめ面で腕組みしていては、部下は誰も本音を話そうとはしません。同じ「バカ！」と言うのでも、上司が部下を叱責する場合と彼氏が彼女に囁く場合とでは、受け取られ方が違います。メールの顔文字や絵文字は、テクストの内容に関係を加えて伝える工夫です。

人は内容だけでなく関係も同時に伝え受け取っています。この２つは切り離すことができません。言葉だけに限らず、関係を伝え行動の拘束をもたらすもののすべてを、広く言語ととらえるのがいいでしょう[223]。先にみたように、船舶の航行と対応という活動も、マクナマラが指摘したように言語なのです。マーケティングでも、コミュニケーションの内容だけでなく、関係についても考えなくてはなりません。

第３に、関係がどういう性質をもつかは、コミュニケーションに参加する人の句読点（パンクチュエーション）によって規定されます。第１でみたように、コミュニケーションは絶え間なくやりとりされるので、句読点がいるのです。第２章でみた円環的因果律です。

例えば、妻は、夫の帰宅が遅い⇨妻が怒る⇨夫の帰宅が遅い⇨妻が怒る⇨……と区切り、夫は、妻が怒る⇨夫の帰宅が遅い⇨妻が怒る⇨夫の帰宅が遅い⇨……と区切ります。実験者はネズミに食べ物を出す刺激を与えてボタンを押す反応を得たととらえ、ネズミは実験者にボタンを押す刺激を与えて食べ物を出す反応を得たととらえます。騒がしいから大きな声を出すのか、大きな声を出すから騒がしくなるのか。行列ができるから品切れになるのか、品切れになるから行列ができるのか。いずれもありえます。

句読点の打たれ方が変わるだけで、別の新しい現実を創り出します。予言の

自己成就、ピグマリオン効果も、句読点の打たれ方の違いともいえます[224]。リフレーミング[225]の一種です。マーケティングにおいて、句読点の打ち方が変わりうる顧客の視点が強調されるゆえんです。

　第4に、コミュニケーションには、デジタルとアナログの2つのモードがあります。言語（言葉）は、区切ることができ、時空を超えて伝えられるデジタルのモードです。言語以外の行動は、連続していて区切り難く、いまここのことしか伝えられないアナログのモードです。関係のレベルは、アナログのモードであることが多くなります。コミュニケーションは、デジタルとアナログの両方のモードを同時にもちます。例えば、「お久しぶり」と声をかけてデジタルであいさつするときにも、アナログではうれしそうな顔をしたりばつの悪そうな顔をしたりします。マーケティングでも、アナログについての感覚的な認識能力である感性が注目されるようになっています[226]。

　第5に、すべてのコミュニケーションは、「相称的（symmetrical）」または「相補的（complementary）」のいずれかです。同一性に基づき、お互いの行動を反射し合いながら、同じ行動どうしが同じ方向に強め合うのが相称的です。差異性に基づき、一方が他方の行動を補い合いながら、異なる行動が異なる方向に強め合うのが相補的です。売り言葉に買い言葉は相称的で、ボケとツッコミは相補的です。相補性では、一方（ツッコミ）が優れ、他方（ボケ）が劣るポジションに立ちます。相称性は競争がエスカレートしやすく、相補性は関係が硬直化しやすい傾向にあります。

　マーケティングのコミュニケーションでは、以上の5つの公理のうちでも特に最初の3つに留意すると役立つでしょう。すべての活動がコミュニケーションとして勝手に循環し、内容と関係の2つのレベルから成り立ち、関係は当事者の句読点（パンクチュエーション）によって規定されるということです。社会的な秩序も、このようなミクロのしくみが積み重なることによって、わたし

たちが相互的に創り出しているのです。

■ 違いを生む違い

　こうしたコミュニケーションで伝わる内容としての情報の定義は、ベイトソンによると、「違いを生む違い（a difference which makes a difference）」です[227]。どっちだっていい（make no difference）ような違いではなく、違っていることに違いがある違いです。例えば、花の種類についていえば、桜の花といっても厳密には一輪一輪違いますが、植物学者でもない一般人には、それは違いを生まないただの違いです。桜の花と梅の花との違いこそが、花の種類としての違いを生む違い、すなわち情報です。コミュニケーションしないということは、コミュニケーションすることと違いを生む違いをもち、沈黙やメールの放置も情報となるわけです。

　シャノンの情報理論[228]では、二者択一を可能とする情報の最小単位、例えばイエスかノーかONかOFFかなどで確率が2分の1ずつで等しい場合を1ビット（bit、binary digitの略で0と1の二進数で何文字分か）として定量的に定義します。「メッセージを選択するときの自由度」[229]といえます。1個の違いを生む違いは、1ビットにちょうど相当することになります[230]。しかし、先にみたようにシャノンは意味については考慮せず、違いを生む違いだけでなくどっちだっていいような違いも含めて、通信の観点から確率・統計的に情報を広くとらえています。そして、情報の不確かさ（情報エントロピー）がどれだけ減少するかが情報量だとします。先の例でいえば、いずれが生起したかを知ることで、情報エントロピーは0となり、その差の1ビットが得られる情報量だということになります。こうしてコンピュータが数値による計算以外にも広く活用される基盤が確立されたわけですが、シャノンの情報理論は、あくまで通信と通信の手段に関する形式的なものであって、通信の結果として最終的に得られる情報そのものの内容についてではありません[231]。情報の内容が問われるマーケティングのコミュニケーションにはやはり不向きです。

ヒトが外界を知る最大の情報源である視覚が、まさに違いを生む違いを踏まえて成り立っています。眼球は眼筋によって絶えず小刻みな振動を繰り返しています。この固視微動といわれる現象によって、注視しても順応によって網膜像が消えることなく、輪郭などの情報を視神経が持続的に抽出できます[232]。網膜の多くの視神経細胞の基本設計は、「何も変化がなければ報告するな」ということになっており[233]、違いを生む違いを素早く正確にとらえられるようになっているのです。

　心理学者のヴォルフガング・ケーラーが行った鶏の学習実験が、違いを生む違いという情報の定義を裏づけています[234]。薄い灰色の標識のある餌を食べ、濃い灰色の餌を食べないように、鶏に数百回の強化訓練を行いました。その後、濃い灰色の標識を取り除き、薄い灰色よりもさらに薄い灰色の標識に置き換えたところ、かなりの頻度でこちらを食べるようになりました。次に、当初の濃い灰色の標識とさらに濃い灰色の標識に入れ替えたところ、今度は濃い灰色の標識の餌を食べる頻度が多くなりました。鶏も、違いを生む違いとして情報を認識しているのです。

　カーネマンは、効用（満足度）は状態である絶対値ではなく参照点からの変化である得失で判断されるというプロスペクト理論は、変化に集中し状態を無視する知覚現象（対比と同化）にヒントを得たものだといいます[235]。変化をまさに違いを生む違いである情報として認識しているわけです。

　同じような経験しかない社内のメンバーばかりで会議をしても、いつもありきたりな話にしかならないのは、違いを生む違いである情報が枯渇するからです。異質な経験がないと、比べることができず違いを見出せません。多様度に対応するためには同等以上の多様度が必要であるとする最少多様度の法則は、「多様度だけが多様度を破壊することができる」とします[236]。多様度によってこそ、違いを生む違いである情報を生み出せます。自己（自社）を知るためにも他者（他社）を知らなければなりません。わたし個人の経験でも、大阪ガスからNTT西日本・NTT東日本と合弁でホームプロを起業し、リクルートの傘下に入り、日本郵政へも週に一日勤務するようになるのに従い、それまで当た

り前として見過ごしてきたことに気がつくようになりました。

　こうした情報のやりとりだけでは空疎です。情報の受け手が、その意味を解釈することが必要です。先にもふれましたが、ユクスキュルが環世界として明らかにしたように、生物種ごとに固有の意味の世界が立ち現れます[237]。人間は、意味を求める存在であり[238]、「自分自身がはりめぐらした意味の網の中にかかっている動物」です[239]。「われわれは意味へと宿命づけられている」のです[240]。コミュニケーションは、「意味の追求（effort after meaning）」[241]のためのいとなみなのです。

　「意味」の意味については、主な定義だけでも16通り（細かくみれば23通り）あるとされ[242]、定説といえるものがありません[243]。ここでは、辞書[244]を参考に、最大公約数的に、意味とは表現によって表され理解される内容のこと、としておきます。

　フッサールによれば、「意味の本質をわれわれは意味賦与的体験のうちに見るのではなく、話者および思惟者の現実的ないし可能的体験の多様性とは対照的に、同一の志向的統一を呈示する、意味賦与的体験の《内容》のうちに見るのである」[245]とします。「多様性のなかの単一性」、先に志向性のところでみた多に一をみるパターン認識により意味をとらえているわけです。意味とはパターンであるということができます[246]。対象に関して何かを意味することによって対象を志向する、意味こそが対象に向けられていることを意識に与える、意味によって対象は志向される、ということになります[247]。

　伝統的言語学（意味論）では、もっぱら論理学に基づいて、意味を人間との関わりを排除した客観世界に求めてきました。意味を言語の裏側にある本質ないし実在として実体化するわたしたちの傾向[248]に沿ったとらえ方です。しかし、最近では、人間経験を中心に据えて、意味を概念化という主体的な心理的いとなみに求める認知言語学（意味論）が最も有力となっています[249]。心理学では、認知革命後はもっぱら情報の処理に傾斜し、意味の生成を捨象してしまいました。こうした現状に対し、20世紀後半の心理学を牽引し認知革命の先

駆者でもあったブルーナーは、本来認知にあるべき意味こそ中心概念として復権させ定着させるべきであると主張しています[250]。

先に第3章でみた状況論や身体性も踏まえれば、情報と意味とは、どちらかからの一方的な関係としてではなく、相互反照的で相互依存的な循環する関係[251]においてとらえるべきでしょう。

実際にやりとりされる情報の意味は、先ほどみたように、受け手の置かれた状況・文脈に応じて、受け手が生成することになります（語用論）。例えば、一杯奢ると誘っても、いつもなら相好を崩すのに、禁酒中だと睨み返されます。異性にウィンクされても、バーでひとり飲んでいるときと屋外で砂塵が舞っているときとでは、その意味が違ってきます。意味は、物事に内在しているのを見出すのではなく、物事に関わる関係から生み出されるものなのです[252]。価値についても一種の意味として同様に考えることができるでしょう。

以上の「対話モデル」に、先ほどの「行動モデル」（図4-10（187頁））を主体として組み込んで図示すると、図4-13の「統合モデル（行動モデルを組み込んだ対話＝学習モデル）」になります。「対話モデル」ではなく「対話＝学習モデル」としているのは、後ほどみるように対話は学習のプロセスでもある点を強調するためです。わたしたちは、こうしたコミュニケーションを通じて、お互いの行動に影響しあいながら、現実というパターンを構成しているのです。従来の理論は、図の網掛けした部分である、中心ルート同士での内容のやりとりをもっぱら前提としているので、現場の現実から乖離してしまうわけです。

■ **有益な誤解による理解**

コミュニケーションにおいて、実際に状況・文脈がどこまで主体間で共有できているか定かでありません。状況・文脈は、主体の関心に応じて創り出されるものだからです。しかも、コミュニケーションのたびに、それぞれの状況・文脈は上書きされ変化していきます。仏教では、「機に因りて法を説け」という教えがあります。さらに、状況そのものの認識（先にみた状況のコンテクス

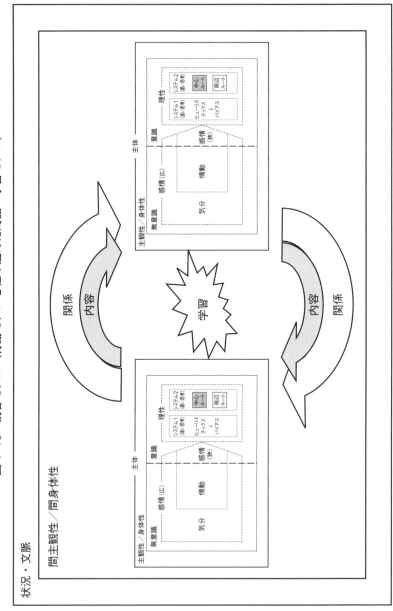

図4-13：統合モデル（行動モデルを組み込んだ対話＝学習モデル）

ト）ばかりでなく、理解の基盤（先入見）となる、状況について人がもつ表象（メンタルモデル[253]）、体系的な知識（スキーマ[254]（パラダイムを含む））や個別の知識についても人それぞれであり（これらは、文化のコンテクスト（context of culture）[255]や使用者依存[256]などと総称されます）、完全に共有されていることはありえません[257]。仏教では、「人をみて法を説け」という教えになります。理解自体も、意識上の理性だけでなく、無意識や感情によって制約されることは、先に「行動モデル」としてみたとおりです。情報の意味は、他者との相互作用によって恣意的に変化していきます。完璧な理解などそもそもありえません。コミュニケーションは、「有益な誤解（useful misunderstanding）」[258]をしあいながら理解しあうという複雑で微妙な行為なのです。さらに、こうしたコミュニケーション以前に、わたしたちの知覚する対象、認識する世界が全く同じであるということからしてありえないのですから（羅生門的現実、多元的現実）、コミュニケーションにおいても不一致や食い違い、ずれやゆらぎが生じないほうが不思議です。

　コミュニケーションは、このように理解するための試行錯誤の繰り返しです。コミュニケーション自体が、第１章で石井が着目していた偶有性（他でもありうる可能性）を常にはらんでいるのです。個々の主体に還元されない特性が創発します。マーケティングもコミュニケーションなので、試行錯誤が繰り返されることになります。第１章で沼上が着目していた行為の意図せざる結果が生まれるわけです。

　こうした偶有性を必然的に伴うコミュニケーションの中で、繰り返しうまくいくパターン[259]として見出されたものが有効な戦術として、マーケティングで活用されることになります。先に第３章でふれたように、リクルートでは、コンピタンスマネジメント部が"型"として見出し、グループ内で共有化しています。

　ここまで、もっぱら基本となる２者間のコミュニケーションに限定してみてきました。実際のマーケティングでは、特定の２者間のコミュニケーションだ

けにとどまることは珍しいでしょう。さまざまな主体の間のコミュニケーションがいくつも現れるのがふつうです。このような場合、第2章でみたシステムを用いれば、複数のコミュニケーションを要素とするひとつのマーケティング・システムとしてとらえることができます。社会学者のニクラス・ルーマンが、社会はコミュニケーションから成り立つシステムである、としているのと同様です[260]。社会そしてそこで行われるマーケティングは、偶有性を伴い非線形（線形である一次式のような単純な足し算にはならないこと、後ほど第5章でくわしくみていきます）であるコミュニケーションという要素を多数もつことになりますから、まさに複雑系[261]とよばれるシステムだということになります。

■ 市場を生成しイノベーションを生み出す学習Ⅱ

コミュニケーションの結果は、主体によって学習されます。主体が新たな情報を得て反応することが学習です。コミュニケーションは学習のプロセスにほかなりません。コミュニケーションにおいて、試行錯誤を重ねながら誤りを修正していくことこそまさしく学習です。先ほど「対話モデル」ではなく、「対話＝学習モデル」としたゆえんです。

学習は、ベイトソンによれば、抽象度のレベルに応じて5つに区分できます[262]。ベイトソン本人から学んだことのある文化人類学者の野村直樹から直接学んだ経験も踏まえて、5段階の学習について簡単にまとめます。学習の5つの段階の違いについてのイメージを図示すると、**図4-14**のようになります。

まず、ある刺激に対して常に一定の反応を示して変化しない、そもそも選択しない、あるいはいつも同じ選択肢を選ぶ過程が「ゼロ学習」です。実質的に学習は行われておらず、学習ならざる学習なのでゼロです。試行錯誤されることもなく、変化はありません。選択肢群を規定するコンテクスト（先にみたベイトソンの定義する文脈です。論理階梯理論[263]でいうところのメンバーに対するクラスに相当します）は関係ありません。身に付けてしまった習慣はゼロ

図4-14：5段階の学習のイメージ

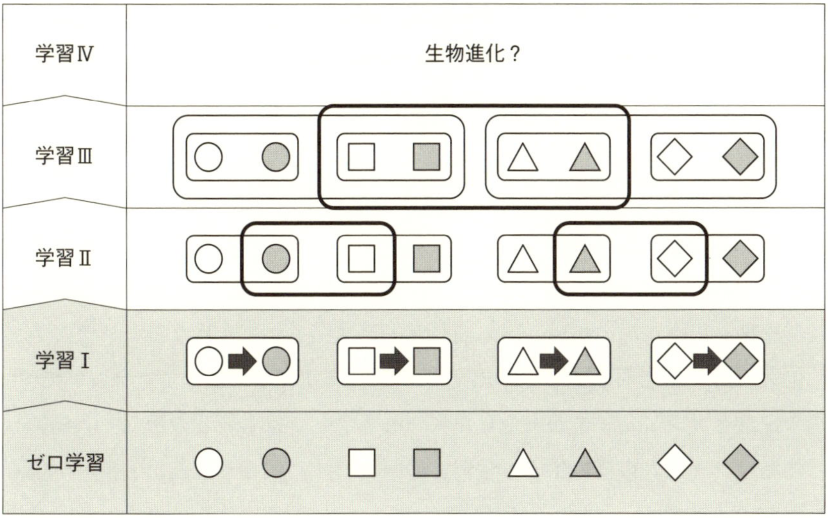

学習Ⅳ	生物進化？
学習Ⅲ	○ ● □ ■ △ ▲ ◇ ◆
学習Ⅱ	○ ● □ ■ △ ▲ ◇ ◆
学習Ⅰ	○→● □→■ △→▲ ◇→◆
ゼロ学習	○ ● □ ■ △ ▲ ◇ ◆

学習です。上位の学習をしていたとしても、変化（向上）がなくなれば、ゼロ学習に舞い戻ります。恒例となったイベントを同じままで開催する場合や、定番となった商品を迷わず買う場合は、ゼロ学習です。

　次に、同じ選択肢群の中で選ぶ選択肢を変える過程が、「学習Ⅰ」です。ゼロ学習についてもう一段上の学習です。ある選択肢の集合の枠の中で、最適な選択肢を選んでいくように変化します。試行錯誤による変化が加わりそれを学びます。選択肢群を規定するコンテクストは同じままです。心理学の実験で行われる古典的条件づけをはじめとして、物事に習熟するのは学習Ⅰです。商品サービスの選択肢群である市場の中で行われているマーケティングや購買は基本的に学習Ⅰです。異なる市場の商品サービスについてマーケティングや購買が行われるだけであれば（おむつとビールを売ったり買ったりするなど）、ある学習Ⅰから別の学習Ⅰへの同じ段階での移行であり、学習Ⅰが並列するだけです。

　さらに、選択肢群自体を変える過程が、「学習Ⅱ」です。学習Ⅰについても

う一段上の学習です。ある選択肢の集合の枠を超えて、集合枠そのものを選ぶように変化します。学習Ⅰのコンテクストが変化しそれを学びます。先ほどみた句読点（パンクチュエーション）の打ち方を変えるのは、まさにこれにあたります。実験室ではない人間の世界には、実は学習Ⅱが満ち溢れています。新たな習慣を形成するのは学習Ⅱです。しかし、学習Ⅱは、一旦なされると、その句読点の打ち方、前提の確認の積み重ねがコンテクストになっていくので、変わりにくくなっていきます。再び変わるためには、これまでのコンテクストのとらわれから自由になること（脱学習[264]）が必要になります。新たな選択肢群を創り出す市場の生成、同じ商品サービスであっても異なるコンテクストに位置付け、新たな価値を生み出すイノベーションは、まさしく学習Ⅱです。携帯電話とコンピュータが融合したスマートフォンは学習Ⅱの例です。先にみた住宅リフォーム市場の生成も学習Ⅱの事例です。第3章でみた二重の学習も学習Ⅱのことです。「はじめに」でふれましたが、アインシュタインが同じ思考レベルでは問題は解決しないといっていたのも、学習Ⅱの必要性を指摘したものといえます。

　そして、選択肢群からなるシステムを変える過程が、「学習Ⅲ」です。学習Ⅱについてもう一段上の学習です。学習Ⅰのコンテクストのそのまたコンテクストが変化しそれを学びます。観劇は芝居そのもののコンテクストにそれを観劇しているというコンテクストが被さっているので学習Ⅲとなりえますが、現実には学習Ⅲは滅多にありません。悟りや現象学的還元は学習Ⅲです。市場経済が計画経済やボランタリー経済に変わるのであれば学習Ⅲです。機械論から生命論への転換も学習Ⅲです。本書は、この滅多にない学習Ⅲをめざしたものであり、コンテクストのコンテクストという外堀から埋め始めて、本章で本丸にまで上り詰めてきたというわけです。

　最後に、「学習Ⅳ」です。学習Ⅲについてもう一段上の学習です。このレベルの学習は、通常はありえないとされています。生物の系統発生上の進化が学習Ⅳのレベルです。

従来の理論が対応しているのは、ゼロ学習と学習Ⅰです。従来の理論では、選択肢群である市場を所与の前提とし、もっぱら選択肢である商品サービスについて考えているからです。既存の業界を前提としたポーターの競争戦略論なども同様です。新しい理論は、「行動モデル」を取り込んだ「対話＝学習モデル」で明らかなように、学習Ⅱや学習Ⅲにも対応します。従来の理論と新しい理論とでは、実際にはよくあり今後ますます増えていく学習Ⅱ、すなわちコンテクストが学習され、市場の生成やイノベーションにも対応しうるか否かが大きな違いといえます。

　ついにコトラーも、フェルデナンド・トリアス・デ・ベスとの2003年の共著『コトラーのマーケティング思考法』で、異なる製品コンセプトやアイデアを結びつけて新しい提供物を生み出すラテラル（水平）・マーケティングによって、R⇨STPという流れに沿った従来のバーティカル（垂直）・マーケティングを補完することを推奨するようになりました[265]。エドワード・デボノが1960年代に開発した創造的思考法であるラテラル・シンキング（水平思考）[266]をマーケティングに応用したものです。サイバーカフェ＝喫茶店＋インターネット、シリアルバー＝シリアル＋軽食、ソニーのウォークマン＝オーディオ＋携帯用などが、2つの製品コンセプトやアイデアを結びつけて新しい提供物を生み出した新製品アイデアの成功例とされています。第3章でみたように、いまや旧来の業界という枠組み自体が崩れてきています。市場も、商品カテゴリーではなく、顧客が取り組むジョブによってとらえるべきでしょう[267]。第1章で野口が数少ない有効なマーケティング理論として評価していたラテラル・マーケティングを別途追加することで、ようやく学習Ⅱにも対応できるようにしたというわけです。

　ところが、その後2006年に改訂された『コトラー＆ケラーのマーケティング・マネジメント（第12版）』では、ラテラル・マーケティングは967ページもある中で新製品の開発に関する1ページ、それも先の成功例の例示を含めて8行言及されているだけです[268]。2015年の第15版（英語版）では、さらに削ら

れてわずか3行だけになっています[269]。デ・ベスに乗せられて、「ラテラル・マーケティングはバーティカル・マーケティングに代わるものではない」「断じてバーティカル・マーケティングよりもラテラル・マーケティングのほうが優れているといいたいわけではない」「従来の思考法を捨てよといっているわけではない」[270]と強調した上で一旦は木に竹を接いではみたものの、教科書でも大々的にラテラル・マーケティングをとりあげると自らのバーティカル・マーケティングの根幹を揺るがしかねないことを危惧したからではないでしょうか。ラテラル・マーケティングは、たんに市場の細分化（segmentation）の行き過ぎを打破するだけでなく、機械論に基づく従来の理論の体系そのものを打破することにもつながりかねないからです。だからこそ、共著でわざわざ何度も言い訳をしなければならなかったのです。

第1章でみた栗木の『リフレクティブ・フロー』[271]は、リフレクティブ・フローを喚起し循環させることによって、顧客が学習Ⅱや学習Ⅰを行うのを阻止し、安定的に購買させることができる（ゼロ学習）というしくみを解明したものといえます。また、栗木・水越・吉田満梨は、コンテクストという枠組みを組み直す学習Ⅱに着目し、市場には逆説的なメカニズムがあり、市場の定義は恣意的で不確実であり、市場では決定論的ではない共創が行われていることを明らかにしています[272]。さらに、栗木は、顧客志向を具体的な個別の状況の中で実践に移す際には、状況に根ざしつつも状況を乗り越えなくてはならない、という学習Ⅱの問題や罠についても明らかにしています[273]。いずれも、コトラーのバーティカル・マーケティングでは対応できていなかった内容を解き明かすものといえます。

新しい理論の「統合モデル」なら現場の現実に切り込める

それでは、マーケティングと消費者行動における現場の現実、「真実の瞬間」である戦術・実行・過程の実例について、新しい理論の「統合モデル」（図4

-13（200頁））、すなわち「行動モデル」を組み込んだ「対話＝学習モデル」を「概念レンズ」[274]としてみていくことにします。この概念レンズによって、従来の理論の偏りや欠落が補正され、従来の理論では見えなかったところを拡大してとらえられるようになります。第2章でみた観察の理論負荷性によって、従来とは違う世界が見えてきます。

戦術・実行・過程は従来の理論が切り捨ててきた対象ということもあり、わたし自身がこれまで実際に現場で実践し経験してきた13の実例をとりあげます。行為者本人としてのパーソナルビューに基づいて、行為の中での省察も踏まえた、行為についての省察です。調査、広告・宣伝、ブランド、販売・顧客対応、購買・消費の順にみていきます。

■ 調査の実例

①　ホームプロを始めて1年以上経ってから、第1章でふれたように、現住所とは異なる遠隔地でのリフォームが成約全体の10％以上も占めていることが判明しました。案件管理システムで、過去の成約案件の情報を次々に見ているうちに、はたと気がついたのです。起業前の市場調査では、そのようなニーズがあることはまったくわかりませんでした。遠隔地のリフォームを考えている利用者が、優良リフォーム会社のネットでの仲介に新たな価値を見出し、ホームプロを利用することで、遠隔地のリフォームという新たな市場を創り出していったのです。ホームプロは、ネットで優良リフォーム会社を選べるサービスであるという内容を利用者に伝えただけでした。遠隔地のリフォームを考えていた利用者は、それを知って、遠くまでわざわざ出かけて行かなくてもすむ、よく知らない土地でも安心して頼める会社を選べるなどと考え、サービスを利用することによってホームプロに市場の生成を伝えていたのです。市場は外部に確固として実在しており、調査によって発見できる、というわけではありません[275]。先ほどもみたように、新しい市場は、コミュニケーションを通じて、新しい状況・文脈として間主観的に創り出されていくものです（学習Ⅱ）。インテルやアマゾンもそうであったように、市場が創り出されてから、後になっ

て気がつくことも少なくありません。

② ホームプロを立ち上げた当初、せっかく会員登録をしてもらっても、なかなかリフォーム会社の紹介申し込みをしてもらえませんでした。そこで、会員へアンケート調査を実施することにしました。

もちろん、申し込まない理由を聞くのが調査の目的です。アンケートでは、ホームプロの利用メリットである、利用無料・匿名商談・加盟厳選・独自保証といった各項目の認知と評価について聞くことにしました。通常はまずそれだけでしょう。しかし、せっかくの機会だからと、申し込みを促進することも目的にすることにしたのです。聞くこと自体が予断を与えてしまうのなら、積極的に予断を与えようというわけです。それゆえ各メリットの記述はかなり詳しめに書きました。メリットについてひとつひとつ読んでよく理解してもらうことができます。さらに、会員の意見を聞いてサービスを改善していく共創（後ほど詳しくみます）の姿勢について周知することも目的としました。アンケートの前文はそうしたニュアンスで書きました。アンケートを実施してみると、ねらいどおりアンケート回答者から申し込みも得られたので、定番化することにしました。

ひとつの調査において、表（理由の聴取）と裏（メリットの周知）の２つの内容のコミュニケーションと関係のメタ・コミュニケーション（教えを乞う）を意識し、企業姿勢（共創）についての状況・文脈も交え（学習Ⅱ）、重層的に行ったのです。

③ エネルギー・文化研究所では、定期的に生活者についてのアンケート調査を行っています。その中で、個人の関心事についても自由記述で尋ねています。通常は経済・健康・趣味などに関わる回答がほとんどです。ところが、ある年は領土問題が上位を占めました。ちょうどアンケートを実施したときに、領土について問題が起こり、連日テレビや新聞で報道されていたのです。アンケートも、そうした国際情勢の下で行われていることを再認識しました。調査

も状況・文脈とは無縁でいられません。

■ 広告・宣伝の実例

④　ネットで検索した言葉に応じて検索結果とともに表示されるリスティング広告が、現在のネット広告の主流です。複数の広告文面を事前に登録しておけば、自動的に入れ替わりで広告を表示させることができます。リアルタイムで広告の比較テストができるので、テストマーケティングに利用しない手はありません。コピーライティングの腕の見せどころです。日々テストを続けていると、いろいろと分かってきます。例えば、内容としては同じ意味の「成功するリフォーム」と「失敗しないリフォーム」という見出しで出稿してみると、クリック率は「失敗しないリフォーム」が「成功するリフォーム」を常に上回ります。先にみたプロスペクト理論で明らかにされた損失回避です。また、数字を文面に入れると、クリック率がアップします。「20万人が登録・利用。テレビ新聞紹介300回以上」などのように、数字を2か所にすると1か所のときよりもさらにアップしました。アラビア数字が数字を意味あるものとさせる特別な直感である「数覚」を刺激し[276]、具体的な数字で実績が裏づけられ信憑性も感じられたのでしょう。広告出稿では、システム2（遅い思考）で説得する内容だけでなく、システム1（速い思考）、無意識や感情についても考慮しないわけにはいきません。

⑤　バナー広告がまだ主流だった2002年頃、当時の平均の2倍以上の5％台のクリック率をあげていたことがあります。ヤフーのサイトで、あたかもヤフー自体の「オススメのサイト」のコンテンツであるかのように、白地に文字だけでコンテンツの表記そっくりのバナー広告を出していたのです。ネットでの記事風広告の極めつけです。その後、ヤフーの広告規制が強化されて、そうした紛らわしいバナー広告は出せなくなりました。そこで、バナー広告の文面は同じままで、枠線で囲んで小さなロゴを入れるなど規制をクリアするのに最低限必要な表記を追加して出稿したところ、クリック率は2〜3％に半減して

しまいました。内容（広告の文面そのもの）のコミュニケーションは同じでも、関係（広告の枠線やロゴ）のメタ・コミュニケーションが違うと、反響が大きく異なります。

⑥　新聞・雑誌・ミニコミ誌などの紙媒体にも何百回と広告を出してみると、いろんなことがわかってきます。例えば、同じ新聞に、まったく同じ内容と大きさの広告を出しても、掲載された紙面（一面、政治面、経済面、文芸面、地方面、社会面など）と位置（見開きの左右の紙面、紙面の中での上下左右など）、同時に掲載された他の広告、記事の内容によって、反響がまったく違ってきます。例えば、社会面の記事下に出す広告は他の面に比べて反響が格段によく、その分出稿単価も高いのですが、当日に大きな社会事件があったりするとその記事のせいで反響がかなり落ちてしまいます。せっかく広告を出しても、隣に出来のよくない広告が来たりすると、それに引きずられて反響が落ちてしまいます。朝刊か夕刊か、何曜日か、連休前か、何月かなどによっても、反響が違ってきます。リフォームは、ゴールデンウィークとお盆と年末年始には申し込みが大きく落ち込みますが、新築は逆に増えるようです。平年気温を上回る猛暑の夏は、盆明けの紹介申し込みの立ち上がり時期が例年よりも遅れ、8月中に広告を出しても反響はよくありません。環境や状況・文脈を考慮しない広告の出稿はありえません。

■ ブランドの実例

⑦　ホームプロはネットでの仲介という新しいサービスなので、パブリシティを広告以上に重視し、ブランディングに最注力しました[277]。起業してから6年間で300回以上、さまざまなメディアで紹介してもらうことができました。テレビはNHK・日本テレビ・テレビ朝日・TBS・テレビ東京・フジテレビなど、新聞は読売新聞・朝日新聞・毎日新聞・産経新聞・日本経済新聞など、雑誌は週刊ダイヤモンド・週刊東洋経済・週刊朝日・月刊現代・日経トレンディ・DIME・クロワッサン・saitaなどです。NHK『おはよう日本』の「ま

ちかど情報室」では2回もとりあげてもらいましたが、ホームプロの名称は出してもらえず、登場いただいた顧客への反響のほうがたくさんありました。テレビ朝日『ねeとパラダイス』でタレントの加藤あいさんに紹介いただきURLが画面に出た途端、アクセスが一気に集中してサーバーがダウンしてしまいました。恥ずかしながら、TBS『はなまるマーケット』やテレビ東京『ドットコム・リポート』には自ら登場しました。

　当初は、手を変え品を変え、毎月のようにプレスリリースを書いてはメディアへ送りつけたりもしていました。そうして何度か紹介されメディアに露出するようになると、それを見た別の記者から取材の申し込みが来るようになります。記者は競合紙の記事をよく読んでいるようです。ある新聞に大きな記事が出てしばらくすると競合紙から取材の話があり、記者にどこで知ったのか尋ねてみると、案の定その記事だったということが再三ありました。

　こうして、好循環が起こり出します。再帰性、円環的因果律です。記事になるから有名となり、有名となるからまた記事になります。さらに、ホームプロが記事になったことをホームプロでも記事としてサイトやメールマガジンで紹介します。こうして記事が次々に蓄積されてくると、記者も安心して記事にすることができ、顧客も安心して申し込めるようになります。記事の連鎖によって、国内初・実績No.1のリフォーム仲介サイトであるという状況・文脈を創り出し、間主観性としてホームプロのブランドが生成されていきました。

⑧　ホームプロというブランド名は、優良な住まいのプロを選べることを表し、覚えやすく短い単語にしようと、数か月間あれこれ考え、特許庁のデータベース（特許情報プラットフォーム）で確認して決めました。ブランドのロゴマークは、アンケート調査で決めることにしました。

　主要顧客と想定される30～50歳代の主婦128名に、ロゴの形と色のそれぞれ3パターンを組み合わせた合計9パターンの中から気に入ったものを順に3つ選んでもらい、その理由も聞きました。家を擬人化した黄色の現在のロゴが、2位のロゴに倍以上の大差をつけ、圧倒的に好まれることがわかりました。な

かには、風水では黄色はお金持ちになる色なので商売が繁盛していいですよ、というアドバイスまでありました。実は、個人的には別の形と色のロゴのほうが好みだったのですが、顧客の好みを優先して現在のロゴを採用しました。その後ホームプロの東京事務所を銀座4丁目の裏通りの築50年のビルに置いていたことがあるのですが、風水で有名なDr.コパが最初に事務所を開いたビルだったことが入居してから判明しました。

ノベルティとしてロゴをあしらったビニールマグネットなどを制作したこともありますが、追加の希望をもらうなどいたって好評でした。時として顧客から聞くロゴの評判からしても、ホームプロのサービスそのものへも、好感をもってもらえるようになっているようです（感情ヒューリスティック）。ブランディング、ロゴのデザインでも、顧客の感情に配慮することは必須です[278]。

■ 販売・顧客対応の実例

⑨　かつて3か月間していたことのある訪問販売のプロセスについては、第3章のエスノメソドロジーのところでふれました。そこで先送りしていた玄関突破の秘策について、ここで種明かしすることにします。

個人宅への飛び込み営業の最初にしておそらく最大のハードルは、インターホンだけで断られるか、玄関を開けて話を聞いてもらえるかです[279]。玄関まわりにセールスお断りの表示がしばしば見られるように、売り込みであることが分かった途端にべもなく断られることが多発します。当初は「ガスファンヒーターのご紹介にお伺いしました」と言っては、「結構です」と判で押したように断られていました。これでは、すでにガスファンヒーターに関心があるお客さまくらいしか会ってもらえません。そこで、いろいろと言い方を変えて、試行錯誤を繰り返しました。すると、「ガス器具のご説明にお伺いしました」と言うと、大抵は玄関を開けてもらえることがわかったのです。

玄関を開けてもらってからは、第3章でみたプロセスに沿って、暖房器具の使用状況の質問とガスファンヒーターの効用の説明をしていくだけです。こちらから「買ってください」と言ったことは、一度たりともありませんでした。

ガス器具の説明ということで首尾一貫しています。説明に来たと言いながら途中から売り込むようだと、「消防署の方から来ました」と言って消火器を押し売りするのと変わらなくなってしまいます。

　この玄関突破の秘策と第3章でみた販売プロセスの組み合わせで、3か月で150台のガスファンヒーターが、売り込まずに売れたのです。もちろん、苦情は1件もありませんでした。

　飛び込み営業でありながら、売り込みではない状況・文脈を一貫して創り出すことによって（学習Ⅱ）、結果的に売れるようになったのです。

⑩　ホームプロを始めた当初は、ネットを利用するシニアはまだまだ少数でした。新聞や雑誌で紹介されるたびに、「ネットを使えないが、業者選びを助けてもらえないか」との要望が寄せられました。そこで、『まかせて安心！増改築・リフォーム業者選び7つのポイント』と名づけた小冊子（A5判、50ページ）を書き下ろして、希望者に無料で進呈することにしました。

　読者から礼状が何通も届くなど好評だったので、以前に取材を受けた記者に話したところ、小冊子のことが「リフォームのノウハウぎっしり」との見出しの新聞記事になりました。記事の載った新聞が配達され始めると、会社の電話が鳴り止まなくなりました。2日間で350件以上の購入申し込みがありました。記事には購入問い合わせ先としてホームプロの電話番号が書かれていたのです。無料だとひとりで何冊も請求されるのもどうかと思って、税込定価500円と裏表紙に書いていたために、小冊子を販売していることになったのです。それからは発送作業や入金処理でてんやわんや、本来業務にも支障が出かねません。そこで、書店で販売してもらうことにしました。旭屋書店・紀伊國屋書店・ジュンク堂書店へ飛び込み営業をかけ（今度はまさに売り込みです）、大阪と東京の主要店舗に置いてもらうと、各店で月に数冊ずつコンスタントに売れました。以前の記者にその話をしたら、今度は書店に取材して「リフォーム冊子売れてます」との見出しの記事になりました。

　こうした取り組みを知人に話したところ、伝手があるからと紹介してもらっ

たのが光文社だったのです。すでに実績のある小冊子の内容を大幅に充実させて2004年に出版したのが、光文社新書の『リフォームを真剣に考える』[280]です。

　出版につながる状況・文脈を思わぬ偶然も取り込みながら創り出すことによって（学習Ⅱ）、読者市場が再帰的・円環的に生成されていきました。創造的適応をしていったのです。

⑪　ホームプロでは、紹介するリフォーム会社を厳選しています。独自の7つの基準に基づき、書類審査はもちろんのこと、担当者が会社を訪問し、利用者にも聞き取り調査をして加盟の審査をしています。そうした難関を突破して加盟した会社であっても、お客さまからご指摘をいただくことがあります。そのほとんどは、会員専用ページからサービス評価として入力されてくるものです。

　対面や電話の場合と違って、あるのは文字だけです。その文面から、内容だけでなく、関係（姿勢や感情など）についても読み込みます。加盟会社へも、ご指摘の状況・文脈について確認します。その上で、お客さまが不満に思っておられる状況・文脈を理解し、解決に向けて最優先で対応していることが伝わるように返事を出します。事務的で無機質な文章ではなく、個人として気遣う文章とし、送られてきた文章よりも長文にします。本気で思っているかどうかは、それとなく表現に現れて伝わります。テクニックだけに走らないよう注意しなくてはなりません。そうした初動と返事は迅速にすることが必要です。長時間返事をせずにいると、お客さまやそのご指摘を軽視しているといったメッセージとして伝わってしまいます。これらの点に留意することで（ホームプロでは、1年365日いつでも24時間以内には回答することを方針にしていました）、その後のやりとりも円滑に進み、最終的にご満足いただきやすくなりました。

　関係が伝わりにくいネットでのコミュニケーションだからこそ、内容だけでなくより一層関係についても配慮しなくてはなりません（メタ・コミュニケーション）。

第4章／理論の主体の欠落を埋め、関係を見直す 215

■ 購買・消費の実例

⑫　ホームプロでは、創業以来、すべてのお客さまにサービス評価をお願いしています。今ではお客さまの声として3万件以上が匿名で公開されています。サービス開始当初は件数も少なく、すべての声を何度も読みかえしていました。そこで見えてきたのが、リフォーム会社を選んだ決め手です。複数のリフォーム会社を紹介するサービスですから、見積価格が大半を占めそうなものですが、実際は全体の3分の1くらいで、担当者についてあげる声が多かったのです。「見積価格は必ずしも安くはなかったけれど、○○さんならまかせられると思って決めたところ、結果は大正解でした」といった感想がよく見られました。リフォームの工事内容という中心ルートではなく、担当者の人柄といった周辺ルートで発注を判断されることが多かったわけです。リフォームは総じて高額な買い物なので動機づけは高いはずですが、建築について評価する能力が十分にはなく、周辺ルートが選ばれたのです。優良な会社だけのなかから選べるホームプロであれば、それでも問題ないでしょう。

⑬　2005年に、高齢者を騙す悪質リフォーム業者の実態が、次々とテレビや新聞で報道され、社会問題化しました。これで、厳選された優良なリフォーム会社だけの中から選べるホームプロの利用が大きく伸びるだろう、と思ったのです。ところが、いざふたを開けてみると、2006年はリフォーム市場全体が前年に比べ10%近く縮減してしまいました[281]。その影響で、ホームプロの利用も、前年並みと頭打ちになってしまいました。かなりの数のお客さまが、リフォーム会社をよく見極めようとする以前に、リフォームすること自体を手控えてしまったのです。悪質リフォーム業者報道によってつくられた状況・文脈が、リフォームを考えていたお客さまに意味するところを読み違えてしまいました。学習Ⅱのとらえ違いです。

わたし自身が実際に現場で実践し経験してきた13の実例についてみてきまし

た。

　メディアやビジネス書、ケース・メソッドなどでとりあげられる華々しい戦略の事例などに比べると、なんとも地味で泥臭いものばかりです。しかし、実際にはこうした地道な活動を試行錯誤しながら思わぬ偶然（偶有性）も取り込み、ひとつひとつ積み重ねていくことで、はじめて戦略が現実のものとなるのです。マーケティング論を専門とする入江信一郎が指摘するように、単純化された要因に還元して記述された成功物語は、達成すべき目標地点は示すものの実践を組織化する手がかりに乏しいブラックボックスになってしまいます[282]。ここでみた実例は、ブラックボックスの中身を断片的ながら明らかにし、実践の資源にもなりえるものといえるでしょう。

　「ホームプロの事例ばかりではないか、他社の事例はどうなのか」などと思われたかもしれません。13の事例は、どこにでもあるような身近な活動ばかりです。ここまで読み進んできていただいたのであれば、さらなる事例をみていくよりも、これまでの活動を見直したり、これからの活動を進めたりするなかで、新しい理論とモデルを実際に活用していただければと思います。

　現場での戦術・実行・過程には、従来の理論は役に立ちません。従来の理論の対象から外れており、従来の理論の主体や関係も現実とは違っているからです。新しい理論の「統合モデル」（「行動モデル」を組み込んだ「対話＝学習モデル」）を念頭に行動すれば、場当たり的にならずより的確に対応できるようになります。概念レンズとして用いることによって、これまでは見落としていたところが抜けや漏れがなく見えるようになります。これまでとは違った打ち手をとることもできるようになります。ばらばらだった戦術やノウハウにも横串が通り、共通の基盤とすることで組織での共有も進めやすくなります。

サービス・ドミナント・ロジックとの共創

　最後に、マーケティングの新しい理論的研究であるサービス・ドミナント・

ロジックの概略と新しい理論との関係についても簡単にふれておきます。

そもそも、マーケティングを行う対象である製品そのものについて、従来の理論はもっぱら有形財（goods）を前提としてきました（グッズ・ドミナント・ロジック）。しかし、無形財（services）を全面的にとりいれ、有形財と合わせたサービス（service）を中心に据えて、ロジックそのものから見直すべきであるとする「サービス・ドミナント・ロジック」が2004年から主張されるようになり注目を集めています[283]。

サービス・ドミナント・ロジックは、アウトプットからプロセスへ、交換価値から文脈価値へ、操作が施される（operand）資源（設備や材料など）としての顧客から操作を施す（operant）資源（知識や技能など）としての顧客へと、従来の理論から視点を転換します。

具体的には、以下の10の基本的な前提を掲げて議論を深めています。①サービスが交換の基本的基盤である、②間接的交換は交換の基盤を見えなくする、③有形財はサービス供給のための伝達手段である、④操作を施す（operant）資源は競争優位の基本的な源泉である、⑤すべての経済はサービス経済である、⑥顧客は常に価値の共創者である、⑦企業は価値の提案しかできない、⑧サービス中心の考え方は顧客志向で関係的である、⑨すべての社会的・経済的主体は資源統合者である、⑩価値は受益者にとって常に独自で現象学的に判断される、です。このうち、①⑥⑨⑩の4つが根本にある公理とされています。

産業構造で非製造業の比率が高まる経済のサービス化、製造業が製品の差別化・高付加価値化のためにサービス分野に進出する製造業のサービス化がともに進展する今日にふさわしい指摘といえるでしょう。

サービス・ドミナント・ロジックで核となる概念のひとつが、企業と顧客による価値の「共創（co-creation）」です。顧客は、企業が管理する対象ではなく、企業と協働して価値を創り出していく主体としてとらえるわけです。主客一体です。

共創が世界的に脚光を浴びるようになったのは、戦略論を専門とするC・K・プラハラードとベンカト・ラマスワミが2004年に『価値共創の未来へ』（10年後に『コ・イノベーション経営』[284]と改題され復刊）を出版し、「価値の共創」を従来にない発想、新たな枠組みとして提示したあたりからでしょうか。

実は、大阪ガスでは、1992年1月に、当時の上司だった遠藤侑宏を中心に策定した「2001年プラン」で、「地球も含めた社会全体の利益を考慮しつつ、お客さまと共によりよい暮らしを創造する」ことを「共創」のマーケティングとして社内外へ打ち出していました[285]。取引後の使用・経験段階における価値共創[286]にも対応したものとなっています。1992年3月には、野村総合研究所から『共生の戦略』[287]が出ましたが、当時流行していた共生は自然や社会に対する受動的な関係であり、顧客との能動的な関係として共創を考え出したのです。

ホンダでは1980年代からチームにおける共同的創出を「共創」として社内向けに使っていたそうですが、公開の場で最初に使ったのは1992年3月に元社長の久米是志が行った「共創─技術者の企業経営」と題した講演ということです[288]。1993年には、物理学者の石川光男の『自然に学ぶ共創思考』（旧版）が、「人と自然が一体となって秩序を創る」という「積極的な意味をこめて〈共創〉という言葉を創造した」とします[289]。1996年になると、久米とも親しい清水博が、「複数の人々による創造的な活動は、『共創』と呼ばれ、社会的に注目されつつあります」と指摘します[290]。1997年には、嶋口充輝が、「公正な信頼関係のもとでの共創価値づくりは、現代の取引の基本認識としてもっとも妥当性の高いパラダイムになりつつある」と主張します[291]。2003年の改訂版で、石川は、「〈共創〉は十年前に私が創った新しい日本語ですが、今ではすっかり日本語として定着したようです」としています[292]。

1992〜93年というほぼ同時期に、顧客とのマーケティング、社員のマネジメントあるいは自然との秩序形成について共創の概念を別々に考案・公開していたようで、心理学者のカール・グスタフ・ユングのいうところのシンクロニシティ（共時性、同時な事象間の非因果的ではあるが意味のある偶然の一致）[293]

の一例といえるかもしれません。

　この共創の基盤となるのが、「対話＝学習モデル」のコミュニケーションすなわち学習ということになります。逆にいえば、「対話＝学習モデル」に立脚すれば、自ずと共創することになります。

　サービス・ドミナント・ロジックの提唱者の二人のうちのひとりであるスティーブン・バーゴが、2014年9月に来日しました。京都で講演を聴く機会があったのですが、「サービス・ドミナント・ロジックは、マーケティング部門ではなくトップ（CEO）のとるべき視点、認識である」とのことでした。サービス・ドミナント・ロジックは、従来の機械論ではなく生命論のパラダイムに立脚した、マーケティングの（サブ）パラダイムをめざすものということができるでしょう。

　実務と結びつく理論についての議論はこれからのようですが、サービス・ドミナント・ロジックに沿ったマーケティング部門向けの理論として、本書の新しい理論があてはまってくるのではないかと思います。現場で実現されるサービスを中心に据えるのであれば、なおのこと理論の対象としては、戦術・実行・過程にまで踏み込まなくてはならないはずだからです。

第5章

2つの理論を使い分ける
―一本槍から二刀流へ

パラダイムはほんとうに共存できないか

　新しいパラダイムは、第2章でみたように、古いパラダイムを乗り越えるために現れます。同時に2つのパラダイムは成り立ちません。異なるパラダイムに基づく理論も共存できません。

　となると、生命論に基づく新しい理論を採用するということは、機械論に基づく従来の理論であるR⇨STP⇨MM（4P）⇨I⇨C、消費者情報処理理論を捨て去ることになるのでしょうか。第1章でみた解釈学アプローチは、まさにそのように迫っているようにも見受けられます。

　ところが、目を自然科学に転じてみると、量子力学、相対性理論が登場した後も、ニュートン力学は古典力学として教えられ使われ続けています。確かに、パラダイム、理論としては、ニュートン力学は量子力学、相対性理論に包含されるようになりました[1]。しかし、実用上の適用対象として、日常的な人間的スケールのマクロの世界、光の速度に比べて遅い運動という範囲内では、ニュートン力学のほうが使い勝手がよい「近似的な理論」として引き続き利用されているのです[2]。より一般化された理論が常によいというわけではなく、ある適用限界のもとで特殊化された理論のほうがその範囲内では便利で本質を

とらえていることがあるわけです。対象と用途に応じて、理論は使い分けられるのです。

社会科学ではどうでしょうか。社会科学は自然科学ほど厳密ではありません。社会科学におけるパラダイムは、ある特定の時点では同時に共存できないが、時点を違えれば代替できる、とされています。例えば、組織論を専門とするギブソン・バーレルとガレス・モーガンは、「時間の変化とともに逐次的に異なったパラダイムの中で仕事をすることができるという意味で、これらは代替的である。しかしながら、特定の時点では２つ以上のパラダイムの中で同時に仕事をすることができないという意味で、これらは相互に排他的である」とします[3]。また、社会学を専門とするウォルター・バックレイは、「（新しい科学理論の場合によくあることだが）、新しい視角は古いものに完全にとって替わるというよりはむしろ、通常、それを洗練し普遍化し、したがって、古いものは適用の可能性に一定の制限を受けているその特殊ケースと見做される、という認識が基礎にある」とします[4]。

２つのパラダイムと理論の使い分け方

かくして、近代特有の二項対立の発想により機械論あるいは生命論の一本槍でいくのではなく、対象と用途に応じて２つのパラダイムを使い分けることにします。

これまで、哲学者や科学者が、客観主義と相対主義の二分法を超える必要がある[5]、機械論と有機体論に加え意味の解釈を問う化生論が必要である[6]、機械論と有機体論をともに肯定すべきである[7]、近代の自然科学の密画的世界観に近代以前の略画的世界観を重ね描くべきである[8]、などと指摘しているとおりです。

こうした使い分けは、生命論の相対的な発想にも沿う考え方です。あれかこれかの二者択一の一本槍ではなく、あれもこれもの相互補完の二刀流です。あ

るいは、単眼思考ではなく、複眼思考といってもいいでしょう。

　それでは、機械論と生命論、マーケティングの従来の理論と新しい理論は、具体的にどのような対象に応じて使い分ければいいのでしょうか。

　まず、力と衝撃が物事の原因となり物理的な因果法則によって説明できる「生なき物理的世界」（プレローマ）には機械論を、多様な違いが生成され情報によって説明できる「生ある情報的世界」（クレアトゥーラ）には生命論と、パラダイムを使い分けるのが自然です。言い換えるなら、「生なき物理的世界」は機械についての力の世界であり、「生ある情報的世界」は生命についての意味の世界である、ということです。「モノの世界」と「コトの世界」といってもいいでしょう。わたしたちの社会やマーケティングが行われる市場は、実在するものではなく間主観性として「生ある情報的世界」にあるものとして、生命論があてはまります。

　プレローマとクレアトゥーラというのは、元々は古代宗教のグノーシス派発祥のラテン語の神学用語です。ユングが、心理を説明するために、不滅にして無限なる無あるいは充満と時間的空間的に限定され変化し区別するものという2つの世界を表すものとして用いました[9]。それをベイトソンが借用して、「生なき物理的世界」と「生ある情報的世界」として明確に規定しました[10]。本書ではこのベイトソンの区分に則っています。

　近代以降、機械論に基づく自然科学、なかでも古典的な物理学を理想とし、「生なき物理的世界」のみならず「生ある情報的世界」にもあまねくその考え方や手法を適用しようとしてきました。「生なき物理的世界」から「生ある情報的世界」へと侵略するので、"物理帝国主義"などといわれます。しかし、「生ある情報的世界」のみならず「生なき物理的世界」においても、機械論の限界が露呈してきているのは、第2章でみたとおりです。

　社会心理学者の杉万俊夫は、人間科学のスタンスで行われるべき研究であるにもかかわらず自然科学のスタンスで行う似非・自然科学的研究を「自然科学

的」研究とカッコつきで表記し、社会心理学の研究の現状について、以下のように指摘します[11]。「『自然科学的』研究は、常識でもわかっている現象を、ことさらいかめしい概念を用いて記述し、『こんな条件のもとでは ── となるが、別の条件のもとでは ── となる』といった条件分析に終始しています。しかし、分析するデータは、〔……〕再現性の保証されないデータばかりです。〔……〕『自然科学的』研究の特徴を、ひと言で要約すると、『不必要に難解に記述した理論を、信頼性のないデータで検討する』研究と言えるでしょう」。

佐和も、経済学の研究について、「〈範型〉の外側にいる者から見れば、ほとんど異様としか思えないほど、〈範型〉の内側にいる科学者たちは、些細な問題の解決 ── 経済学ならば、たとえば特定の数学モデルに意味のある解が存在するための必要十分条件の吟味など ── に憂き身をやつすようになる」と指摘しています[12]。範型とはパラダイムのことです。

こうした社会心理学や経済学において機械論（に基づく自然科学）を「生ある情報的世界」に適用することの不自然さの指摘は、消費者行動論やマーケティング論の研究にもあてはまるでしょう。その一端は、第3章の「数字によって失われる意味」のところで垣間見ました。

そもそも、状況・文脈に依存し相互に作用する人間行動には、規則性や傾向、パターンは見られても、普遍的な因果法則は存在しえません。人間行動にまでやみくもに機械論（に基づく自然科学）を適用するのは、関係を軽視し個にばかり着目し、その内部に原因を帰属させ過ぎるものといえます[13]。

わたしたちの社会や市場といった「生ある情報的世界」を対象とするパラダイムについては、基本的に機械論から生命論へと転換しなくてはなりません（図5-1）。「生ある情報的世界」には生命論という、本来あるべき対応に戻すわけです。

「生なき物理的世界」と「生ある情報的世界」は相反する関係にありますが、対象は必ずどちらか一方の世界だけにしか属さないというわけではありません。例えば、人間は、「生なき物理的世界」において分子生物学の対象として分析されるとともに、「生ある情報的世界」においては哲学の対象として解釈され

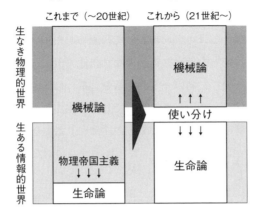

図5-1：パラダイムの使い分け

ます（さらに、「生ある情報的世界」において認識する主体でもあります）。哲学者のロイ・バスカーが指摘するように、対象そのものに階層を認め、どの深さの面でとらえるかによって違ってくる[14]、と考えるわけです。「生なき物理的世界」と「生ある情報的世界」は、「相補的ではあるがたがいに排他的な」[15]関係にあるということになります。マーケティングでは、もっぱら「生ある情報的世界」において対象をとらえることになります。

自然科学では、「生なき物理的世界」について20世紀後半から非線形の科学が興ってきています。比例関係をグラフで表すと直線なので、線形（linear）といいます。一方、非線形（non-linear）とは、比例関係という単純な原理が壊されることであり、そこから複雑さが生まれると考えます[16]。いわゆる複雑系は、多くの成分が非線形である場合のことです[17]。物理学者の大野克嗣は、世の中のことはほとんどが非線形であり、非線形の世界とは世界そのものである、世界の一部として非線形の世界があるのではなく、世界が一般的に非線形である、といいます[18]。「生ある情報的世界」も非線形であり、社会や市場も非線形系です。物理学者の蔵本由紀は、非線形系は、「フィードバック制御機能を内在させたシステム」であり、負のフィードバックによる安定化と正の

フィードバックによる不安定化の機構がさまざまに絡み合って、多彩で奥深い現象が現れるとします[19]。

これまで、科学はもっぱら人間にとって制御のしやすい側面である線形の問題にひたすらエネルギーを投入し、多大な利便性を引き出すことに成功しました。しかし、その一方で、制御や予測を頑強に拒む自然の別の顔である非線形の問題には、十分注意を払ってきませんでした。線形として扱える範囲の問題に限り、非線形の問題は後回しにして、当面は取り扱わないことにしてきたのです。物理学者の池内了のいうように、「科学は成功した顔だけ見せて、成功しない部分は頬かむりした」わけです[20]。わたしたちも、非線形科学と同様に、マーケティングの頬かむりを解いて、現実に当面する非線形の問題にも取り組まなくてはなりません。

そこで、マーケティングや消費者行動についての使い分けは、以下のようになります（**図5-2**）。生命論に基づく新しい理論のあてはまる非線形の「生あ

図5-2：対象・用途に応じた理論の使い分け

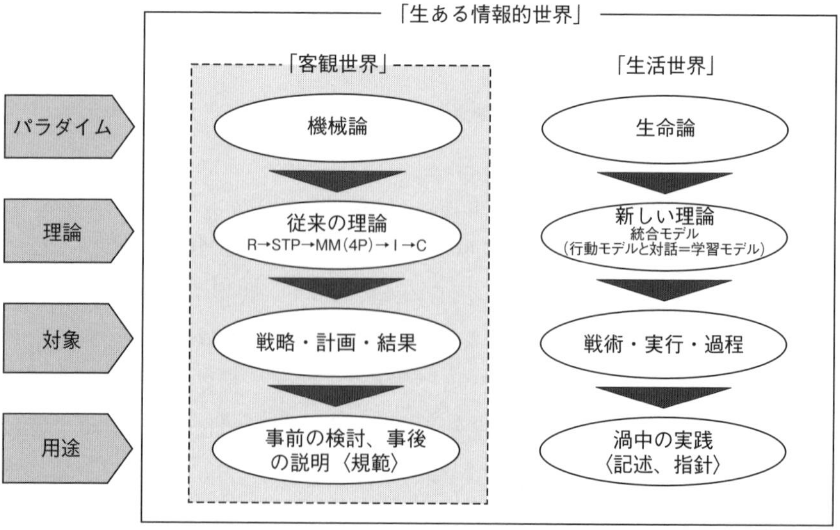

	「客観世界」	「生活世界」
パラダイム	機械論	生命論
理論	従来の理論 R→STP→MM(4P)→I→C	新しい理論 統合モデル （行動モデルと対話＝学習モデル）
対象	戦略・計画・結果	戦術・実行・過程
用途	事前の検討、事後の説明〈規範〉	渦中の実践〈記述、指針〉

（「生ある情報的世界」）

る情報的世界」が、まず全体としてあります。この「生ある情報的世界」においても基底にあるのは、第4章でみたわたしたちが日常的に生きて経験する「生活世界」です。その中で、特に機械論に基づく従来の理論が有効にあてはまる領域として、これまでは線形ばかりみて非線形には頬かむりしていた科学における「客観世界」が後発的に一部含まれるという関係になります。理論の関係でみれば、新しい一般的な理論が全体としてあり、その一部として従来の近似的な理論が包含されるというわけです。

先ほどの物理学の例でいえば、生命論に基づく新しい理論がミクロの量子力学に相当し、機械論に基づく従来の理論がマクロのニュートン力学に相当するという関係になります。マーケティングの従来の理論の前提となっている伝統的な経済学が、ニュートンの古典力学を模範とし生まれたものであることにもちょうど対応しています。

このマクロとミクロというとらえ方は、国際政治学者のグレアム・T・アリソンが『決定の本質』[21]でキューバ・ミサイル危機の分析に用いた、国家を単位とする「合理的行為者モデル」と個人を単位とする「政府内政治モデル」の関係にも相当します。企業と市場というひとまとめにした集団を完全合理的経済人として擬制し単純化してマクロでとらえるのか、マーケターのわたしと顧客のあなたという生きた人間を限定合理的経営人としてより実態に即してミクロでとらえるのか、の違いということです。マクロで事足りるのであれば簡便ですが、間に合わないときはミクロの出番です。戦略・計画・結果はマクロで、戦術・実行・過程はミクロでとらえるのが向いています。なお、マーケティングについては、経済学と同様に、消費社会に埋め込まれた制度とみなして対象とする場合をマクロ、マネジメントの取引実務を対象とする場合をミクロととらえるのが一般的なので[22]、ここではその場合のミクロについてさらにマクロとミクロに分けて考えているということになります。

マーケティング論の大家であるセオドア・レビットは、製品という狭い範囲でしか見ないことを「マーケティング近視眼」だと指摘し、顧客中心に発想するマーケティング・コンセプトを普及させました[23]。それに倣えば、従来の理

論が遠くから市場としてしか見ないことを「マーケティング遠視眼」ということができます。マーケターは、遠近両用レンズで矯正してしっかり顧客が見えるようにしなくてはなりません。

　第一次世界大戦後に旧来の価値観が失われた世代を代表する小説家のF・スコット・フィッツジェラルドは、「第一級の知性の規準は、対立する二つの観念を同時に抱きながら、しかも機能を果たすことのできる知性である」といっています[24]。機械論に基づく直線的で単純なロジカル・シンキング（論理思考）にとどまらず、生命論に基づき矛盾や対立から創造的な解決策を生み出すインテグレーティブ・シンキング（統合思考）[25]をも実践すべきであるということです。従来の理論の限界が明らかとなっているマーケティングについても、あてはまるのではないでしょうか。

　かくして、「生ある情報的世界」としての社会や市場において、従来の理論と新しい理論が、それぞれあてはまる世界、対象と用途は、以下のように整理できます（図5-2）。まず、機械論に基づく従来の理論は、客観世界にあてはまります。第3章でみた戦略・計画・結果がマーケティングにおける対象となります。事前の検討と事後の説明という用途に向いています。一方、生命論に基づく新しい理論は、生活世界にあてはまります。第3章でみた戦術・実行・過程がマーケティングにおける対象となります。現場のいまここで進行中の渦中の実践という用途に向いています。このように、生命論に基づく新しい理論は、機械論に基づく従来の理論がこれまで頬かむりをしてきて役に立たなかった領域である「真実の瞬間」、マーケティングの今後の主戦場において威力を発揮します。

　経済学や意思決定理論などでよく用いられる理論の区分[26]によれば、従来の理論は、伝統的な経済学と同様に、目的を達するためには合理的にかくあるべしと超越的に規定する「規範的理論」です。R⇨STP⇨MM（4P）⇨I⇨Cの手順に従って分析を重ね計画を練り上げきちんと実行すればマーケティング

はうまくいくのでそうすべきである、というアプローチです。それに対して、新しい理論は、行動経済学と同様に、現実はこうであると内在的に記述する「記述的理論」であるとともに、具体的な問題への実践的な指針を示す「指針的理論」でもあります。

　コトラーは、自伝の中で、「実は行動経済学というのは、『マーケティング』の別称に過ぎない」[27]といっています。しかし、自身の代名詞でありパラダイムを体現する教科書の『コトラー&ケラーのマーケティング・マネジメント(第12版)』[28]は、R⇨STP⇨MM（4P）⇨I⇨Cの体系を維持し「通信モデル」を採用し続けているように、伝統的な経済学に依拠した規範的理論を踏襲しています。それとは相容れない行動経済学に依拠する記述的理論、指針的理論は、共著の『コトラーのマーケティング思考法』[29]や『コトラーのマーケティング3.0』[30]『コトラー8つの成長戦略』[31]などでもっぱらとりいれているということなのかもしれません。コトラーは、こうした理論のリフォーム（増改築）を重ねてきてはいますが、マーケティング・マネジメントを世に問うてから築50年近くなり、理論の体系そのものについてのリノベーション（全面改修）が必要な時期に来ているのではないでしょうか。

　新しい理論の「統合モデル」、すなわち「行動モデル」を組み込んだ「対話＝学習モデル」という概念レンズを導入することによってこそ、従来の理論の偏りや欠落が補正され、従来の理論では見えなかった現場の現実である「真実の瞬間」を拡大してとらえ、首尾一貫して的確に実践していくことができるようなるのです。

《おわりに》

　生命論に基づく新しい理論によって、マーケティングの「真実の瞬間」を創り出す戦術を実行する過程に光を当てると、これまでは見えなかった新しいマーケティングの世界が現れます。新しい理論の「統合モデル」、すなわち「行動モデル」を組み込んだ「対話＝学習モデル」は、現場の渦中の実践、いまここでの取り組みのための概念レンズとして役立ちます。このモデルを念頭に置くことで、常に試行錯誤は必要ですが、抜けや漏れがなくより的確に実践できるようになります。現場のさまざまな戦術、ノウハウにも横串を通すことができます。

　従来の理論では、局外の観察者として、論理的に首尾一貫した関係が織りなすストーリーを、実行のための資源として、トップダウンで構築します（理想解）。鳥の目、着眼大局です。一方、新しい理論では、渦中の当事者として、変転極まりない複雑な状況へ、試行錯誤を繰り返し、臨機応変にボトムアップで対応します（現実解）。虫の目、着手小局です。理想は高く、行動は泥臭く、とでもいえるでしょうか。見方を変えれば、形式知と暗黙知の相互作用による知識創造[1]のマーケティングにおける展開例ということもできるでしょう。

　この２つを相補的に往還しながら軌道修正を重ね、市場へ創造的適応をしていくという再帰性、弁証法的な発展こそ、マーケティングの真髄であり、イノベーションの源泉ではないでしょうか。従来の理論と新しい理論を循環させるのです（図参照）。２つの理論は、別々に対立して考えるのではなく、統一して把握されるべきものです。これにより理論と実践の失われた環がつながり統合されます。あれかこれかの一本槍ではなく、あれもこれもの二刀流で使い分け、市場という新たな状況・文脈を間主観的に創り出していきます。このような実践と省察を繰り返すのが、省察的実践家としてのマーケターです。

図：2つの理論の循環

局外の観察者

従来の理論
R→STP→MM(4P)→I→C

マーケティング／イノベーション

新しい理論
統合モデル
(行動モデルと対話＝学習モデル)

渦中の当事者

　本書は、狭い分野を掘り下げるタコツボ型ではなく、広く全体をたばねるササラ型をめざしました[2]。専門細分化した研究や理論は数多くありますが、マーケティングの実践全体を見渡せる研究や理論、モデルで納得できるものが見当たりませんでした。しかし、マーケターはマーケティング全体について首尾一貫して対応しなくてはなりません。そこで、新しい理論とモデル、すなわち従来の理論が捨象してきた戦術・実行・過程をとらえうる概念レンズを自ら創ることになったのです。従来のマーケティングでは見かけない内容が多数出てきますが、生命論の流れに沿った有力な理論として、マーケティング以外の分野では続々と登場してきているものです。ニュートンが「巨人の肩の上に立つ」と喩えたように、さまざまな分野の多数の先人の研究の蓄積の上に乗ることで、これまでより遠くを見渡すことができるようになりました。その分個々の研究の詳細にまで踏み込めなかったこともあり、できるだけ参考にした文献をあげておくようにしました。ガイドブックやレファレンスとしても役に立つのではないかと思います。

　本書では、そうしたさまざまな内容の組み合わせが、マーケティングでは新しい非連続なものとなっています。個々の要素は新しいものではありませんが、従来の理論に対する「もうひとつの理論」として新たにひとつにまとめあげて提示した「新しい理論」となっているというわけです。わたしなりに見出したベイトソンのいう「結び合わせるパターン（the pattern that connects）」[3]で

あり、経済学者のヨーゼフ・シュムペーターがイノベーションとして定義することになる「新結合」[4]です。第4章でみた学習でいえば学習Ⅱと学習Ⅲです。具体的には、2つのパラダイムの7つの視点でのまとめ、3つの次元での理論の対象の整理と偏りの指摘、4つの要素を統合した新しい理論に基づいた主体と関係のモデルの提示、2つの理論の使い分け方の提案が、本書独自の内容といえます。なお、本書の内容は個人としての見解であり、誤りなどがあればすべてわたし個人の責任です。念のため申し添えておきます。

実務家の中には、「新しい理論などというが、要するに当たり前の内容じゃないか」と思われた方も、少なくないのではないかと思います。何を隠そう、わたしもそのひとりです。現場の実務では新しい理論が当たり前ということは、裏を返せば、従来の理論は現場の実務では当たり前ではなく、役に立たなかったということです。現場の実務では当たり前の内容を新しい理論としてまとめたことで、これまで当たり前ですまされていた内容の全体像が明らかとなり、理論と現実の失われた環をつなぐことができるようになったのです。

もともと本書は、リフォームの本[5]を出版したことのある光文社新書から、10年ぶりにマーケティングの本を出すために書き始めたものです。次々と浮かんでくる疑問と格闘しているうちにどんどん理論寄りの内容となり、ページ数も予定の2倍以上に膨れ上がってしまいました。本書自体も、当初の計画どおり理路整然とはいかなかった実例になったという次第です。結果的に、研究書にしては実務家にも読みやすくなっているとすれば幸いです。追って光文社新書からも、異なる切り口で出版する予定ですので、そちらもぜひ参照ください。

これまで、大阪ガスとホームプロ、ホームプロとのつながりでNTT西日本・NTT東日本・リクルートそして日本郵政をはじめとした各社でご一緒いただいたみなさまとの経験が、本書の基盤となっています。リフレクティブ研究会や縁矢会のみなさまとの交流も支えとなっています。さらに、京都光華女子大

学での講義や大阪ガスグループでのセミナーで、マーケティングの講師をしている経験も、本書をまとめるのに役立ちました。

　お世話になった方のお名前をすべてあげるわけにもいきませんので、ここでは、本書の草稿を読んで（読まされて）コメントや応援をいただいた方のお名前を代表として記させていただきます（五十音順、敬称略）。綾部雅之、池永寛明、石田雅也、伊藤栄作、井上岳一、小田直樹、加登吉邦、木下真由美、栗木契、境内行仁、酒井孝志、下川大輔、滝本裕次、田村直樹、長本英杜、似内志朗、野村直樹、堀茂弘、巻口隆憲、松岡利昌、三澤一文、宮本次郎、村井和一、八木一平、山崎伸治のみなさま、ありがとうございました。また、本書の出版研究会で、貴重なご意見ご指摘を頂戴した（五十音順、敬称略）、石井淳蔵、入江信一郎、栗木契、清水信年、西川英彦、比留間雅人、廣田章光、松井剛、水越康介、吉田満梨、渡邉正樹の先生方に感謝申し上げます。栗木先生には、本書にとどまらず多くの刺激と気づきを与えていただき、三度重ねてお礼申し上げます。加えて、研究に没頭させてくれた妻の喜美にも、感謝しないわけにはいきません。最後に、エネルギー・文化研究所の30年近くの歴史の中でマーケティングや戦略というこれまでなかった異質な研究を認めていただいた木全吉彦前所長と小西池透所長、そして研究書としては異端ともいえる本書の出版を実現していただいた碩学舎のみなさま、ご担当いただいた中央経済社の市田由紀子編集次長にお礼申し上げます。ありがとうございました。

　コトラーは、自伝の中で、「常に通説を覆すような理論や活発な議論を奨励してきた」が、「私の主張を覆す理論は登場していない」といっています[6]。本書はわたしなりのコトラー理論、通説への挑戦です。ただし、覆すのではなく、包み込んで補うことによってです。本書が、現実と乖離したマーケティングの理論へ向けて投じた一石として、現場の実践へとつながる波紋を広げることになれば幸いです。

《参考文献》

注:できるだけ最新の版をあげるようにしています。翻訳の場合、発行年は原著についても括弧内に併記するとともに、翻訳者については省略しています。

はじめに

1　P・F・ドラッカー(2006年(1954年))『現代の経営 上・下』ダイヤモンド社、P・F・ドラッカー(2008年(1974年))『マネジメント 上・中・下』ダイヤモンド社。
2　T・レビット(2002年(1974年))『レビットのマーケティング思考法』ダイヤモンド社。
3　P・F・ドラッカー(1994年(1993年))『すでに起こった未来』ダイヤモンド社。
4　J・メイヤー、J・P・ホームズ(1997年(1996年))『アインシュタイン150の言葉』ディスカヴァー・トゥエンティワン。

第1章

1　H・ミンツバーグ(2006年(2004年))『MBAが会社を滅ぼす』日経BP社。
2　J・フェファー、R・I・サットン(2014年(2000年))『なぜ、わかっていても実行できないのか』日本経済新聞出版社。
3　H・ミンツバーグ(2006年(2004年))『MBAが会社を滅ぼす』日経BP社。
4　H・ミンツバーグ(2006年(2004年))『MBAが会社を滅ぼす』日経BP社。
5　W・エレット(2010年(2007年))『入門ケース・メソッド学習法』ダイヤモンド社、L・B・バーンズ、C・R・クリステンセン、A・J・ハンセン(2010年(1994年))『ケース・メソッド教授法』ダイヤモンド社、池尾恭一(2015年)『マーケティング・ケーススタディ』碩学舎。
6　H・ミンツバーグ(2006年(2004年))『MBAが会社を滅ぼす』日経BP社。
7　鈴木隆(2004年)『リフォームを真剣に考える』光文社。
8　神田昌典(2010年)『新版・小予算で優良顧客をつかむ方法』ダイヤモンド社、神田昌典(1999年)『あなたの会社が90日で儲かる!』フォレスト出版、神田昌典(2000年)『もっとあなたの会社が90日で儲かる!』フォレスト出版。
9　小阪裕司(2000年)『毎日お客が来たくなるマーケティング実践術』かんき出版、小阪裕司(2000年)『あなたにもできる「惚れるしくみ」がお店を変える!』フォレスト出版。
10　南場智子(2013年)『不格好経営』日本経済新聞出版社。

11 南場智子（2013年）『不格好経営』日本経済新聞出版社。
12 春田真（2015年）『黒子の流儀』KADOKAWA。
13 平尾勇司（2008年）『HotPepperミラクル・ストーリー』東洋経済新報社。
14 平尾勇司（2008年）『HotPepperミラクル・ストーリー』東洋経済新報社。
15 R・T・パスカル、A・G・エイソス（1983年（1981年））『ジャパニーズ・マネジメント』講談社、R・T・パスカル（1991年（1990年））『逆説のマネジメント』ダイヤモンド社、藤沢武夫（1998年）『経営に終わりはない』文藝春秋、小林隆幸（2012年）『駆け抜けたホンダウェイ』口伝舎、H・ミンツバーグ、B・アルストランド、J・ランペル（2013年（2009年））『戦略サファリ』東洋経済新報社、高橋伸夫（2006年）『経営の再生』有斐閣。
16 B・ストーン（2014年（2013年））『ジェフ・ベゾス　果てなき野望』日経BP社。
17 R・ブラント（2012年（2011年））『ワンクリック』日経BPマーケティング。
18 W・H・ダビドウ（2012年（2011年））『つながりすぎた世界』ダイヤモンド社。
19 新村出（2008年）『広辞苑（第六版）』岩波書店。
20 マーケティング史研究会（2010年）『マーケティング研究の展開』同文舘出版。
21 野口智雄（2013年）『なぜ企業はマーケティング戦略を誤るのか』PHP研究所。
22 P. Kotler, K. Keller (2015), *Marketing Management* (15th edition), Pearson Education.
23 P・コトラー、K・ケラー（2014年（2006年））『コトラー&ケラーのマーケティング・マネジメント（第12版）』丸善出版。
24 P・コトラー（2000年（1999年））『コトラーの戦略的マーケティング』ダイヤモンド社、P・コトラー（2014年）『マーケティングと共に』日本経済新聞出版社。
25 堀越比呂志（2005年）『マーケティング・メタリサーチ』千倉書房。
26 P・コトラー（2014年）『マーケティングと共に』日本経済新聞出版社。
27 山下裕子、福冨言、福地宏之、上原渉、佐々木将人（2012年）『日本企業のマーケティング力』有斐閣。
28 P・コトラー（2003年（2003年））『コトラーのマーケティング・コンセプト』東洋経済新報社。
29 J・ブルーナー（1999年（1990年））『意味の復権』ミネルヴァ書房。
30 J. R. Bettman (1979), *Information Processing Theory of Consumer Choice*, Addison-Wesley Educational Publishers Inc.、清水聰（1999年）『新しい消費者行動』千倉書房、青木幸弘、新倉貴士、佐々木壮太郎、松下光司（2012年）『消費者行動論』有斐閣。
31 熊本県庁チームくまモン（2013年）『くまモンの秘密』幻冬舎。
32 日本銀行熊本支店（2013年）「くまモンの経済効果」日本銀行熊本支店。
33 石井淳蔵（2004年）『マーケティングの神話』岩波書店。

34 石井淳蔵、石原武政（1996年）『マーケティング・ダイナミズム』白桃書房、石井淳蔵、石原武政（1998年）『マーケティング・インタフェイス』白桃書房、石井淳蔵、石原武政（1999年）『マーケティング・ダイアログ』白桃書房、南千惠子（1998年）『ギフト・マーケティング』千倉書房、木村純子（2001年）『構築主義の消費論』千倉書房、豊島襄（2003年）『解釈主義的ブランド論』白桃書房。
35 石井淳蔵（2012年）『マーケティング思考の可能性』岩波書店。
36 石井淳蔵（2014年）『寄り添う力』碩学舎。
37 石井淳蔵（2012年）『マーケティング思考の可能性』岩波書店。
38 栗木契（2003年）『リフレクティブ・フロー』白桃書房。
39 石井淳蔵（2012年）『マーケティング思考の可能性』岩波書店。
40 沼上幹（2000年）『行為の経営学』白桃書房。
41 R・K・マートン（1961年（1949年））『社会理論と社会構造』みすず書房。
42 B・H・リデル＝ハート（1986年（1954年））『戦略論』原書房。
43 沼上幹（2000年）『行為の経営学』白桃書房。
44 石井淳蔵（2012年）「マーケティング理論を仕事に役立てていますか？」『PRESIDENT』2012年11月12日号。
45 南千惠子（1998年）『ギフト・マーケティング』千倉書房。
46 山下裕子、福冨言、福地宏之、上原渉、佐々木将人（2012年）『日本企業のマーケティング力』有斐閣。
47 阿部周造（2013年）『消費者行動研究と方法』千倉書房。
48 青木幸弘、新倉貴士、佐々木壮太郎、松下光司（2012年）『消費者行動論』有斐閣。
49 R・B・チャルディーニ（2014年（2009年））『影響力の武器』誠信書房。
50 H・A・サイモン（1999年（1996年））『システムの科学』パーソナルメディア。
51 T・クーン（1971年（1962年））『科学革命の構造』みすず書房。

第2章

1 T・クーン（1971年（1962年））『科学革命の構造』みすず書房。
2 J・バーカー（1995年（1992年））『パラダイムの魔力』日経BPマーケティング。
3 N・R・ハンソン（1986年（1958年））『科学的発見のパターン』講談社。
4 N・R・ハンソン（1982年（1969年））『知覚と発見 上・下』紀伊國屋書店。
5 板倉聖宣（1988年）『模倣の時代 上・下』仮説社、板倉聖宣（2013年）『脚気の歴史』仮説社。
6 佐和隆光（1982年）『経済学とは何だろうか』岩波書店。

7　T・クーン（1971年（1962年））『科学革命の構造』みすず書房。
8　野家啓一（2008年）『パラダイムとは何か』講談社。
9　野家啓一（2013年）『科学の解釈学』講談社。
10　L・ウィトゲンシュタイン（1976年（1953年））『ウィトゲンシュタイン全集8』大修館書店。
11　T・クーン（1971年（1962年））『科学革命の構造』みすず書房。
12　T・S・ホール（1990年（1969年））『生命と物質 上・下』平凡社。
13　伊藤俊太郎、広重徹、村上陽一郎（2002年）『思想史の中の科学』平凡社、坂本賢三（1984年）『科学思想史』岩波書店、村上陽一郎（1985年）『物理科学史』放送大学教育振興会、橋本毅彦（2010年）『〈科学の発想〉をたずねて』左右社、中村雄二郎、生松敬三、田島節夫、吉田光（1977年）『思想史　第二版』東京大学出版会、K・リーゼンフーバー（2000年）『西洋古代・中世哲学史』平凡社、菅野礼司（1999年）『科学は「自然」をどう語ってきたか』ミネルヴァ書房、廣野喜幸、市野川容孝、林麻理（2002年）『生命科学の近現代史』勁草書房。
14　佐藤康邦（2010年）『哲学史における生命概念』放送大学教育振興会。
15　A・W・クロスビー（2002年（1997年））『数量化革命』紀伊國屋書店。
16　R・デカルト（1997年（1637年））『方法序説』岩波書店。
17　H・バターフィールド（1978年（1957年））『近代科学の誕生』講談社。
18　P＝S・ラプラス（1997年（1812年））『確率の哲学的試論』岩波書店。
19　J・C・スマッツ（2005年（1926年））『ホーリズムと進化』玉川大学出版部、P・F・ドラッカー（2007年（1939年））『「経済人」の終わり』ダイヤモンド社。
20　大林信治、森田敏照（1994年）『科学思想の系譜学』ミネルヴァ書房、小林道憲（1996年）『生命と宇宙』ミネルヴァ書房。
21　山田晃弘、杉本大一郎（2001年）『科学の思想と論理』放送大学教育振興会。
22　石川光男（1995年）『生命思考』PHP研究所。
23　L・マンフォード（1971年（1967年））『機械の神話』河出書房新社、L・マンフォード（1973年（1970年））『権力のペンタゴン』河出書房新社。
24　C・アレグザンダー（2013年（2002年））『ザ・ネイチャー・オブ・オーダー』鹿島出版会、長坂一郎（2015年）『クリストファー・アレグザンダーの思考の軌跡』彰国社。
25　F・カプラ（1984年（1982年））『ターニング・ポイント』工作舎。
26　M・ポランニー（1985年（1958年））『個人的知識』ハーベスト社。
27　渡辺格（1990年）『物質文明から生命文明へ』同文書院。
28　清水博（1999年）『新版 生命と場所』NTT出版、清水博（1996年）『生命知としての場

の論理』中央公論新社。

29 I・プリゴジン（1998年）「基調講演」日本総合研究所『生命論パラダイムの時代』第三文明社。
30 H・A・サイモン（1999年（1996年））『システムの科学』パーソナルメディア。
31 中村桂子（2013年）『科学者が人間であること』岩波書店。
32 松本元（1996年）『愛は脳を活性化する』岩波書店。
33 F・A・ハイエク（2009年（1989年））『致命的な思いあがり』春秋社。
34 P・オルメロッド（1995年（1994年））『経済学は死んだ』ダイヤモンド社。
35 西山賢一（2000年）『生命の知恵・ビジネスの知恵』丸善。
36 矢野智司（2014年）『幼児理解の現象学』萌文書林。
37 中村雄二郎、池田清彦（1998年）『生命』岩波書店。
38 G・ベイトソン（2000年（1972年））『精神の生態学』新思索社、G・ベイトソン（2001年（1979年））『精神と自然』新思索社。
39 伊藤邦武（2012年）『物語 哲学の歴史』中央公論新社。
40 日本総合研究所（1998年）『生命論パラダイムの時代』第三文明社、田坂広志（2010年）『まず、世界観を変えよ』英治出版。
41 J・レイコフ、M・ジョンソン（1986年（1980年））『レトリックと人生』大修館書店。
42 R・デカルト（1997年（1637年））『方法序説』岩波書店。
43 A・ケストラー（1984年（1969年））『還元主義を超えて』工作舎。
44 J・デゥルーズ、F・ガタリ（2010年（1980年））『千のプラトー 上・中・下』河出書房新社、今田高俊（2001年）『意味の文明学序説』東京大学出版会。
45 C・アレグザンダー（2013年（1965年））『形の合成に関するノート／都市はツリーではない』鹿島出版会。
46 J・C・スマッツ（2005年（1926年））『ホーリズムと進化』玉川大学出版部。
47 H・G・ガダマー（1986年、2008年、2012年（1975年））『真理と方法 I・II・III』法政大学出版局、渡邊二郎（1994年）『構造と解釈』筑摩書房、丸山高司（1997年）『ガダマー』講談社、H・G・ガダマー（2000年（1959年））「理解の循環について」竹市明弘『哲学の変貌』岩波書店。
48 P・ウィンチ（1977年（1958年））『社会科学の理念』新曜社。
49 L・v・ベルタランフィ（1973年（1968年））『一般システム理論』みすず書房。
50 N・ウィーナー（2011年（1961年））『サイバネティックス』岩波書店、N・ウィーナー（2014年（1954年））『人間機械論』みすず書房。
51 丸山孫郎（1987年（1963年））「セカンド・サイバネティクス」北川敏男、伊藤重行『シ

ステム思考の源流と発展』九州大学出版会。
52 G・ニコリス、I・プリゴジーヌ（1980年（1977年））『散逸構造』岩波書店、今田高俊（1986年）『自己組織性』創文社、都甲潔、江崎秀、林健司、上田哲男、西澤松彦（2009年）『自己組織化とは何か』講談社、J・A・ペレスコ（2015年（2007年））『自己組織化』森北出版。
53 H・R・マトゥラーナ、F・J・ヴァレラ（1991年（1980年））『オートポイエーシス』国文社、H・R・マトゥラーナ、F・J・バレーラ（1997年（1984年））『知恵の樹』筑摩書房、河本英夫（1995年）『オートポイエーシス』青土社。
54 A・W・クロスビー（2002年（1997年））『数量化革命』紀伊國屋書店、竹内啓（1979年）『近代合理主義の光と影』新曜社、竹内啓（2013年）『社会科学における数と量』東京大学出版会、T・M・ポーター（2013年（1995年））『数値と客観性』みすず書房。
55 A・ニュートン（1979年（1687年））『ニュートン』中央公論新社。
56 I・プリゴジン（1984年（1980年））『存在から発展へ』みすず書房。
57 F・E・シューマッハー（1986年（1973年））『スモール・イズ・ビューティフル』講談社。
58 D・ヒューム（1948年、1949年、1951年、1952年（1739年））『人性論 1・2・3・4』岩波書店。
59 D・ヒューム（2011年（1882年））『人間知性研究』法政大学出版局。
60 津田敏秀（2011年）『医学と仮説』岩波書店。
61 W・J・フリーマン（2015年（2011年））『脳はいかにして心を創るのか』産業図書。
62 M・ブンゲ（1972年（1959年））『因果性』岩波書店、河合隼雄（2001年）『講座心理療法7』岩波書店。
63 C・ベルナール（1970年（1865年））『実験医学序説』岩波書店。
64 G・ベイトソン（2000年（1972年））『精神の生態学』新思索社、S・ハイムズ（2000年（1991年））『サイバネティクス学者たち』朝日新聞社。
65 頼住光子（2011年）『道元の思想』NHK出版。
66 J・パール（2009年（2000年））『統計的因果推論』共立出版。
67 吉川悟（1993年）『家族療法』ミネルヴァ書房。
68 J・W・フォレスター（1971年（1961年））『インダストリアル・ダイナミックス』紀伊國屋書店、J・D・スターマン（2009年（2000年））『システム思考』東洋経済新報社、P・ゼンケ（2011年（2006年））『学習する組織』英治出版。
69 D・H・メドウズ、D・L・メドウズ、J・ラーンダス、W・W・ベアランズ三世（1972年（1972年））『成長の限界』ダイヤモンド社。
70 L・v・ベルタランフィ（1973年（1968年））『一般システム理論』みすず書房、K・ボー

ルディング（1975年（1968年））『経済学を超えて』学習研究社、I・プリゴジン（1984年（1980年））『存在から発展へ』みすず書房、杉万俊夫（2013年）『グループ・ダイナミクス入門』世界思想社、木村敏（2015年）『からだ・こころ・生命』講談社。

71 金井寿宏、佐藤郁哉、G・クンダ、J・ヴァン-マーネン（2010年）『組織エスノグラフィー』有斐閣、J・フープス（2006年（2003年））『経営理論 偽りの系譜』東洋経済新報社。

72 H. v. Foerster（1982）, *Observing Systems*, Intersystems Publications.、若島孔文（2007年）『社会構成主義のプラグマティズム』金子書房。

73 J・ホルスタイン、J・グブリアム（2004年）『アクティヴ・インタビュー』せりか書房。

74 長谷正人（1991年）『悪循環の現象学』ハーベスト社。

75 K・J・ロスマン（2013年（2012年））『ロスマンの疫学』篠原出版新社, L・ゴルディス（2010年（2009年））『疫学』メディカル・サイエンス・インターナショナル。

76 E・シュレディンガー（1987年（1958年））『精神と物質』工作舎。

77 V・クラーフト（1990年（1968年））『ウィーン学団』勁草書房。

78 K・R・ポパー（1971・1972年（1934年））『科学的発見の論理 上・下』恒星社厚生閣。

79 P・デュエム（1991年（1914年））『物理理論の目的と構造』勁草書房、W・v・O・クワイン（1992年（1953年））『論理的観点から』勁草書房。

80 佐和隆光（1984年）『虚構と現実』新曜社。

81 野家啓一（2015年）『科学哲学への招待』筑摩書房。

82 P・バーガー、T・ルックマン（2003年（1966年）『現実の社会的構成』新曜社、K・ガーゲン（1998年（1994年））『もう一つの社会心理学』ナカニシヤ出版、K・ガーゲン（2004年（1994年））『社会構成主義の理論と実践』ナカニシヤ出版、K・ガーゲン（2004年（1999年））『あなたの社会構成主義』ナカニシヤ出版、I・ハッキング（2006年（1999年））『何が社会的に構成されるのか』岩波書店、杉万俊夫（2013年）『グループ・ダイナミックス入門』世界思想社、中河伸俊、赤川学（2013年）『方法としての構築主義』勁草書房。

83 浜日出夫（2006年）「羅生門問題」富永健一『理論社会学の可能性』新曜社、金井壽宏、高井俊次、中西眞知子、森岡正芳（2009年）『語りと騙りの間』ナカニシヤ出版。

84 芥川龍之介（1980年）『地獄変・邪宗門・好色・薮の中 他七篇』岩波書店。

85 黒澤明（1988年）『全集 黒澤明 第3巻』岩波書店。

86 J・キッセ、M・スペクター（1990年（1977年））『社会問題の構築』マルジュ社、赤川学（2012年）『社会問題の社会学』弘文堂。

87 J・グブリアム、J・ホルスタイン（1997年（1990年））『家族とは何か』新曜社。

88　B・アンダーソン（2007年（1983年））『定本 想像の共同体』書籍工房早山。
89　堀田一善（1991年）『マーケティング研究の方法論』中央経済社、田村正紀、石原武政、石井淳蔵（1993年）『マーケティング研究の新地平』千倉書房、上沼克徳（2003年）『マーケティング学の生誕へ向けて』同文舘出版、堀越比呂志（2005年）『マーケティング・メタリサーチ』千倉書房、嶋口充輝（2009年）『マーケティング科学の方法論』白桃書房、水越康介（2011年）『企業と市場と観察者』有斐閣。
90　亀井勝一郎（1969年）『人生論・幸福論』新潮社。
91　R・デカルト（1997年（1637年））『方法序説』岩波書店。
92　H・A・サイモン（1970年（1957年））『人間行動のモデル』同文舘出版。
93　H・A・サイモン（2009年（1997年））『新版　経営行動』ダイヤモンド社。
94　H・A・サイモン（1999年（1996年））『システムの科学』パーソナルメディア。
95　遠藤利彦（2013年）『「情の理」論』東京大学出版会。
96　竹内啓（1979年）『近代合理主義の光と影』新曜社、D・カーネマン（2014年（2012年））『ファスト＆スロー　上・下』早川書房。
97　J・St・B・T・エバンス、D・E・オーバー（2000年（1996年））『合理性と推論』ナカニシヤ出版。
98　J・G・マーチ、H・A・サイモン（2014年（1993年））『オーガニゼーションズ』ダイヤモンド社。
99　盛山和夫（2013年）『社会学の方法的立場』東京大学出版会。
100　友野典男（2006年）『行動経済学』光文社、依田高典（2010年）『行動経済学』中央公論新社、大垣昌夫、田中沙織（2014年）『行動経済学』有斐閣。
101　P・ドラッカー（2007年（1939年））『「経済人」の終わり』ダイヤモンド社。
102　A・セン（1989年（1982年））『合理的な愚か者』勁草書房。
103　R・コリンズ（2013年（1992年））『脱常識の社会学（第二版）』岩波書店。
104　J・レイコフ、M・ジョンソン（2004年（1999年））『肉中の哲学』哲学書房。
105　塩沢由典（1993年）「複雑さの帰結」山之内靖『分岐する経済学』岩波書店。
106　A・クラーク（2012年（1997年））『現れる存在』NTT出版。
107　R・コリンズ（1997年（1994年））『ランドル・コリンズが語る社会学の歴史』有斐閣。

第3章

1　C・v・クラウゼヴィッツ（2001年（1832年））『戦争論』芙蓉書房出版。
2　A・H・ジョミニ（2001年（1838年））『戦争概論』中央公論新社。
3　清水勝彦（2008年）『失敗から「学んだつもり」の経営』講談社。

4 A・ライズ、J・トラウト（2011年（1988年））『ボトムアップ・マーケティング戦略』日本能率協会。
5 今田高俊（1987年）『モダンの脱構築』中央公論新社。
6 P・コトラー、K・ケラー（2014年（2006年））『コトラー＆ケラーのマーケティング・マネジメント（第12版）』丸善出版。
7 R・ノーマン（1993年（1983年））『サービス・マネジメント』NTT出版、J・カールソン（1990年（1987年））『真実の瞬間』ダイヤモンド社。
8 森下二次也（1993年）『マーケティング論の体系と方法』千倉書房。
9 C・v・クラウゼヴィッツ（2001年（1832年））『戦争論』芙蓉書房出版。
10 A・H・ジョミニ（2001年（1838年））『戦争概論』中央公論新社。
11 B・H・リデル＝ハート（1986年（1954年））『戦略論』原書房。
12 E・スローン（2015年（2012年））『現代の軍事戦略入門』芙蓉書房出版。
13 C・v・クラウゼヴィッツ（2001年（1832年））『戦争論』芙蓉書房出版。
14 B・H・リデル＝ハート（1986年（1954年））『戦略論』原書房。
15 H・ミンツバーグ（1997年（1994年））『「戦略計画」創造的破壊の時代』産能大学出版部、W・ダガン（2015年（2002年））『ナポレオンの直観』慶應義塾大学出版会。
16 C・v・クラウゼヴィッツ（2001年（1832年））『戦争論』芙蓉書房出版。
17 B・H・リデル＝ハート（1986年（1954年））『戦略論』原書房。
18 D・ロジャーズ（2013年（1987年））『古今の名将に学ぶ経営戦略』ミネルヴァ書房。
19 J・B・バーニー（2003年（2002年））『企業戦略論 上・中・下』ダイヤモンド社。
20 清水勝彦（2009年）『経営の神は細部に宿る』PHP研究所。
21 R・P・ルメルト（2012年（2011年））『良い戦略、悪い戦略』日本経済新聞出版社。
22 三品和広（2015年）『高収益事業の創り方』東洋経済新報社。
23 三品和広（2004年）『戦略不全の論理』東洋経済新報社、三品和広（2006年）『経営戦略を問いなおす』筑摩書房。
24 A・ライズ、J・トラウト（2011年（1988年））『ボトムアップ・マーケティング戦略』日本能率協会。
25 加登吉邦、江見淳（1998年）『超成長企業を生むインフォミディアリ戦略』東洋経済新報社。
26 田坂広志（1999年）『これから日本市場で何が起こるのか』東洋経済新報社。
27 小倉昌男（2005年）『やればわかる やればできる』講談社。
28 小倉昌男（1999年）『小倉昌男 経営学』日経BP社、小倉昌男（2003年）『経営はロマンだ！』日本経済新聞社。

29 鈴木敏文（2014年）『挑戦 我がロマン』日本経済新聞出版社。
30 B・ストーン（2014年（2013年））『ジェフ・ベゾス 果てなき野望』日経BP社。
31 神田昌典（1999年）『あなたの会社が90日で儲かる！』フォレスト出版。
32 P・D・ブロートン（2013年（2012年））『なぜハーバード・ビジネス・スクールでは営業を教えないのか？』プレジデント社。
33 J・フェファー、R・I・サットン（2009年（2006年））『事実に基づいた経営』東洋経済新報社。
34 青島俊作（1998年）『踊る大捜査線 THE MOVIE』東宝。
35 A・ライズ、J・トラウト（2007年（2006年））『マーケティング戦争』翔泳社。
36 A・ライズ、J・トラウト（2011年（1988年））『ボトムアップ・マーケティング戦略』日本能率協会。
37 H・ミンツバーグ（1997年（1994年））『「戦略計画」創造的破壊の時代』産能大学出版部。
38 H・ミンツバーグ（2007年）『H.ミンツバーグ経営論』ダイヤモンド社。
39 A・ライズ、J・トラウト（2011年（1988年））『ボトムアップ・マーケティング戦略』日本能率協会。
40 高田明（2013年）「ジャパネットたかた 高田明社長」『経営者が語る戦略教室』日本経済新聞出版社。
41 大森信（2011年）『トイレ掃除の経営学』千倉書房、大森信（2015年）『毎日の掃除で、会社はみるみる強くなる』日本実業出版社、大森信（2015年）『そうじ資本主義』日経BP社、大森信（2015年）『戦略は実践に従う』同文舘出版。
42 G・ハメル、C・K・プラハラード（2001年（1994年））『コア・コンピタンス経営』日本経済新聞社、J・B・バーニー（2003年（2002年））『企業戦略論 上・中・下』ダイヤモンド社、D・J・ティース（2013年（2009年））『ダイナミック・ケイパビリティ戦略』ダイヤモンド社。
43 清水勝彦（2007年）『なぜ新しい戦略はいつも行き詰まるのか？』東洋経済新報社。
44 R・ウィッティントン（2008年（2001年））『戦略とは何か？』慶応義塾大学出版会。
45 楠木建（2010年）『ストーリーとしての競争戦略』東洋経済新報社。
46 P・コトラー、K・ケラー（2014年（2006年））『コトラー＆ケラーのマーケティング・マネジメント（第12版）』丸善出版。
47 吉原英樹（2014年）『「バカな」と「なるほど」』PHP研究所。
48 小倉昌男（1999年）『小倉昌男 経営学』日経BP社、小倉昌男（2003年）『経営はロマンだ！』日本経済新聞社。
49 E・H・イーダスハイム（2007年（2007年））『P・F・ドラッカー』ダイヤモンド社。

50 J・ウェルチ（2005年（2005年））『ウィニング 勝利の経営』日本経済新聞社。
51 P・F・ドラッカー（2009年）『知の巨人 ドラッカー自伝』日本経済新聞出版社、E・H・イーダスハイム（2007年（2007年））『P・F・ドラッカー』ダイヤモンド社。
52 井上達彦（2015年）『模倣の経営学』日本経済新聞出版社。
53 孫武（2000年）『孫子』岩波書店、R・P・ルメルト（2012年（2011年））『良い戦略、悪い戦略』日本経済新聞出版社。
54 D・カーネマン（2014年（2012年））『ファスト＆スロー 上・下』早川書房。
55 沼上幹（2010年）『経営戦略の思考法』日本経済新聞出版社。
56 R・P・ルメルト（2012年（2011年））『良い戦略、悪い戦略』日本経済新聞出版社。
57 R・マーティン（2009年（2007年））『インテグレーティブ・シンキング』日本経済新聞出版社。
58 孫武（2000年）『孫子』岩波書店。
59 大前研一（2007年）『大前研一 戦略論』ダイヤモンド社。
60 K・フェラン（2014年（2013年））『申し訳ない、御社をつぶしたのは私です。』大和書房。
61 K・メイニー（2006年（2003年））『貫徹の志 トーマス・ワトソン・シニア』ダイヤモンド社。
62 J・H・デサウァー（1973年（1971年））『ゼロックスとともに』ダイヤモンド社。
63 B・ストーン（2014年（2013年））『ジェフ・ベゾス 果てなき野望』日経BP社。
64 D・ワッツ（2014年（2011年））『偶然の科学』早川書房。
65 R・マグレイス（2014年（2013年））『競争優位の終焉』日本経済新聞出版社。
66 日経ビジネス（1983年）「会社の寿命」『日経ビジネス』1983年9月19日号、日経ビジネス（1984年）『会社の寿命』新潮社。
67 日経ビジネス（2013年）「最新版・会社の寿命」『日経ビジネス』2013年11月4日号。
68 帝国データバンク（2011年）「特別企画：業界トップ企業調査」2011年4月21日。
69 日経産業新聞（2013年）『日経シェア調査2014年版』日本経済新聞出版社、日本経済新聞社（2014年）「シェア首位、10品目交代、国内100品目13年調査」『日本経済新聞』2014年7月27日朝刊。
70 M・E・ポーター（1995年（1980年））『競争の戦略』ダイヤモンド社。
71 J・フェファー、R・I・サットン（2009年（2006年））『事実に基づいた経営』東洋経済新報社。
72 R.P. Rumelt (1991), "How Much Does Industry Matter?", *Strategic Management Journal*, Vol.12, Issue 3.
73 内田和成（2009年）『異業種競争戦略』日本経済新聞出版社、R・マグレイス（2014年

(2013年))『競争優位の終焉』日本経済新聞出版社。
74　M・E・ポーター（1995年（1980年））『競争の戦略』ダイヤモンド社、M・E・ポーター（1999年（1998年））『競争戦略論 Ⅰ・Ⅱ』ダイヤモンド社。
75　小倉昌男（1999年）『小倉昌男 経営学』日経BP社。
76　W・ダガン（2010年（2007年））『戦略は直観に従う』東洋経済新報社。
77　W・マーレー、M・ノックス、A・バーンスタイン（2007年（1994年））『戦略の形成 上・下』中央公論新社。
78　R・A・バーゲルマン（2006年（2002年））『インテルの戦略』ダイヤモンド社。
79　R・P・ルメルト（2012年（2011年））『良い戦略、悪い戦略』日本経済新聞出版社。
80　G・ポール、W・ベイツ、J・フェルドフューゼン、K・H・グローテ（2015年（2007年））『エンジニアリングデザイン（第3版）』森北出版。
81　P・ランド（2014年（2014年））『ポール・ランドのデザイン思想』スペースシャワーネットワーク。
82　P・ランド（1986年（1985年））『ポール・ランド：A デザイナーズアート』朗文堂。
83　M・クルーガー（2008年（2008年））『ポール・ランド、デザインの授業』ビー・エヌ・エヌ新社。
84　M・クルーガー（2008年（2008年））『ポール・ランド、デザインの授業』ビー・エヌ・エヌ新社。
85　清水勝彦（2007年）『なぜ新しい戦略はいつも行き詰まるのか？』東洋経済新報社。
86　H・ミンツバーグ（1991年（1989年））『人間感覚のマネジメント』ダイヤモンド社、H・ミンツバーグ（2007年）『H.ミンツバーグ経営論』ダイヤモンド社。
87　G．ジョンソン、A．ラングレイ、L．メリン、R．ウィッティントン（2012年（2007年））『実践としての戦略』文眞堂、大森信（2015年）『戦略は実践に従う』同文舘出版。
88　三品和広（2006年）『経営戦略を問いなおす』筑摩書房。
89　大前研一（2007年）『大前研一 戦略論』ダイヤモンド社。
90　M・E・ポーター（1999年（1998年））『競争戦略論 Ⅰ・Ⅱ』ダイヤモンド社。
91　M・E・ポーター、竹内弘高（2000年）『日本の競争戦略』ダイヤモンド社。
92　H・ミンツバーグ（2007年）『H.ミンツバーグ経営論』ダイヤモンド社。
93　NHKプロジェクトX制作班（2003年）『プロジェクトX 挑戦者たち5』日本放送出版協会、鈴木敏文（2014年）『挑戦 我がロマン』日本経済新聞出版社。
94　NHKプロジェクトX制作班（2004年）『プロジェクトX 挑戦者たち9』日本放送出版協会、小倉昌男（2003年）『経営はロマンだ！』日本経済新聞社、小倉昌男（1999年）『小倉昌男 経営学』日経BP社。

95 B・ストーン（2014年（2013年））『ジェフ・ベゾス　果てなき野望』日経BP社。
96 J・B・バーニー（2003年（2002年））『企業戦略論 上・中・下』ダイヤモンド社。
97 沼上幹（2010年）『経営戦略の思考法』日本経済新聞出版社。
98 D・J・ティース（2013年（2009年））『ダイナミック・ケイパビリティ戦略』ダイヤモンド社。
99 W・H・オハロン（1995年（1987年））『ミルトン・エリクソン入門』金剛出版、J・K・ザイク、W・M・ムニオン（2003年（1999年））『ミルトン・エリクソン』金剛出版。
100 W・ダガン（2015年（2002年））『ナポレオンの直観』慶應義塾大学出版会。
101 C・v・クラウゼヴィッツ（2008年）『クラウゼヴィッツのナポレオン戦争従軍記』ビイング・ネット・プレス。
102 W・J・フリーマン（2015年（2011年））『脳はいかにして心を創るのか』産業図書。
103 W・ダガン（2010年（2007年））『戦略は直観に従う』東洋経済新報社。
104 H・ミンツバーグ（2007年）『H.ミンツバーグ経営論』ダイヤモンド社、H・ミンツバーグ、B・アルストランド、J・ランペル（2013年（2009年））『戦略サファリ 第2版』東洋経済新報社。
105 F・H・ナイト（1959年（1921年））『危険・不確実性および利潤』文雅堂銀行研究社。
106 小林秀雄（2007年）『考えるヒント2　新装版』文藝春秋。
107 G・A・ミラー、E・ギャランター、K・H・プリブラム（1980年（1960年））『プランと行動の構造』誠信書房。
108 G・ライル（1987年（1949年））『心の概念』みすず書房。
109 L・サッチマン（1999年（1987年））『プランと状況的行為』産業図書。
110 上野直樹（1999年）『仕事の中での学習』東京大学出版会。
111 古田徹也（2013年）『それは私がしたことなのか』新曜社。
112 D・ワッツ（2014年（2011年））『偶然の科学』早川書房。
113 A・シュッツ（1980年（1967年））『現象学的社会学』紀伊國屋書店。
114 K・ワイク（1997年（1979年））『組織化の社会心理学』文眞堂。
115 K・ワイク（2002年（1995年））『センスメーキング イン オーガニゼーションズ』文眞堂。
116 D・カーネマン（2011年（2002年））『ダニエル・カーネマン　心理と経済を語る』楽工社。
117 J・S・ブルーナー（1988年（1983年））『乳幼児の話ことば』新曜社。
118 佐伯胖（2007年）『認知科学の方法』東京大学出版会。
119 黒澤明（1988年）『全集　黒澤明（第3巻）』岩波書店。

120 M・マローン（2015年）『インテル』文藝春秋。
121 R・A・バーゲルマン（2006年（2002年））『インテルの戦略』ダイヤモンド社。
122 R・P・ルメルト（2012年（2011年））『良い戦略、悪い戦略』日本経済新聞出版社。
123 B・ストーン（2014年（2013年））『ジェフ・ベゾス　果てなき野望』日経BP社。
124 楠木建（2010年）『ストーリーとしての競争戦略』東洋経済新報社。
125 B・ストーン（2014年（2013年））『ジェフ・ベゾス　果てなき野望』日経BP社。
126 R・スペクター（2000年（2000年））『アマゾン・ドット・コム』日経BP社、R・ブラント（2012年（2011年））『ワンクリック』日経BPマーケティング。
127 安冨歩（2006年）『複雑さを生きる』岩波書店。
128 C・レヴィ=ストロース（1976年（1962年））『野生の思考』みすず書房。
129 小林雅一（2013年）『クラウドからAIへ』朝日新聞出版、小林雅一（2015年）『AIの衝撃』講談社、松尾豊（2015年）『人工知能は人間を超えるか』KADOKAWA。
130 嶋口充輝（1997年）『柔らかいマーケティングの論理』ダイヤモンド社。
131 H・ミンツバーグ（1997年（1994年））『「戦略計画」創造的破壊の時代』産能大学出版部。
132 L・サッチマン（1999年（1987年））『プランと状況的行為』産業図書。
133 K・ワイク（2002年（1995年））『センスメーキング イン オーガニゼーションズ』文眞堂。
134 村越真（2001年）「ナビゲーションにおける状況的認知」上野直樹『状況のインターフェイス』金子書房。
135 大前研一（2007年）『大前研一 戦略論』ダイヤモンド社。
136 清水勝彦（2007年）『戦略の原点』日経BP社。
137 日本経済新聞社（2015年）『リクルート 挑戦する遺伝子』日本経済新聞出版社。
138 J・フェファー、R・I・サットン（2009年（2006年））『事実に基づいた経営』東洋経済新報社。
139 N・シルバー（2013年（2012年））『シグナル＆ノイズ』日経BP社。
140 D・シロカー、P・クーメン（2014年（2013年））『部長、その勘はズレてます！』新潮社。
141 H・ミンツバーグ（1997年（1994年））『「戦略計画」創造的破壊の時代』産能大学出版部。
142 J. C. Dencker, M. Gruber, and S. K. Shah (2009), "Pre-Entry Knowledge, Learning, and the Survival of New Firms" *Organization Science,* 20, no.3, D. A. Kirsch, B. Goldfarb, and A. Gera (2009), "Form or Substance? The Role of Business Plans in Venture

Capital Funding" *Strategic Management Journal*, 30, no.5, N・ファー、J・ダイアー（2015年（2014年））『成功するイノベーションはなにが違うのか？』翔泳社。

143　W. Kiechel (1982), "Corporate Strategies under Fire" *Fortune,* December 27, 1982, M・モーガン、R・E・レビット、W・マレク（2012年（2007年））『戦略実行』東洋経済新報社。

144　L・ボシディ、R・チャラン（2010年（2009年））『経営は「実行」』日本経済新聞出版社。

145　J・フェファー、R・I・サットン（2009年（2006年））『事実に基づいた経営』東洋経済新報社。

146　平尾勇司（2008年）『HotPepperミラクル・ストーリー』東洋経済新報社。

147　C・v・クラウゼヴィッツ（2001年（1832年））『戦争論』芙蓉書房出版。

148　H・ミンツバーグ（1997年（1994年））『「戦略計画」創造的破壊の時代』産能大学出版部。

149　小倉昌男（1999年）『小倉昌男 経営学』日経BP社。

150　J・フェファー、R・I・サットン（2014年（2000年））『なぜ、わかっていても実行できないのか』日本経済新聞出版社。

151　清水勝彦（2011年）『戦略と実行』日経BP社。

152　C・v・クラウゼヴィッツ（2001年（1832年））『戦争論』芙蓉書房出版。

153　H・ブルック、S・ゴシャール（2015年（2004年））『アクション・バイアス』東洋経済新報社。

154　L・ボシディ、R・チャラン（2010年（2009年））『経営は「実行」』日本経済新聞出版社。

155　C・マチェズニー、S・コヴィー、J・ヒューリング（2013年（2012年））『戦略を、実行できる組織、実行できない組織。』キングベアー出版。

156　S・D・アンソニー（2014年（2014年））『ザ・ファーストマイル』翔泳社。

157　H・ミンツバーグ（1997年（1994年））『「戦略計画」創造的破壊の時代』産能大学出版部。

158　F・C・バートレット（1983年（1932年））『想起の心理学』誠信書房。

159　G. ジョンソン、A. ラングレィ、L. メリン、R. ウィッティントン（2012年（2007年））『実践としての戦略』文眞堂、大森信（2015年）『戦略は実践に従う』同文舘出版、J・レイヴ（1995年（1988年））『日常生活の認知行動』新曜社。

160　T. R. Shatzki, K. K. Cetina, and E. V. Savigny (2001), *The Practice Turn in Contemporary Theory*, Routledge.

161　P・F・ドラッカー（2006年（1954年））『現代の経営 上・下』ダイヤモンド社、P・F・

ドラッカー（2008年（1974年））『マネジメント 上・中・下』ダイヤモンド社。
162 C・v・クラウゼヴィッツ（2001年（1832年））『戦争論』芙蓉書房出版。
163 D・マントン、D・A・ウェルチ（2015年（2011年））『キューバ危機』中央公論新社。
164 J・A・シュムペーター（1995年（1942年））『資本主義・社会主義・民主主義』東洋経済新報社。
165 南場智子（2013年）『不格好経営』日本経済新聞出版社。
166 井上功（2005年）『リクルートの現場力』ダイヤモンド社。
167 W・マーレー、M・ノックス、A・バーンスタイン（2007年（1994年））『戦略の形成 上・下』中央公論新社。
168 J・フェファー、R・I・サットン（2009年（2006年））『事実に基づいた経営』東洋経済新報社。
169 G・H・v・ウリクト（1984年（1971年））『説明と理解』産業図書。
170 D・ショーン（2007年（1983年））『省察的実践とは何か』鳳書房。
171 サトウタツヤ（2009年）『TEMではじめる質的研究』誠信書房、安田裕子、サトウタツヤ（2012年）『TEMでわかる人生の経路』誠信書房。
172 野村幸正（2002年）『行為の心理学』関西大学出版部。
173 浜田寿美男（2009年）『私と他者と語りの世界』ミネルヴァ書房、浜田寿美男、伊藤哲司（2010年）『「渦中」の心理学へ』新曜社、浜田寿美男、麻生武（2012年）『現場の心理学』かもがわ出版。
174 石井淳蔵（2014年）『寄り添う力』碩学舎。
175 楠木建（2014年）『「好き嫌い」と経営』東洋経済新報社。
176 N・N・タレブ（2009年（2007年））『ブラック・スワン 上・下』日経BP社。
177 清水勝彦（2007年）『戦略の原点』日経BP社。
178 D・A・ノーマン（1992年（1991年））「認知的な人工物」安西祐一郎、大津由紀雄『認知科学ハンドブック』共立出版。
179 O・ルイス（2003年（1959年））『貧困の文化』筑摩書房。
180 L・サッチマン（1999年（1987年））『プランと状況的行為』産業図書。
181 J・レイヴ（1995年（1988年））『日常生活の認知行動』新曜社。
182 J・レイヴ、E・ウェンガー（1993年（1991年））『状況に埋め込まれた学習』産業図書。
183 西川泰夫、阿部純一、仲真紀子（2008年）『認知科学の展開』放送大学教育振興会。
184 春木豊（2011年）『動きが心をつくる』講談社。
185 佐々木正人（1987年）『からだ：認識の原点』東京大学出版会。
186 F・ヴァレラ、E・トンプソン、E・ロッシュ（2001年（1991年））『身体化された心』

工作舎。
187 A・クラーク（2012年（1997年））『現れる存在』NTT出版。
188 R・ファイファー、C・シャイアー（2001年（1999年））『知の創生』共立出版。
189 R・ファイファー、C・シャイアー（2010年（2007年））『知能の原理』共立出版。
190 J・レイコフ、M・ジョンソン（2004年（1999年））『肉中の哲学』哲学書房。
191 有田秀穂（2009年）『歩けば脳が活性化する』ワック。
192 J・J・レイティ（2009年（2008年））『脳を鍛えるには運動しかない』NHK出版。
193 野村幸正（1989年）『知の体得』福村出版。
194 J・J・ギブソン（1985年（1979年））『生態学的視覚論』サイエンス社。
195 佐々木正人（2015年）『新版アフォーダンス』岩波書店。
196 三嶋博之（2000年）『エコロジカル・マインド』日本放送出版協会。
197 道元（1993年（1231年～1253年））『正法眼蔵1・2・3・4』岩波書店、懐奘（1979年（1235年～1238年））『正法眼蔵随聞記』岩波書店。
198 V・v・ヴァイツゼカー（1994年（1935年））『病因論研究』講談社。
199 F・ダンバー（1951年（1935年））『心と肉体』養徳社、F・アレキサンダー（1997年（1950年））『心身医学』学樹書院。
200 石川中（1978年）『心身医学入門』南山堂、石川中（1985年）『心身医学のすすめ』筑摩書房。
201 L・バレット（2013年（2011年））『野生の知能』インターシフト。
202 野家啓一（1996年）「フッサール」『現代思想の源流』講談社。
203 B・マリノフスキ（2010年（1922年））『西太平洋の遠洋航海者』講談社。
204 金井壽宏、佐藤郁哉、G・クンダ、J・ヴァン-マーネン（2010年）『組織エスノグラフィー』有斐閣、C・ギアーツ（1987年（1973年））『文化の解釈学 1・2』岩波書店。
205 波平恵美子（2011年）『文化人類学』医学書院。
206 小田博志（2010年）『エスノグラフィー入門』春秋社。
207 W・F・ホワイト（2000年（1993年））『ストリート・コーナーソサエティ』有斐閣。
208 H・S・ベッカー（2011年（1963年））『アウトサイダーズ』現代人文社。
209 J・クリフォード、J・E・マーカス（1996年（1986年））『文化を書く』紀伊國屋書店。
210 T・ケリー（2002年（2001年））『発想する会社！』早川書房、T・ケリー（2006年（2005年））『イノベーションの達人！』早川書房。
211 T・ブラウン（2014年（2009年））『デザイン思考が世界を変える』早川書房。
212 奥出直人（2013年）『デザイン思考の道具箱』早川書房。
213 C・マスピュア、M・B・ラスムセン（2015年（2014年））『なぜデータ主義は失敗する

のか?』早川書房。

214 金井壽宏、佐藤郁哉、G・クンダ、J・ヴァン-マーネン（2010年）『組織エスノグラフィー』有斐閣、G・クンダ（2005年（1992年））『洗脳するマネジメント』日経BP社。
215 G．ジョンソン、A．ラングレィ、L．メリン、R．ウィッティントン（2012年（2007年））『実践としての戦略』文眞堂、大森信（2015年）『戦略は実践に従う』同文舘出版。
216 H. Garfinkel (1991), *Studies in Ethnomethodology,* Polity.
217 田村直樹（2013年）『セールスインタラクション』碩学舎。
218 神田昌典（2014年）『禁断のセールスコピーライティング』フォレスト出版。
219 木村敏（1994年）『心の病理を考える』岩波書店、木村敏（2015年）『からだ・こころ・生命』講談社、木村敏（2001年）『木村敏著作集 第7巻』弘文堂。
220 矢守克也（2010年）『アクションリサーチ』新曜社。
221 E・T・ストリンガー（2012年（2007年））『アクション・リサーチ』フィリア。
222 杉万俊夫（2013年）『グループ・ダイナミックス入門』世界思想社。
223 K・レヴィン（1954年（1948年））『社会的葛藤の解決』創元社。
224 矢守克也（2010年）『アクションリサーチ』新曜社。
225 K・レヴィン（1954年（1948年））『社会的葛藤の解決』創元社。
226 F・ドレツキ（2005年（1988年））『行動を説明する』勁草書房。
227 G・ザルトマン（2005年（2003年））『心脳マーケティング』ダイヤモンド社、A・K・プラディープ（2011年（2010年））『マーケターの知らない「95％」』阪急コミュニケーションズ。
228 松波晴人（2011年）『ビジネスマンのための「行動観察」入門』講談社、松波晴人（2013年）『「行動観察」の基本』ダイヤモンド社。
229 M・R・バナージ、A・G・グリーンワルド（2015年（2013年））『心の中のブラインド・スポット』北大路書房。
230 P・アンダーヒル（2014年（1999年））『なぜこの店で買ってしまうのか』早川書房、H・ソレンセン（2010年（2009年））『「買う」と決める瞬間』ダイヤモンド社、S・スキャメル＝カッツ（2014年（2012年））『無意識に買わせる心理戦略』イースト・プレス、D・ルイス（2014年（2013年））『買いたがる脳』日本実業出版社。
231 河本薫（2013年）『会社を変える分析の力』講談社。
232 B・ストーン（2014年（2013年））『ジェフ・ベゾス 果てなき野望』日経BP社。
233 鈴木敏文（2014年）『挑戦 我がロマン』日本経済新聞出版社。
234 米盛裕二（2007年）『アブダクション』勁草書房。
235 松尾豊（2015年）『人工知能は人間を超えるか』KADOKAWA。

236 J・レイヴ、E・ウェンガー（1993年（1991年））『状況に埋め込まれた学習』産業図書。
237 福嶋真人（2010年）『学習の生態学』東京大学出版会。
238 小倉昌男（2003年）「『宅急便』の生みの親　ヤマト運輸：小倉昌男」『ベンチャー通信』2003年3月号。
239 石井淳蔵、栗木契、横田浩一（2015年）『明日は、ビジョンで拓かれる』碩学舎。
240 B・ストーン（2014年（2013年））『ジェフ・ベゾス　果てなき野望』日経BP社。
241 D・グレイ、T・V・ウォル（2013年（2013年））『コネクト』オライリー・ジャパン。
242 G・ハメル、C・K・プラハラード（2001年（1994年））『コア・コンピタンス経営』日本経済新聞社。
243 E・リース（2012年（2011年））『リーン・スタートアップ』日経BP社。
244 J・マリンズ、R・コミサー（2011年（2009年））『プランB』文藝春秋。
245 福嶋真人（2010年）『学習の生態学』東京大学出版会。
246 D・ショーン（2001年（1983年））『専門家の知恵』ゆみる出版、D・ショーン（2007年（1983年））『省察的実践とは何か』鳳書房。
247 アリストテレス（1971年（1894年））『ニコマコス倫理学　上・下』岩波書店。
248 M・ポランニー（2003年（1966年））『暗黙知の次元』筑摩書房。
249 生田久美子（1987年）『「わざ」から知る』東京大学出版会。
250 K・ワイク（2002年（1995年））『センスメーキング　イン　オーガニゼーションズ』文眞堂。
251 佐藤学（1997年）『教師というアポリア』世織書房、佐伯胖、宮崎清孝、佐藤学、石黒広昭（2013年）『心理学と教育実践の間で』東京大学出版会。
252 S・B・メリアム、R・S・カファレラ（2005年（1999年））『成人期の学習』鳳書房。
253 G・W・H・ヘーゲル（2002年（1831年））『大論理学　上巻の一・上巻の二・中巻・下巻』岩波書店、F・エンゲルス（1956年（1873-1883年））『自然の弁証法　上巻・下巻』岩波書店、三浦つとむ（1968年）『弁証法はどういう科学か』講談社。
254 T・M・ポーター（2013年（1995年））『数値と客観性』みすず書房。
255 竹内啓（2013年）『社会科学における数と量』東京大学出版会。
256 大塚久雄（1977年）『社会科学における人間』岩波書店。
257 P・F・ドラッカー（1994年（1993年））『すでに起こった未来』ダイヤモンド社。
258 清水勝彦（2009年）『経営の神は細部に宿る』PHP研究所。
259 入山章栄（2012年）『世界の経営学者はいま何を考えているのか』英治出版。
260 井上達彦（2014年）『ブラックスワンの経営学』日経BP社。
261 佐伯胖（2007年）『認知科学の方法』東京大学出版会。

262 菊澤研宗（2015年）『ビジネススクールでは教えてくれないドラッカー』祥伝社。
263 C・M・クリステンセン（2013年）『C.クリステンセン経営論』ダイヤモンド社。
264 P・ローゼンツワイグ（2008年（2007年））『なぜビジネス書は間違うのか』日経BP社。
265 D・カーネマン（2014年（2012年））『ファスト＆スロー 上・下』早川書房。
266 加護野忠男（1988年）『組織認識論』千倉書房。

第4章

1 B・H・シュミット（2000年（1999年））『経験価値マーケティング』ダイヤモンド社、B・H・シュミット（2004年（2003年））『経験価値マネジメント』ダイヤモンド社。
2 J・バージ（2009年（2007年））『無意識と社会心理学』ナカニシヤ出版。
3 下條信輔（1996年）『サブリミナル・マインド』中央公論新社。
4 B・リベット（2005年（2004年））『マインド・タイム』岩波書店。
5 G・ザルトマン（2005年（2003年））『心脳マーケティング』ダイヤモンド社、A・K・プラディープ（2011年（2010年））『マーケターの知らない「95％」』阪急コミュニケーションズ。
6 T・ウィルソン（2005年（2002年））『自分を知り、自分を変える』新曜社。
7 M・リンストローム（2008年（2008年））『買い物する脳』早川書房。
8 T・ウィルソン（2005年（2002年））『自分を知り、自分を変える』新曜社。
9 M・グラッドウェル（2006年（2005年））『第1感』光文社。
10 T・ウィルソン（2005年（2002年））『自分を知り、自分を変える』新曜社。
11 坂元章、森津太子、坂元桂、高比良美詠子（1999年）『サブリミナル効果の科学』学文社。
12 G・ギーゲレンツァー（2010年（2007年））『なぜ直感のほうが上手くいくのか』インターシフト。
13 M・ウェーバー（1936年（1919年））『職業としての学問』岩波書店。
14 H・ミンツバーグ（1991年（1989年））『人間感覚のマネジメント』ダイヤモンド社。
15 R・ローワン（1987年（1986年））『直観の経営』日本経済新聞社。
16 T・W・ベヒトラー（1990年（1986年））『マネジメントと直観』東洋経済新報社。
17 W・ダガン（2010年（2007年））『戦略は直観に従う』東洋経済新報社。
18 E・サドラースミス（2010年（2010年））『直観力マネジメント』朝日新聞出版。
19 石井淳蔵（2009年）『ビジネス・インサイト』岩波書店。
20 水越康介（2014年）『「本質直観」のすすめ。』東洋経済新報社。
21 G・ザルトマン（2005年（2003年））『心脳マーケティング』ダイヤモンド社。

22 M・リンストローム（2008年（2008年））『買い物する脳』早川書房、篠原菊紀（2010年）『ニューロマーケティング入門』フォレスト出版、萩原一平（2013年）『脳科学がビジネスを変える』日本経済新聞出版社。

23 S・サテル、S・O・リリエンフェルド（2015年（2013年））『その〈脳科学〉にご用心』紀伊國屋書店。

24 T・ウィルソン（2005年（2002年））『自分を知り、自分を変える』新曜社。

25 戸田正直（2007年）「感情の合理的考察」ロゴストン編集部『学問の英知に学ぶ（第四巻）』ヌース出版。

26 夏目漱石（1990年）『草枕』岩波書店。

27 遠藤利彦（1996年）『喜怒哀楽の起源』岩波書店、遠藤利彦（2013年）『「情の理」論』東京大学出版会。

28 下條信輔（2008年）『サブリミナル・インパクト』筑摩書房。

29 A・R・ダマシオ（2010年（1994年））『デカルトの誤り』筑摩書房、A・R・ダマシオ（2005年（2003年））『感じる脳』ダイヤモンド社、D・カーネマン（2014年（2012年））『ファスト＆スロー 上・下』早川書房。

30 A・R・ダマシオ（2005年（2003年））『感じる脳』ダイヤモンド社。

31 I・カント（1964年（1793年））『判断力批判 上・下』岩波書店。

32 遠藤利彦（2013年）『「情の理」論』東京大学出版会。

33 A・R・ダマシオ（2010年（1994年））『デカルトの誤り』筑摩書房、A・R・ダマシオ（2005年（2003年））『感じる脳』ダイヤモンド社。

34 D・カーネマン（2014年（2012年））『ファスト＆スロー 上・下』早川書房。

35 R・バック（2002年（1988年））『感情の社会生理心理学』金子書房、遠藤利彦（1996年）『喜怒哀楽の起源』岩波書店、遠藤利彦（2001年）「発達における情動と認知の絡み」高橋雅延、谷口高士『感情と心理学』北大路書房、遠藤利彦（2013年）『「情の理」論』東京大学出版会。

36 J・ルドゥー（2003年（1996年））『エモーショナル・ブレイン』東京大学出版会。

37 J・ルドゥー（2003年（1996年））『エモーショナル・ブレイン』東京大学出版会。

38 松本元（1996年）『愛は脳を活性化する』岩波書店。

39 松本元、小野武年（2002年）『情と意の脳科学』培風館。

40 D・ヒューム（1948年、1949年、1951年、1952年（1739年））『人性論 1・2・3・4』岩波書店。

41 松本元（1996年）『愛は脳を活性化する』岩波書店。

42 戸田正直（2007年）「感情の合理的考察」ロゴストン編集部『学問の英知に学ぶ（第四

巻)』ヌース出版、戸田正直（2007年）『感情：人を動かしている適応プログラム』東京大学出版会。

43　K・サカリン（2001年（2001年））『アテンション・マーケティング』ダイヤモンド社。

44　T・H・ダベンポート、J・C・ベック（2005年（2001年））『アテンション！』シュプリンガー・フェアラーク東京。

45　堀内圭子（2001年）『「快楽消費」の追究』白桃書房、堀内圭子（2004年）『〈快楽消費〉する社会』中央公論新社。

46　A・チョードリー（2007年（2006年））『感情マーケティング』千倉書房。

47　B・H・シュミット（2000年（1999年））『経験価値マーケティング』ダイヤモンド社、B・H・シュミット（2004年（2003年））『経験価値マネジメント』ダイヤモンド社。

48　B・J・パインⅡ、J・H・ギルモア（2005年（1999年））『[新訳]経験経済』ダイヤモンド社。

49　上原聡（2008年）『感情マーケティングの理論と戦略』専修大学出版局。

50　嶋口充輝（1994年）『顧客満足型マーケティングの構図』有斐閣、佐藤知恭（1995年）『顧客満足を超えるマーケティング』日本経済新聞社。

51　清水勝彦（2011年）『経営を脅かすあやしい「常識」』講談社。

52　楠木建（2013年）『経営センスの論理』新潮社、楠木建（2014年）『「好き嫌い」と経営』東洋経済新報社。

53　E・ホイラー（2012年（1937年））『ステーキを売るな シズルを売れ！』パンローリング。

54　M・ゴーベ（2002年（2001年））『エモーショナル・ブランディング』宣伝会議。

55　神田昌典（2010年）『新版・小予算で優良顧客をつかむ方法』ダイヤモンド社、神田昌典（1999年）『あなたの会社が90日で儲かる！』フォレスト出版、神田昌典（2000年）『もっとあなたの会社が90日で儲かる！』フォレスト出版。

56　小阪裕司（2000年）『毎日お客が来たくなるマーケティング実践術』かんき出版、小阪裕司（2000年）『あなたにもできる「惚れるしくみ」がお店を変える！』フォレスト出版。

57　下條信輔（2008年）『サブリミナル・インパクト』筑摩書房。

58　D・カーネマン（2014年（2012年））『ファスト＆スロー 上・下』早川書房。

59　篠原菊紀（2010年）『ニューロマーケティング入門』フォレスト出版。

60　下條信輔（2008年）『サブリミナル・インパクト』筑摩書房。

61　E・フッサール（1995年（1936年））『ヨーロッパ諸学の危機と超越論的現象学』中央公論新社、E・フッサール（2001年（1931年））『デカルト的省察』岩波書店、E・フィンク（1982年（1933-1976年））『フッサールの現象学』以文社、木田元（1970年）『現象学』岩波書店、竹田青嗣、西研（1998年）『はじめての哲学史』有斐閣、谷徹（2002年）『これが

現象学だ』講談社。
62 W・J・フリーマン（2015年（2011年））『脳はいかにして心を創るのか』産業図書。
63 渡辺慧（1978年）『認識とパタン』岩波書店。
64 渡辺慧（2011年）『知るということ』筑摩書房。
65 E・フィンク（1982年（1933-1976年））『フッサールの現象学』以文社。
66 M・メルロ＝ポンティ（1967年、1974年（1945年））『知覚の現象学 上・下』みすず書房。
67 E・マッハ（2013年（1886年））『感覚の分析』法政大学出版局。
68 E・フッサール（1995年（1954年））『ヨーロッパ諸学の危機と超越論的現象学』中央公論新社。
69 J・V・ユクスキュル、G・クリサート（2005年（1934年））『生物から見た世界』岩波書店。
70 A・シュッツ（1985年（1973年））『アルフレッド・シュッツ著作集（第2巻）』マルジュ社。
71 P. Watzlawick (1984), *The Invented Reality*, Norton., P・ワズラウィック（1978年（1976年））『あなたは誤解されている』光文社。
72 和田純夫（1994年）『量子力学が語る世界像』講談社、和田純夫（1998年）『シュレディンガーの猫がいっぱい』河出書房新社、C・ブルース（2008年（2004年））『量子力学の解釈問題』講談社。
73 A・ライズ、J・トラウト（1994年（1993年））『売れるもマーケ 当たるもマーケ』東急エージェンシー、A・ライズ、L・ライズ（1999年（1998年））『ブランディング22の法則』東急エージェンシー、A・ライズ、J・トラウト（2008年（2001年））『ポジショニング戦略［新版］』海と月社。
74 山口敦雄（2004年）『楽天の研究』毎日新聞社。
75 下條信輔（1999年）『〈意識〉とは何だろうか』講談社。
76 J・S・ブルーナー（1988年（1983年））『乳幼児の話ことば』新曜社。
77 池田謙一、村田光二（1991年）『こころと社会』東京大学出版会。
78 E・フッサール（2001年（1931年））『デカルト的省察』岩波書店、E・フィンク（1982年（1933-1976年））『フッサールの現象学』以文社。
79 盛山和夫（2013年）『社会学の方法的立場』東京大学出版会。
80 鈴木晶子（2013年）『知恵なすわざの再生へ』ミネルヴァ書房。
81 小坂井敏晶（2013年）『社会心理学講義』筑摩書房。
82 M・メルロ＝ポンティ（1967年、1974年（1945年））『知覚の現象学 上・下』みすず書房。
83 M・メルロ＝ポンティ（1967年、1974年（1945年））『知覚の現象学 上・下』みすず書房。

84 木田元（1970年）『現象学』岩波書店、木田元（1984年）『メルロ＝ポンティの思想』岩波書店。
85 A・シュッツ（1980年（1967年））『現象学的社会学』紀伊國屋書店。
86 西原和久（2010年）『間主観性の社会学理論』新泉社。
87 G・リゾラッティ、C・シニガリア（2009年（2006年））『ミラーニューロン』紀伊國屋書店、M・イアコボーニ（2011年（2008年））『ミラーニューロンの発見』早川書房。
88 中井孝章（2014年）『無意識3.0』三学出版。
89 安冨歩（2008年）『生きるための経済学』NHK出版。
90 R・コリンズ、M・マコウスキー（1987年（1984年））『社会の発見』東信堂。
91 木村純子（2001年）『構築主義の消費論』千倉書房。
92 浜本隆志（2015年）『バレンタインデーの秘密』平凡社。
93 松井剛（2013年）『ことばとマーケティング』碩学舎。
94 盛山和夫（1995年）『制度論の構図』創文社、盛山和夫（2011年）『社会学とは何か』ミネルヴァ書房。
95 石井淳蔵（1999年）『ブランド』岩波書店。
96 M・ペンダグラスト（1993年（1993年））『コカ・コーラ帝国の興亡』徳間書店、T・オリヴァー（1986年（1986年））『コカ・コーラの英断と誤算』早川書房、R・エンリコ、L・コーンブルース（1987年（1986年））『コーラ戦争に勝った！』新潮社。
97 "The internet kills Gap's new logo" http://www.cnn.com/2010/TECH/social.media/10/12/gap.logo.social.media/
98 新村出（2008年）『広辞苑（第六版）』岩波書店、松村明（2012年）『大辞泉（第二版）』小学館、北原保雄（2010年）『明鏡国語辞典（第二版）』大修館書店。
99 H・J・ドレイファス（1992年（1979年））『コンピュータには何ができないか』産業図書。
100 J・バーワイズ、J・ペリー（1992年（1983年））『状況と態度』産業図書、白井賢一郎（1991年）『自然言語の意味論』産業図書。
101 新村出（2008年）『広辞苑（第六版）』岩波書店、松村明（2012年）『大辞泉（第二版）』小学館、北原保雄（2010年）『明鏡国語辞典（第二版）』大修館書店。
102 B・マリノウスキー（2008年（1932年））「原始言語における意味の問題」C・オグデン、I・リチャーズ『意味の意味』新泉社。
103 M・A・K・ハリデー、R・ハッサン（1991年（1985年））『機能文法のすすめ』大修館書店。
104 G・ベイトソン（2000年（1972年））『精神の生態学』新思索社。
105 野村直樹（2012年）『みんなのベイトソン』金剛出版。

106　D・スペルベル、D・ウィルソン（1999年（1999年））『関連性理論』研究社。
107　F・ウンゲラー、H・-J・シュミット（1998年（1996年））『認知言語学入門』大修館書店。
108　J・J・ギブソン（1985年（1979年））『生態学的視覚論』サイエンス社、J・v・ユクスキュル、G・クリサート（2005年（1934年））『生物から見た世界』岩波書店。
109　佐々木正人（2007年）『包まれるヒト』岩波書店。
110　S・サマーズ（2013年（2011年））『考えてるつもり』ダイヤモンド社。
111　孫武（2000年）『孫子』岩波書店、R・P・ルメルト（2012年（2011年））『良い戦略、悪い戦略』日本経済新聞出版社。
112　J・デューイ（2004年（1938年））『経験と教育』講談社。
113　M・メルロ＝ポンティ（2001年（1962年））『人間の科学と現象学』みすず書房。
114　K・レヴィン（1956年（1951年））『社会科学における場の理論』誠信書房。
115　P・ワツラヴィック、D・D・ジャクソン、J・B・バヴェラス（2007年（1967年））『人間コミュニケーションの語用論』二瓶社。
116　J・J・ギブソン（1985年（1979年））『生態学的視覚論』サイエンス社。
117　J・バーワイズ、J・ペリー（1992年（1983年））『状況と態度』産業図書。
118　C・ギアーツ（1999年（1983年））『ローカル・ノレッジ』岩波書店。
119　L・サッチマン（1999年（1987年））『プランと状況的行為』産業図書。
120　J・ブルーナー（1999年（1990年））『意味の復権』ミネルヴァ書房。
121　E・アロンソン（2014年（2012年））『ザ・ソーシャル・アニマル』サイエンス社。
122　D・カーネマン（2014年（2012年））『ファスト＆スロー 上・下』早川書房。
123　J・マッカーシー、P・J・ヘイズ、松原仁（1990年）『人工知能になぜ哲学が必要か』哲学書房。
124　D・デネット（1987年（1984年））「コグニティヴ・ホイール」『現代思想』1987年4月号。
125　J・マッカーシー、P・J・ヘイズ、松原仁（1990年）『人工知能になぜ哲学が必要か』哲学書房。
126　H・J・ドレイファス（1992年（1979年））『コンピュータには何ができないか』産業図書。
127　下條信輔（1999年）『〈意識〉とは何だろうか』講談社、下條信輔（2008年）『サブリミナル・インパクト』筑摩書房。
128　G・リゾラッティ、C・シニガリア（2009年（2006年））『ミラーニューロン』紀伊國屋書店、M・イアコボーニ（2011年（2008年））『ミラーニューロンの発見』早川書房。
129　G・ベイトソン（2001年（1979年））『精神と自然』新思索社。

130 岡本賢吾、金子洋之（2007年）『フレーゲ哲学の最前線』勁草書房。
131 G・フレーゲ（2001年（1884年））『フレーゲ著作集2』勁草書房。
132 C・W・モリス（1988年（1938年））『記号理論の基礎』勁草書房、S・C・レヴィンソン（1990年（1983年））『英語語用論』研究社。
133 G・N・リーチ（1987年（1983年））『語用論』紀伊國屋書店、J・L・メイ（1996年（1993年））『ことばは世界とどうかかわるか』ひつじ書房。
134 G・N・リーチ（1987年（1983年））『語用論』紀伊國屋書店。
135 J・L・メイ（1996年（1993年））『ことばは世界とどうかかわるか』ひつじ書房。
136 F・ハイダー（1987年（1959年））『人間関係の心理学』誠信書房、蘭千壽、外山みどり（1991年）『帰属過程の心理学』ナカニシヤ出版。
137 R・コリンズ、M・マコウスキー（1987年（1984年））『社会の発見』東信堂。
138 R・E・ニスベット（2004年（2003年））『木を見る西洋人 森を見る東洋人』ダイヤモンド社。
139 R・ケネディ（2014年（1968年））『13日間』中央公論新社。
140 S・ミルグラム（2012年（1974年））『服従の心理』河出書房新社。
141 C・ニック、M・エルチャニノフ（2011年（2010年））『死のテレビ実験』河出書房新社。
142 J・デューイ（2004年（1938年））『経験と教育』講談社。
143 A・シュッツ（1985年（1973年））『アルフレッド・シュッツ著作集（第2巻）』マルジュ社。
144 H. Garfinkel (1991), *Studies in Ethnomethodology*, Polity., K・ライター（1987年（1980年））『エスノメソドロジーとは何か』新曜社、A・クロン（1996年（1996年））『入門エスノメソドロジー』せりか書房、前田泰樹、水川喜文、岡田光弘（2007年）『エスノメソドロジー』新曜社。
145 D・D・ジャクソン（2015年（2005年、2009年））『家族相互作用』金剛出版。
146 R・O・コヘイン、J・S・ナイ（2012年（2001年））『パワーと相互依存』ミネルヴァ書房。
147 G・W・H・ヘーゲル（2002年（1831年））『大論理学 上巻の一・上巻の二・中巻・下巻』岩波書店、F・エンゲルス（1956年（1873-1883年））『自然の弁証法 上巻・下巻』岩波書店、三浦つとむ（1968年）『弁証法はどういう科学か』講談社。
148 M・C・エッシャー（2003年（1992年））『M・C・エッシャー』TASCHEN。
149 R・B・チャルディーニ、D・T・ケンリック、S・L・ニューバーグ（2014年（2010年））『影響力の科学』ダイレクト出版。
150 J・A・ハワード（1960年（1957年））『マーケティング・マネジメント』建帛社。

151 石井淳蔵（2004年）『マーケティングを学ぶ』筑摩書房。
152 江副浩正（2003年）『かもめが翔んだ日』朝日新聞社、江副浩正（2007年）『リクルートのDNA』角川書店。
153 川喜田二郎（2010年）『創造性とは何か』祥伝社。
154 R・ギフォード（2005年、2007年（2002年））『環境心理学 上・下』北大路書房。
155 T・ローベル（2015年（2014年））『赤を身につけるとなぜもてるのか？』文藝春秋。
156 L・ムロディナウ（2013年（2012年））『しらずしらず』ダイヤモンド社、P・バンアード（2005年（1999年））『心理学への異議』新曜社。
157 T・ローベル（2015年（2014年））『赤を身につけるとなぜもてるのか？』文藝春秋。
158 B・ワンシンク（2007年（2006年））『そのひとクチがブタのもと』集英社。
159 M・コール（2002年（1996年））『文化心理学』新曜社。
160 C・ギアーツ（1987年（1973年））『文化の解釈学 I・II』岩波書店。
161 柏木恵子、増田貴彦、東洋、浜口恵俊（1997年）『文化心理学』東京大学出版会。
162 北山忍（1998年）『自己と感情』共立出版。
163 J・ヴァルナシー（2012年（2007年））『新しい文化心理学の構築』新曜社。
164 L・S・ヴィゴツキー（1987年（1982年））『心理学の危機』明治図書出版、Y・エンゲストローム（1999年（1987年））『拡張による学習』新曜社。
165 E・T・ホール（1993年（1975年））『文化を超えて』TBSブリタニカ。
166 R・E・ニスベット（2004年（2003年））『木を見る西洋人 森を見る東洋人』ダイヤモンド社。
167 清水勝彦（2009年）『経営の神は細部に宿る』講談社。
168 P・ローレンス、J・W・ローシュ（1977年（1967年））『組織の条件適応理論』産業能率大学出版部、野中郁次郎（1974年）『組織と市場』千倉書房、加護野忠男（1980年）『経営組織の環境適応』白桃書房。
169 青木貞茂（1994年）『文脈創造のマーケティング』日本経済新聞社。
170 寺本義也（2005年）『コンテクスト転換のマネジメント』白桃書房。
171 原田保、三浦俊彦、高井透（2012年）『コンテクストデザイン戦略』芙蓉書房出版。
172 阿久津聡、石田茂（2002年）『ブランド戦略シナリオ』ダイヤモンド社。
173 新倉貴士（2005年）『消費者の認知世界』千倉書房。
174 栗木契（2012年）『マーケティング・コンセプトを問い直す』有斐閣。
175 H・ミンツバーグ（2011年（2008年））『マネジャーの実像』日経BP社。
176 J・St・B・T・エバンス、D・E・オーバー（2000年（1996年））『合理性と推論』ナカニシヤ出版、K・E・スタノヴィッチ（2008年（2004年））『心は遺伝子の論理で決まるの

か』みすず書房、M・R・バナージ、A・G・グリーンワルド（2015年（2013年））『心の中のブラインド・スポット』北大路書房。

177　C・I・バーナード（1968年（1938年））『経営者の役割』ダイヤモンド社。

178　D・カーネマン（2011年（2002年））『ダニエル・カーネマン　心理と経済を語る』楽工社、D・カーネマン（2014年（2012年））『ファスト＆スロー　上・下』早川書房、D・カーネマン、D・ロバロ、O・シボニー（2011年）「意思決定の行動経済学」『DIAMONDハーバード・ビジネス・レビュー』2011年11月号。

179　R・H・セイラー、C・R・サスティーン（2009年（2008年））『実践行動経済学』日経BP社。

180　K・E・スタノヴィッチ（2008年（2004年））『心は遺伝子の論理で決まるのか』みすず書房。

181　D・カーネマン（2014年（2012年））『ファスト＆スロー　上・下』早川書房。

182　D・カーネマン（2011年（2002年））『ダニエル・カーネマン　心理と経済を語る』楽工社。

183　D・アリエリー（2013年（2009年））『予想どおりに不合理』早川書房。

184　佐伯胖（2007年）『認知科学の方法』東京大学出版会。

185　D・カーネマン（2011年（2002年））『ダニエル・カーネマン　心理と経済を語る』楽工社。

186　S・サラスバシー（2015年（2008年））『エフェクチュエーション』碩学舎。

187　D・カーネマン（2014年（2012年））『ファスト＆スロー　上・下』早川書房、D・アリエリー（2014年）『お金と感情と意思決定の白熱教室』早川書房、D・アリエリー（2013年（2009年））『予想どおりに不合理』早川書房、M・R・バナージ、A・G・グリーンワルド（2015年（2013年））『心の中のブラインド・スポット』北大路書房、B・シュワルツ（2012年（2004年））『なぜ選ぶたびに後悔するのか』武田ランダムハウスジャパン。

188　W・パウンドストーン（2010年（2010年））『プライスレス』青土社。

189　R. E. Petty, J. T. Cacioppo (1986), *Communication and Persuasion*, Springer-Verlag、藤原武弘（1994年）『態度変容理論における精査可能性モデルの検証』北大路書房。

190　R・B・チャルディーニ（2014年（2009年））『影響力の武器』誠信書房。

191　E・アロンソン（2014年（2012年））『ザ・ソーシャル・アニマル』サイエンス社。

192　深田博己（2002年）『説得心理学ハンドブック』北大路書房、杉本徹雄（2012年）『新・消費者理解のための心理学』福村出版。

193　R・B・チャルディーニ、D・T・ケンリック、S・L・ニューバーグ（2014年（2010年））『影響力の科学』ダイレクト出版。

194 J. R. Bettman (1979), *Information Processing Theory of Consumer Choice*, Addison-Wesley Educational Publishers Inc.
195 H・A・サイモン（1987年（1983年））『意思決定と合理性』文眞堂。
196 H・A・サイモン（1987年（1983年））『意思決定と合理性』文眞堂。
197 M・R・ソロモン（2015年（2013年））『ソロモン消費者行動論』丸善出版。
198 D・E・シュルツ、S・I・タネンバーム、R・F・ロータボーン（1994年（1993年））『広告革命』電通、D・E・シュルツ（2004年（2004年））『ドン・シュルツの統合マーケティング』ダイヤモンド社。
199 T・ロリンズ（2000年（2000年））『13デイズ』角川書店。
200 C・シャノン、W・ウィーバー（2009年（1949年））『通信の数学的理論』筑摩書房。
201 D・バーロ（1972年（1960年））『コミュニケーション・プロセス』協同出版。
202 M. J. Reddy (1993) "The conduit metaphor: A case of frame conflict in our language about language " A. Ortony, *Metaphor and Thought*, Cambridge University Press.
203 高田明典（2011年）『現代思想のコミュニケーション的転回』筑摩書房。
204 石井淳蔵（1999年）『ブランド』岩波書店。
205 P・コトラー、K・ケラー（2014年（2006年））『コトラー＆ケラーのマーケティング・マネジメント（第12版）』丸善出版。
206 D・E・シュルツ、S・I・タネンバーム、R・F・ロータボーン（1994年（1993年））『広告革命』電通、D・E・シュルツ（2004年（2004年））『ドン・シュルツの統合マーケティング』ダイヤモンド社、武井寿（1988年）『現代マーケティング・コミュニケーション』白桃書房、柏木重秋（1998年）『マーケティング・コミュニケーション』同文舘出版、清水公一（2009年）『マーケティング・コミュニケーション』五絃舎、岩本俊彦（2011年）『マーコム・モード論』学文社。
207 C・シャノン、W・ウィーバー（2009年（1949年））『通信の数学的理論』筑摩書房。
208 K・ボールディング（1975年（1968年））『経済学を超えて』学習研究社。
209 E・M・ロジャーズ、R・A・ロジャーズ（1985年（1976年））『組織コミュニケーション学入門』ブレーン出版、E・M・ロジャーズ（1992年（1986年））『コミュニケーションの科学』共立出版、E.M. Rogers (1997), *A History of Communication Study*, The Free Press。
210 M・マクルーハン、E・マクルーハン（2002年（1989年））『メディアの法則』NTT出版。
211 西垣通（2004年）『基礎情報学』NTT出版、西垣通（2008年）『続基礎情報学』NTT出版。
212 高田明典（2011年）『現代思想のコミュニケーション的転回』筑摩書房。

213 G・ベイトソン（2000年（1972年））『精神の生態学』新思索社、G・ベイトソン（2001年（1979年））『精神と自然』新思索社、G・ベイトソン、J・ロイシュ（1995年（1968年））『精神のコミュニケーション』新思索社、M・バーマン（1989年（1981年））『デカルトからベイトソンへ』国文社、野村直樹（2008年）『やさしいベイトソン』金剛出版、野村直樹（2012年）『みんなのベイトソン』金剛出版。

214 P・ワツラヴィック、D・D・ジャクソン、J・B・バヴェラス（2007年（1967年））『人間コミュニケーションの語用論』二瓶社、L・ホフマン（2006年（1981年））『家族療法の基礎理論』朝日出版社、吉川悟（1993年）『家族療法』ミネルヴァ書房、若島孔文、長谷川啓三（2000年）『短期療法ガイドブック』金剛出版、若島孔文（2001年）『コミュニケーションの臨床心理学』北樹出版、花田里欧子（2010年）『パターンの臨床心理学』風間書房。

215 中村雄二郎（1992年）『臨床の知とは何か』岩波書店。

216 P・ワツラヴィック、D・D・ジャクソン、J・B・バヴェラス（2007年（1967年））『人間コミュニケーションの語用論』二瓶社、P. Watzlawick, J. H. Weakland (1977), *The Interactional View*, Norton.

217 H・G・ガダマー（1986年、2008年、2012年（1975年））『真理と方法 I・II・III』法政大学出版局。

218 P・ワツラヴィック、D・D・ジャクソン、J・B・バヴェラス（2007年（1967年））『人間コミュニケーションの語用論』二瓶社、若島孔文（2001年）『コミュニケーションの臨床心理学』北樹出版。

219 E・ホール（1966年（1959年））『沈黙のことば』南雲堂。

220 長谷川啓三（2005年）『臨床の語用論 I・II』至文堂。

221 若島孔文（2007年）『社会構成主義のプラグマティズム』金子書房。

222 A・ペントランド（2013年（2008年））『正直シグナル』みすず書房。

223 長谷川啓三（1991年）『構成主義』至文堂、長谷川啓三（2005年）『臨床の語用論 I・II』至文堂。

224 P. Watzlawick, J. H. Weakland (1977), *The Interactional View*, Norton.

225 R・バンドラー、J・グリンダー（1988年（1981年））『リフレーミング』星和書店、栗木契、水越康介、吉田満梨（2012年）『マーケティング・リフレーミング』有斐閣。

226 小阪裕司（2006年）『「感性」のマーケティング』PHP研究所、椎塚久雄（2013年）『売れる商品は感性工学がある。』KKベストセラーズ、長町三生（2014年）『感性イノベーション』海文堂。

227 G・ベイトソン（2000年（1972年））『精神の生態学』新思索社。

228 C・シャノン、W・ウィーバー（2009年（1949年））『通信の数学的理論』筑摩書房、J・R・ピアース（1988年（1980年））『記号・シグナル・ノイズ』白揚社、石井健一郎（2007年）『「情報」を学び直す』NTT出版、高岡詠子（2012年）『シャノンの情報理論入門』講談社、J・グリック（2013年（2011年））『インフォメーション』新潮社。

229 C・シャノン、W・ウィーバー（2009年（1949年））『通信の数学的理論』筑摩書房。

230 G・ベイトソン（2000年（1972年））『精神の生態学』新思索社。

231 N・アブラムソン（1969年（1963年））『情報理論入門』好学社。

232 村上元彦（1995年）『どうしてものが見えるのか』岩波書店。

233 横澤一彦（2010年）『視覚科学』勁草書房。

234 M・メルロ＝ポンティ（2014年（1942年））『行動の構造 上・下』みすず書房。

235 D・カーネマン（2011年）『ダニエル・カーネマン　心理と経済を語る』楽工社。

236 W・R・アシュビー（1967年（1956年））『サイバネティクス入門』宇野書店。

237 J・v・ユクスキュル、G・クリサート（2005年（1934年））『生物から見た世界』岩波書店。

238 J・ブルーナー（1999年（1990年））『意味の復権』ミネルヴァ書房、V・フランクル（2002年（1991年））『意味への意志』みすず書房。

239 C・ギアーツ（1987年（1973年））『文化の解釈学 I・II』岩波書店。

240 M・メルロ＝ポンティ（2001年（1945年））『人間の科学と現象学』みすず書房。

241 野村直樹（2010年）『ナラティブ・時間・コミュニケーション』遠見書房。

242 C・オグデン、I・リチャーズ（2008年（1936年））『意味の意味』新泉社。

243 G・リーチ（1977年（1974年））『現代意味論』研究社、池上嘉彦（1975年）『意味論』大修館書店、J・ライアンズ（1987年（1981年））『言語と言語学』岩波書店。

244 新村出（2008年）『広辞苑（第六版）』岩波書店、松村明（2012年）『大辞泉（第二版）』小学館、北原保雄（2010年）『明鏡国語辞典（第二版）』大修館書店。

245 E・フッサール（1970年（1922年））『論理学研究2』みすず書房。

246 G・ベイトソン（2000年（1972年））『精神の生態学』新思索社。

247 D・ザハヴィ（2003年（2003年））『フッサールの現象学』晃洋書房。

248 R・A・ウォルドロン（1990年（1979年））『意味と意味の発展』法政大学出版局。

249 G・レイコフ（1993年（1987年））『認知意味論』紀伊國屋書店、J・R・テイラー（2008年（2003年））『認知言語学のための14章』紀伊國屋書店、高橋英光（2010年）『言葉のしくみ』北海道大学出版会。

250 J・ブルーナー（1999年（1990年））『意味の復権』ミネルヴァ書房。

251 大黒岳彦（2014年）「情報的世界観と基礎情報学」西垣通『基礎情報学のヴァイアビリ

ティ』東京大学出版会。
252 F・R・パーマー（1978年（1976年））『意味論入門』白水社、J・バーワイズ、J・ペリー（1992年（1983年））『状況と態度』産業図書。
253 P・N・ジョンソン＝レアード（1988年（1983年））『メンタルモデル』産業図書。
254 F・C・バートレット（1983年（1932年））『想起の心理学』誠信書房。
255 B・マリノウスキー（2008年（1932年））「原始言語における意味の問題」C・オグデン、I・リチャーズ『意味の意味』新泉社、M・A・K・ハリデー、R・ハッサン（1991年（1985年））『機能文法のすすめ』大修館書店。
256 R・A・ウォルドロン（1990年（1979年））『意味と意味の発展』法政大学出版局。
257 池田謙一、村田光二（1991年）『こころと社会』東京大学出版会。
258 S・ドゥ・シェイザー（1994年（1991年））『ブリーフ・セラピーを読む』金剛出版。
259 P・ワツラヴィック、D・D・ジャクソン、J・B・バヴェラス（2007年（1967年））『人間コミュニケーションの語用論』二瓶社。
260 N・ルーマン（1993-1995年（1984年））『社会システム理論 上・下』恒星社厚生閣。
261 池内了（2006年）『転回期の科学を読む辞典』みすず書房、池内了（2014年）『科学・技術と現代社会 上・下』みすず書房、M・ワールドロップ（2000年（1992年））『複雑系』新潮社、M・ミッチェル（2011年（2009年））『ガイドツアー 複雑系の世界』紀伊國屋書店。
262 G・ベイトソン（2000年（1972年））『精神の生態学』新思索社、野村直樹（2012年）『みんなのベイトソン』金剛出版、斎藤環（2001年）『文脈病』青土社、矢野智司（1996年）『ソクラテスのダブル・バインド』世織書房。
263 B・ラッセル、A・N・ホワイトヘッド（1988年（1910年））『プリンキピア・マテマティカ序論』哲学書房。
264 若島孔文（2004年）『脱学習のブリーフセラピー』金子書房、清水博（1996年）『生命知としての場の理論』中央公論新社。
265 P・コトラー、F・T・デ・ベス（2004年（2003年））『コトラーのマーケティング思考法』東洋経済新報社。
266 E・デボノ（2015年（2014年））『水平思考の世界』きこ書房。
267 C・M・クリステンセン（2013年）『C.クリステンセン経営論』ダイヤモンド社。
268 P・コトラー、K・ケラー（2014年（2006年））『コトラー＆ケラーのマーケティング・マネジメント（第12版）』丸善出版。
269 P. Kotler, K. Keller (2015), *Marketing Management* (15th edition), Pearson Education.
270 P・コトラー、F・T・デ・ベス（2004年（2003年））『コトラーのマーケティング思考法』東洋経済新報社。

271 栗木契（2003年）『リフレクティブ・フロー』白桃書房。
272 栗木契、水越康介、吉田満梨（2012年）『マーケティング・リフレーミング』有斐閣。
273 栗木契（2012年）『マーケティング・コンセプトを問い直す』有斐閣。
274 G・アリソン（1977年（1971年））『決定の本質』中央公論新社。
275 安冨歩（2010年）『経済学への船出』NTT出版、水越康介（2014年）『「本質直観」のすすめ。』東洋経済新報社。
276 S・ドゥアンヌ（2010年（1997年））『数覚とは何か？』早川書房。
277 A・ライズ、L・ライズ（2003年（2002年））『ブランドは広告でつくれない』翔泳社。
278 K・ロバーツ（2005年（2004年））『永遠に愛されるブランド ラブマークの誕生』ランダムハウス講談社。
279 R・B・チャルディーニ（2014年（2009年））『影響力の武器』誠信書房。
280 鈴木隆（2004年）『リフォームを真剣に考える』光文社。
281 矢野経済研究所（2014年）『住宅リフォーム市場に関する調査結果2014』矢野経済研究所。
282 入江信一郎（2006年）「アクターネットワーク理論に基づいたイノベーションの記述」上野直樹、土橋臣吾『科学技術実践のフィールドワーク』せりか書房。
283 井上崇通、村松潤一（2010年）『サービス・ドミナント・ロジック』同文舘出版、南千恵子、西岡健一（2014年）『サービス・イノベーション』有斐閣、R. F. Lusch, S. L. Vargo (2014), *Service-Dominant Logic*, Cambridge、C・グルンルース（2015年（2007年））『サービス・ロジックによる現代マーケティング理論』白桃書房。
284 C・K・プラハラード、V・ラマスワミ（2013年（2004年））『コ・イノベーション経営』東洋経済新報社。
285 大阪ガス（1992年）「『2001年プラン』および平成4年度経営方針発表」「図説『2001年プラン』の目的と視点」『がす燈』1992年2月号。
286 村松潤一（2015年）『価値共創とマーケティング論』同文舘出版。
287 野村総合研究所総合研究本部（1992年）『共生の戦略』野村総合研究所。
288 吉田恵吾（2001年）『共創のマネジメント』NTT出版。
289 石川光男（1993年）『自然に学ぶ共創思考』日本教文社。
290 清水博（1996年）『生命知としての場の論理』中論公論社。
291 嶋口充輝（1997年）『柔らかいマーケティングの論理』ダイヤモンド社。
292 石川光男（2003年）『自然に学ぶ共創思考』日本教文社。
293 C・G・ユング、W・パウリ（1976年（1955年））『自然現象と心の構造』海鳴社、I・プロゴフ（1987年（1973年））『ユングと共時性』創元社。

第5章

1 菅野礼司（1999年）『科学は「自然」をどう語ってきたか』ミネルヴァ書房、和田充夫（1997年）『20世紀の自然革命』朝日新聞社。
2 杉本大一郎（2001年）『科学の思想と論理』放送大学教育振興会、吉田善章（2008年）『非線形とは何か』岩波書店。
3 G・バーレル、G・モーガン（1986年（1979年））『組織理論のパラダイム』千倉書房。
4 W・バックレイ（1980年（1967年））『一般社会システム論』誠信書房。
5 R・バーンスタイン（1990年（1983年））『科学・解釈学・実践Ⅰ・Ⅱ』岩波書店。
6 坂本賢三（1978年）『現代科学をどうとらえるか』講談社。
7 浅田彰、黒田末寿、佐和隆光、長野敬、山口昌哉（1986年）『科学的方法とは何か』中央公論新社。
8 大森荘蔵（1994年）『知の構築とその呪縛』筑摩書房。
9 C・G・ユング（1973年（1917年））「死者への七つの語らい」A・ヤッフェ『ユング自伝2』みすず書房。
10 G・ベイトソン（2000年（1972年））『精神の生態学』新思索社、G・ベイトソン（2001年（1979年））『精神と自然』新思索社。
11 杉万俊夫（2013年）『グループ・ダイナミックス入門』世界思想社。
12 佐和隆光（1982年）『経済学とは何だろうか』岩波書店。
13 渡辺恒夫、村田純一、高橋澪子（2002年）『心理学の哲学』北大路書房。
14 R・バスカー（2006年（1998年））『自然主義の可能性』晃洋書房。
15 N・ボーア（1999年）『ニールス・ボーア論文集1』岩波書店。
16 吉田善章（2008年）『非線形とは何か』岩波書店。
17 池内了（2006年）『転回期の科学を読む辞典』みすず書房、池内了（2014年）『科学・技術と現代社会 上・下』みすず書房。
18 大野克嗣（2009年）『非線形な世界』東京大学出版会。
19 蔵本由紀（2003年）『新しい自然学』岩波書店。
20 池内了（2012年）『科学の限界』筑摩書房。
21 G・アリソン（1977年（1971年））『決定の本質』中央公論新社。
22 松井剛（2013年）『ことばとマーケティング』碩学舎。
23 T・レビット（2006年（1962年））『新版マーケティングの革新』ダイヤモンド社。
24 F・S・フィッツジェラルド（1981年（1936年））『崩壊：フィッツジェラルド作品集3』荒地出版社。

25 R・マーティン（2009年（2007年））『インテグレーティブ・シンキング』日本経済新聞出版社。
26 R・H・セイラー（2007年（1992年））『セイラー教授の行動経済学入門』ダイヤモンド社、I・ギルボア（2012年（2011年））『意思決定理論入門』NTT出版、広田すみれ、増田真也、坂上貴之（2002年）『心理学が描くリスクの世界』慶應義塾大学出版会、佐伯胖（2007年）『認知科学の方法』東京大学出版会。
27 P・コトラー（2014年）『マーケティングと共に』日本経済新聞出版社。
28 P・コトラー、K・ケラー（2014年（2006年））『コトラー＆ケラーのマーケティング・マネジメント（第12版）』丸善出版。
29 P・コトラー、F・T・デ・ベス（2004年（2003年））『コトラーのマーケティング思考法』東洋経済新報社。
30 P・コトラー、H・カルタジャヤ、I・セティアワン（2010年（2010年））『コトラーのマーケティング3.0』朝日新聞出版。
31 P・コトラー、M・コトラー（2013年（2013年））『コトラー8つの成長戦略』碩学舎。

おわりに

1 野中郁次郎、竹内弘高（1996年）『知識創造企業』東洋経済新報社。
2 丸山真男（1961年）『日本の思想』岩波書店。
3 G・ベイトソン（2001年（1979年））『精神と自然』新思索社。
4 J・A・シュムペーター（1977年（1912年））『経済発展の理論 上・下』岩波書店。
5 鈴木隆（2004年）『リフォームを真剣に考える』光文社。
6 P・コトラー（2014年）『マーケティングと共に』日本経済新聞出版社。

索 引

■人名、団体・企業名■

欧文

DeNA································ i , 8, 9, 10, 82, 116, 119, 157
GAP·· 163
GE··· 88, 126, 132
IBM·· 83, 91, 94
IDEO·· 126
NTT西日本································· 3, 197, 233
NTT東日本································· 3, 197, 233
P&G··· 89, 90, 126
TOTO·· 22

あ 行

アインシュタイン，アルベルト············ iii, 204
青木貞茂·· 177
阿久津聡·· 177
アップル························· 21, 87, 126, 177, 182
阿部周造··· 31
アマゾン·· 15, 82, 91, 93, 96, 103, 108, 113, 131, 132, 207
アリストテレス·············· 43, 44, 49, 123, 133
アリソン，グレアム・T······················· 227
有本雄美·· 113
アレキサンダー，フランツ················· 125
アレグザンダー，クリストファー············46
アロンソン，マリオット························166
アンゾフ，イゴール································80
アンダーソン，ハワード························82
イエローハット································· 85
イケア··· 93
池内了··· 226
石井淳蔵········· 21, 24, 27, 29, 67, 117, 119, 147, 177, 201
石川光男·· 218
石田茂·· 177
板倉聖宣··· 37
伊藤邦武··· 49
伊那食品工業····································· 85
井上達彦··· 137
イノサイト·· 112
入江信一郎·· 216
入山章栄··· 137
インテル···························· 83, 102, 126, 207
ヴァイツゼカー，ヴィクトーア・フォン···· 125
ヴァレラ，フランシスコ····················· 122
ウィーナー，ノーバート························ 55
ウィーバー，ワレン····················· 189, 191
ウィーン学団······································ 62
ウィルソン，ティモシー······················ 144
ウェーバー，マックス························ 146
上原聡··· 152
ウェルチ，ジャック······················ 88, 132
ウェンガー，エティエンヌ········· 121, 126, 132
ウォートンスクール···························· 82
ウリクト，ゲオルク・ヘンリク・フォン···· 117
エイブラハム，ジェイ·························· 81
江副浩正································· 116, 174
エネルギー・文化研究所········ 32, 208, 234
エプコット・センター························ 113
エリクソン，ミルトン・H······················ 96
遠藤侑宏··· 218
大阪ガス····· i , 2, 3, 32, 128, 130, 197, 218, 233
オージーキャピタル······························· 3
大塚久雄··· 136
大野克嗣··· 225

大前研一 …………………… 80, 90, 95, 107, 119
大森信 ………………………………………… 85
小倉昌男 …………………… 81, 93, 110, 132
オグルヴィ, ディヴィッド ………………… 81
オルメロッド, ポール ……………………… 48

か 行

カーネマン, ダニエル …… 102, 138, 166, 179, 180, 197
ガーフィンケル, ハロルド ………… 127, 171
花王 …………………………………………… 22
加護野忠男 ………………………………… 79, 139
カシオッポ, ジョン・T ………………… 184
ガダマー, ハンス・ゲオルク ……………… 54
カプラ, フリッチョフ ……………………… 46
亀井勝一郎 ………………………………… 67
ガリレイ, ガリレオ ………………………… 44
川喜田二郎 ………………………………… 174
川島喜八郎 ………………………………… 15
神田昌典 ………… 6, 81, 82, 128, 152, 153
カント, イマヌエル ……………………… 149
ギアーツ, クリフォード ………… 166, 175
ギブソン, ジェームズ・J ………… 124, 166
木村純子 …………………………………… 161
キュリオシティ …………………………… 157
ギルモア, ジェームズ・H ……………… 152
グーグル ……………………………… 108, 132, 182
クーン, トーマス …………… 35, 37, 38, 40
楠木健 …………………………… 86, 103, 152
くまモン …………………………………… 20, 21
久米是志 …………………………………… 218
クラーク, アンディ ……………………… 123
クラウゼヴィッツ, カール・フォン …… 76, 77, 80, 96, 98, 110, 111, 115
蔵本由紀 …………………………………… 225
栗木契 ………………………………… 25, 177, 206
クリステンセン, クレイトン …………… 112

グローブ, アンドリュー・S ……………… 102
黒澤明 ………………………………… 65, 102
ケーブルズ, ジョン ………………………… 81
ケーラー, ヴォルフガング ……………… 197
ケネディ, ダン ……………………………… 81
ケプラー, ヨハネス …………………… 36, 44
ゴーベ, マーク …………………………… 152
コカ・コーラ ……………………………… 162
小坂井敏晶 ………………………………… 159
小阪裕司 ………………………… 6, 81, 153
ゴジャール, スマントラ ………………… 111
小田部正明 ………………………………… 29
後藤康之 …………………………………… 81
コトラー, フィリップ …… 16, 18, 19, 75, 86, 87, 190, 191, 205, 206, 229, 234
コトラーカンファレンス2013 …………… 16
小林秀雄 …………………………………… 98
コペルニクス, ニコラウス ………………… 44
コリアー, ロバート ………………………… 81
コリンズ, ランドル ………………………… 70

さ 行

ザイアンス, ロバート ………………… 150, 181
サイモン, ハーバート・A …… 33, 47, 68, 180, 186
佐伯胖 ……………………………………… 102
佐々木正人 ………………………………… 122
サッチマン, ルーシー …… 99, 105, 121, 126, 165, 166
サットン, ロバート・I ………… 83, 110, 116
佐藤雅映 …………………………………… 181
佐藤昌弘 …………………………………… 81
ザルトマン, ジェラルド ………………… 147
佐和隆光 ………………………………… 38, 224
サントリー ………………………………… 132
シェリフ, ムザファー …………………… 158
嶋口充輝 ………………………………… 105, 218

索 引 **273**

清水勝彦 78, 107, 110, 119, 137, 152, 176
清水博 47, 218
シャイアー, クリスチャン 123
シャノン, クロード 189, 191, 196
ジャパネットたかた 85, 177
シュガーマン, ジョセフ 81
シュッツ, アルフレッド 100, 127, 156, 160, 171
シュミット, エリック 132
シュミット, バーンド・H 142, 152
シュムペーター, ヨーゼフ 233
シュレディンガー, エルヴィン 62
ショーン, ドナルド 132
ジョミニ, アントワーヌ゠アンリ 76, 77, 96, 98
ジョンソン, マーク 70, 123
杉万俊夫 223
鈴木敏文 81
スタノヴィッチ, キース・E 179
スマッツ, ヤン・クリスティアン 53
セイラー, リチャード・H 179
セブン-イレブン 81, 95, 131
ゼロックス 91
セン, アマルティア 69
ソーンダイク, エドワード 138
ソロモン, マイケル・R 187

た 行

高橋憲行 81
竹内啓 136
田坂広志 50
ダマシオ, アントニオ・R 149
田村直樹 127
タレス 41
ダンパー, フランダイス 125
チャラン, ラム 109, 111
チャルディーニ, ロバート・B 32, 184

チョードリー, アルジュン 152
デカルト, ルネ 44, 47, 52, 68, 125
デ・ベス, フェルデナンド・トリアス 205
テボノ, エドワード 205
デモクリトス 42
デューイ, ジョン 134, 166, 171
寺本義也 177
トヴェルスキー, エイモス 181
道元 125
戸田正直 148
ドミノピザ 84
トヨタ 93
トラウト, ジャック 80, 81, 84
ドラッカー, ピーター・F i, ii, 62, 69, 88, 115, 124, 136

な 行

中井孝章 161
中村桂子 48
中村雄二郎 48
ナポレオン 96
南場智子 10, 82, 116
新倉貴士 177
西山賢一 48
ニスベット, リチャード・E 175, 178
日本商業学会 29
日本消費者行動研究学会 19
日本電産 85
日本マーケティング学会 29
日本郵政 197, 233
ニュートン, アイザック 44, 57, 58, 232
沼上幹 27, 28
野家啓一 38
ノーマン, ドナルド 120
野口智雄 15
野村直樹 202
野村幸正 118

は 行

バーゲルマン,ロバート・A ……… 94
バーゴ,スティーブン ……… 219
ハーシュマン,エリザベス ……… 151
バートレット,フレデリック・C ……… 114
バーナード,チェスター・I ……… 178
バーニー,ジェイ・B ……… 78, 96
ハーバード・ビジネススクール‥ 2, 10, 13, 82, 115
バーレル,ギブソン ……… 222
バーワイズ,ジョン ……… 166
ハイエク,フリードリヒ ……… 48
ハイゼンベルク,ヴェルナー ……… 46
パインⅡ,B・ジョセフ ……… 152
パスカル,リチャード・T ……… 13, 119
長谷川啓三 ……… 192
バスカー,ロイ ……… 225
バックレイ,ウォルター ……… 222
浜田寿美男 ……… 118
原田保 ……… 177
春田真 ……… 10
バルマー,スティーヴ ……… 91
ハンソン,ノーウッド・R ……… 36, 39
日立製作所 ……… 22
ヒューム,デイビッド ……… 57, 151
平尾勇司 ……… 12, 110
ファイファー,ロルフ ……… 123
フィッツジェラルド,F・スコット ……… 228
フェデラル・エクスプレス ……… 88
フェファー,ジェフリー ……… 83, 110, 116
フェラン,カレン ……… 90
フッサール,エトムント ……… 124, 125, 154, 155, 158, 159, 160, 198
ブラーエ,ティコ ……… 36
プラトン ……… 42, 43, 49, 155
プラハラード,C・K ……… 218
フランクリン・コヴィー ……… 112
プリゴジン,イリヤ ……… 47, 50
ブルーナー,ジェローム ……… 102, 158, 166, 169, 199
ブルック,ハイケ ……… 111
フレーゲ,ゴットロープ ……… 169
フロイト,ジークムント ……… 125, 144
米国消費者行動研究学会 ……… 19
米国マーケティング学会 ……… 126
ベイトソン,グレゴリー ……… 49, 59, 96, 126, 164, 192, 196, 202, 223, 232
ベゾス,ジェフ ……… 15, 82, 103, 113
ベットマン,ジェームズ・R ……… 19, 20
ペティ,リチャード・E ……… 184
ベネトン ……… 93
ベルタランフィ,ルートヴィヒ・フォン ……… 55
ベルナール,クロード ……… 58
ペリー,ジョン ……… 166
ホイラー,エルマー ……… 81, 152
ボーア,ニールス ……… 42
ホーソン工場 ……… 61
ポーター,セオドア・M ……… 136
ポーター,マイケル・E ……… 80, 92, 93, 95
ホームプロ‥ i, iii, 3, 6, 7, 9, 80, 81, 84, 89, 90, 96, 103, 108, 110, 112, 113, 116, 119, 130, 158, 162, 181, 197, 207, 208, 210, 211, 212, 213, 214, 215, 233
ホール,エドワード・T ……… 175, 178
ボシディ,ラリィ ……… 109, 111
ボストン・コンサルティング・グループ(BCG) ……… 13
ホットペッパー ……… 11, 12, 108
ポパー,カール ……… 63
ホプキンス,クロード ……… 81
ポランニー,マイケル ……… 47, 133
ホルブルック,モリス ……… 151
ホンダ ……… 13, 14, 119, 218

索　引 **275**

本田宗一郎 …………………………………… 14

ま 行

マーケティングカンファレンス2014 ………… 29
マーレー，ウィリアムソン ……………… 94, 116
マイクロソフト ……………………………… 91
マクナマラ，ロバート ………… 155, 188, 194
マグレイス，リタ …………………………… 91
松井剛 ……………………………………… 161
マッキンゼー ………………………………… 10
松波晴人 …………………………………… 130
マッハ，エルンスト ……………………… 155
松本元 ………………………………… 48, 151
マリノフスキ，ブロニスワフ ………… 125, 163
マルクス，カール ………………………… 117
マンフォード，ルイス ……………………… 46
三品和広 …………………………… 79, 80, 95
水越康介 …………………………… 147, 206
三田進 ……………………………………… 181
南千惠子 …………………………………… 30
峰岸真澄 …………………………………… 108
ミルグラム，スタンリー ………………… 171
ミンツバーグ，ヘンリー ……… 84, 95, 109, 146, 177
メルロ＝ポンティ，モーリス ………… 160, 166
モーガン，ガレス ………………………… 222
モスフードサービス ………………………… 27
モバゲー …………………………………… 10
森下二次也 ………………………………… 76
モリス，チャールズ・W ………………… 169
森林太郎（森鷗外） ……………………… 37

や 行

安冨歩 ……………………………………… 104
矢野智司 …………………………………… 48
ヤフー ……………………………… 9, 108, 157, 209
山下裕子 …………………………………… 31

山田廣則 …………………………………… 114
ヤマト運輸 ……………… 81, 88, 93, 95, 110, 132
ユクスキュル，ヤーコブ・フォン …… 156, 198
ユング，カール・グスタフ ………… 218, 223
吉川悟 ……………………………………… 192
吉田満梨 …………………………………… 206
吉原英樹 …………………………………… 87

ら 行

ライズ，アル ……………………… 80, 81, 84
ライル，ギルバート ……………………… 99
楽天 ………………………………………… 157
ラザルス，リチャード ………………… 150
ラプラス，ピエール＝シモン ……………… 44
ラフリー，アラン・G ……………………… 90
ラマスワミ，ベンカト …………………… 218
ランド，ポール …………………………… 94
リーブス，ロッサー ……………………… 81
リクルート …… i , 3, 11, 12, 81, 108, 116, 132, 174, 197, 201, 233
リデル＝ハート，ベイジル …… 76, 77, 80, 98
リベット，ベンジャミン ………………… 143
ルーマン，ニクラス ……………………… 202
ルドゥー，ジョセフ ……………………… 150
ルメルト，リチャード・P ………… 79, 92, 94
レイヴ，ジーン …………… 121, 126, 132, 165
レイコフ，ジョージ ………………… 70, 123
レヴィ＝ストロース，クロード ………… 104
レヴィン，クルト ………………… 129, 166
レビット，セオドア ……………………… 227
レビンソン，ジェイ ……………………… 81
ローゼンツワイグ，フィル ……………… 138
ローマ・クラブ …………………………… 60
ロジャーズ，デービッド ………………… 78

わ 行

ワイク，カール ………………… 101, 106

若島孔文 192
渡辺格 47
ワツラヴィック，ポール 156, 166
ワトソン・シニア，トーマス 91
ワンダーマン，レスター 81

■事項索引■

欧　文

A／Bテスト 109
AIDMA 32
MBA 1, 2, 10, 82, 115, 176
PASONAの法則 128
R⇨STP⇨MM（4P）⇨I⇨C 16, 18, 91, 141, 151, 221, 228, 229
SMCRモデル 190

あ　行

アクション・リサーチ 129
アクチュアリティ 129
アナログ 195
アノマリー 180
アフォーダンス 124
アルプス遭難事故 106
アンカリング効果 181
アンケート調査 61, 122, 130, 138, 153, 208, 211
暗黙知 133, 231
一時的な競争優位 91
5つの競争要因 92
命がけの飛躍 22, 117
いまここ現象 151
「意味」の意味 198
意味の追求 198
癒しブーム 162
インディ・ジョーンズ／最後の聖戦 113
インテグレーティブ・シンキング 228
影響力の武器 32, 184

エスノグラフィ 125, 126, 130
エスノメソドロジー 127, 212
エフェクチュエーション 180
エポケー 154
エモーショナル・マーケティング 153
円環的因果律 58, 194, 211
オートポイエーシス 56, 122

か　行

解釈 54, 61
解釈学アプローチ 24, 28, 29, 221
解釈学的循環 23, 54
解釈主義 23, 24
会社の寿命 92
概念レンズ 207, 216, 229, 231, 232
快楽消費 152
科学革命 33, 36
科学的理解 119
学者の理論 139
学習 202, 219, 233
学習Ⅰ 203, 205, 206
学習Ⅱ 203, 205, 206, 207, 208, 213, 214, 215, 233
学習Ⅲ 204, 205, 233
学習Ⅳ 204
カクテル・パーティー現象 145
仮説設定 131
家族療法 61, 172, 192
渦中の心理学 118
過程 74, 114, 134
環境 165, 167, 210
還元論 52, 154, 165
間主観性（Intersubjektivität） 158, 159, 162, 188, 211, 223
感情（affect） 148
感情（feeling） 148
感情移入（自己移入） 159

感情ヒューリスティック............ 149, 182, 212
間身体性..................................... 160
環世界（Umwelt）................... 156, 198
間接経営戦略............................... 27
間接的アプローチ....................... 27, 77
完全合理的経済人......... 68, 116, 141, 186, 227
機械的世界観............................... 52
機械論......... 35, 41, 43, 44, 45, 46, 48, 49, 50, 68, 75, 141, 219, 222, 223, 224, 228
記号主義..................................... 120
記述的理論.................................. 229
キッチン・ストーリー................. 61
規範的理論.................................. 228
気分（mood）............................ 148
基本的帰属錯誤........................... 170
客観性.................................. 154, 159
客観世界.................. 155, 157, 198, 227, 228
客観の心理学.............................. 118
キューバ・ミサイル危機........ 115, 170, 227
共創........................ 16, 206, 208, 217, 218
競争戦略................................ 86, 93
共同主観性.................................. 158
共約不可能性.......................... 38, 39
近似的な理論......................... 221, 227
偶有性................ 24, 25, 27, 201, 202, 216
グッズ・ドミナント・ロジック....... 217
句読点（パンクチュエーション）....... 194, 195, 204
クラフト（工芸）........................ 95
クリスマス・ケーキ市場............. 161
グループ・ダイナミックス.......... 129
計画...... 74, 99, 100, 101, 104, 105, 106, 107, 109, 110, 112, 134
計画制御..................................... 104
経験価値................................ 143, 152
経験経済..................................... 152
計算主義..................................... 120

ケース・メソッド.................... 2, 216
結果................................. 74, 114, 134
結果（後知恵）バイアス............. 138
決定論........................ 44, 45, 47, 58
現象... 154
現象学.................................. 154, 161
現象学的還元.............................. 154
検証可能性............................. 62, 67
限定（された）合理性................. 68
限定合理的経営人......... 68, 141, 186, 227
行為についての省察（reflection on action）.... 134
行為の意図せざる結果.......... 27, 28, 62, 201
行為の中の省察（reflection in action）...... 133, 134
行為の理論.................................. 118
交換価値..................................... 191
高コンテクスト文化................... 175
講釈の誤り.................................. 119
構成主義..................................... 157
構成モデル.................................. 191
行動... 130
行動観察..................................... 130
行動経済学............................. 69, 229
行動モデル..... 186, 188, 199, 201, 207, 216, 229, 231
合理的な愚か者........................... 69
コミュニケーション..... 188, 189, 190, 191, 192, 193, 194, 195, 196, 199, 201, 202
コモディティ化............ 85, 88, 89, 107
語用論................................... 169, 199
コンティンジェンシー理論......... 176
コンテクスト..... 22, 23, 163, 164, 169, 170, 202, 204, 205

さ　行

13デイズ......................... 115, 116, 170, 188

サービス・ドミナント・ロジック……216, 217, 219
ザイアンス・ラザルス論争……………… 150
再帰性（reflexivity）………… 172, 211, 231
最少多様度の法則…………………………… 197
栽培された思考……………………………… 104
サイバネティクス……………………………… 55
雑音（ノイズ）……………………… 190, 194
サブリミナル効果…………………………… 145
ザルトマン・メタファー表出法………… 147
三現主義……………………………………… 157
視覚…………………………………………… 197
資源…………………………………… 96, 105
志向性………………………… 154, 167, 198
自己言及性…………………………………… 172
自己組織化……………………………………… 56
指示性（indexicality）…………………… 172
市場…………………………………………… 161
指針的理論…………………………………… 229
システム………………………………… 55, 56, 172
システム1（速い思考）…… 179, 180, 185, 186, 209
システム2（遅い思考）…… 179, 180, 183, 185, 186, 187, 209
持続的な競争優位…………………………… 91, 92
実行…… 74, 99, 100, 104, 105, 106, 107, 109, 110, 111, 112, 134
実証主義…………………………………… 23, 31
実践…………… 75, 114, 115, 132, 133, 134, 231
実践的転回…………………………………… 114
実践としての戦略（Strategy as Practice）…… 127
質的研究……………………………………… 135
自動運動現象………………………………… 158
死のテレビ実験……………………………… 171
社会構成（構築）主義……… 64, 65, 66, 67, 157, 158

住宅リフォーム市場………………… 162, 204
17世紀科学革命……………………………… 44
十二人の怒れる男…………………………… 159
周辺ルート………………………… 185, 186, 215
主観性……………………………… 158, 159, 188
主観的・相対的な合理性…………………… 69
主客一体………………… 61, 62, 129, 131, 142
主客分離…………………………………… 60, 129
熟考型戦略………………………… 95, 97, 100, 103
状況…… 163, 164, 165, 166, 167, 168, 170, 171, 173, 174, 176, 177, 207, 209, 210, 211, 213, 214, 231
状況的行為………………………………… 99, 105
状況的認知………………………………… 120
状況のコンテクスト……………………… 163, 199
状況の定義………………………………… 173
状況論……………………… 120, 121, 165, 199
正直シグナル……………………………… 193
使用者依存………………………………… 201
情動（emotion）………………………… 148
消費者行動オデッセイ…………………… 126
消費者情報処理理論…… 19, 30, 120, 141, 151, 167, 221
消費者選択情報処理モデル………… 19, 21, 186
情報エントロピー………………………… 196
情報の定義………………………… 196, 197
情報理論…………………………………… 196
ショッピングの科学……………………… 131
シンクロニシティ………………………… 218
新結合………………………………………… 233
人工知能……………… 104, 123, 131, 138, 167
真実の瞬間……………… 75, 206, 228, 229, 231
心身一如…………………………………… 125
身体性……………………………… 122, 199
身体論……………………………………… 122
真の不確実性………………………………… 98
数覚………………………………………… 209

スキーマ	201
スプリットテスト	109
生ある情報的世界（クレアトゥーラ）	223, 224, 225, 226, 228
生活空間	166
生活世界	155, 157, 227, 228
生気論	41
省察 (reflection)	132, 134, 231
省察的実践家 (reflective practitioner)	133, 134, 231
生成モデル	191
精緻化見込みモデル	184, 186
生なき物理的世界（プレローマ）	223, 224, 225
生命的世界観	52
生命論	35, 41, 43, 45, 46, 47, 48, 49, 50, 68, 141, 219, 222, 223, 224, 228, 232
ゼロ学習	202, 203, 205, 206
線形	48, 202, 225, 226
潜在連合テスト (IAT)	130
戦術	73, 76, 77, 78, 79, 80, 81, 82, 84, 85, 87, 88, 90, 98, 107, 134, 201, 216, 231
センスメーキング	101
全体論	50, 53, 165
選択盲	153
全知全能モデル	186, 187
千三つ	15
戦略	18, 73, 76, 77, 78, 79, 80, 81, 82, 83, 84, 85, 86, 87, 88, 89, 90, 91, 92, 94, 96, 97, 98, 107, 109, 110, 111, 134, 165
戦略化	85, 127
戦略的計画	96
戦略的直観	96
戦略の形成	94
相互作用 (interaction)	192
相互主観性	158
相互的な同調関係	160
相称的	195
創造された (invented) 現実	156
創造の適応	174, 214, 231
相対主義	66, 67
創発型戦略	95, 97, 100, 103, 107
相補的	195
ソマティック・マーカー仮説	149
孫子	27, 80, 89, 90
損失回避	183, 209

た　行

代表性ヒューリスティック	182
タイム・オブ・ウォー 戦争の十字架	77
対立物の相互浸透	173
対話＝学習モデル	199, 202, 207, 216, 219, 229, 231
対話モデル	191, 192, 194, 199
多元的現実	156, 201
多世界解釈	157
脱学習	204
短期療法	192
探検的マーケティング	132
単純接触効果	150, 181
違いを生む違い (a difference which makes a difference)	196, 197
知識創造	231
注意	151
中心ルート	184, 185, 186, 187, 199, 215
直線的因果律	58, 59
直感 (gut feeling)	146
直観 (intuition)	146
沈黙のことば	193
通常科学	36
通信モデル	189, 190, 192, 194, 229
通約不可能性	38
低コンテクスト文化	175
適応的無意識	144

デジタル... 195
デュエム・クワイン・テーゼ.................. 63
伝達モデル... 190
トイレ掃除... 85
導管モデル... 190
統合マーケティング・コミュニケーション..... 188
統合モデル................. 199, 206, 216, 229, 231
独我論（唯我論）................................. 159

な 行

二元論... 75
二項対立............................. 75, 134, 135, 222
二重過程モデル......................... 178, 184, 186
二重の学習................................... 133, 204
二重盲検法（二重マスク法）................. 62
日常の理論... 139
二分法... 222
ニュートン力学........................ 63, 221, 227
ニューロマーケティング........................ 147
認識の理論... 118
認知容易性... 181

は 行

パーソナルビュー........................... 120, 207
バーティカル・マーケティング....... 205, 206
バイアス.............................. 180, 185, 186
パターン認識................................ 155, 198
発見された（discovered）現実.............. 156
パラダイム............ 33, 35, 36, 37, 38, 41, 47, 125, 221, 222, 224, 229
バレンタイン・チョコレート市場.......... 161
ハロー効果.................................... 138, 181
反証可能性...................................... 63, 67
ピーク・エンド効果............................... 183
ピグマリオン効果........................... 173, 195
非決定論... 59

ビジネススクール.................... 1, 2, 10, 33, 82
非線形.............................. 45, 48, 202, 225, 226
ビッグデータ... 131
人はコミュニケーションしないではいられない（One cannot NOT communicate.）.. 192
批判的合理主義................................ 63, 64, 67
ヒューリスティクス......... 68, 149, 180, 185, 186
表象主義... 120
ファイブ・フォース分析.......................... 92
フィジビリ................................ 108, 130, 132
フォッグ・オブ・ウォー........................ 115
不確定性原理..................................... 45, 46
複雑系.. 202, 225
服従実験... 171
複数経路・等至性モデル（TEM）......... 118
物理帝国主義... 223
プライミング効果.................................. 181
プラグマティズム.................................... 25
プランB... 132
ブランド.. 162, 211
ブリコラージュ............................... 104, 105
フレーミング効果.................................. 182
フレーム問題................................ 104, 167
プロジェクトX　挑戦者たち.................. 95
プロスペクト理論................... 183, 197, 209
文化... 175
文化のコンテクスト.............................. 201
分析... 52
分析的思考... 176
文脈............. 22, 163, 164, 165, 166, 167, 168, 169, 174, 176, 177, 207, 209, 210, 211, 213, 214, 231
文脈原理... 169
文脈効果... 169
包括的思考... 176
報告（report）機能.............................. 193
ホーリズム.. 50, 53

ポストモダン・アプローチ................ 24, 28

ま 行

マーケティング遠視眼................ 228
マーケティング科学哲学論争........ 67
マーケティング科学論争.............. 66
マーケティング近視眼................ 227
マーケティング実在論争.............. 67
マーケティング戦略........ 18, 75, 80
マーケティングの神話...... 21, 24, 67
マーケティング・マネジメント...... 16, 17, 75, 229
マクロ........................ 70, 227
マトリックス........................ 146
ミクロ........................ 70, 227
3つの基本戦略........................ 93
ミラーニューロン.............. 160, 168
未来完了時制の思考................ 100
無意識............ 143, 144, 145, 147, 148, 150, 151
結び合わせるパターン（the pattern that connects）................ 232
命令（command）機能.............. 193
メゾ.................................. 70
メタ・コミュニケーション........ 193, 194, 208, 210, 214
メタファー................ 52, 70, 123, 147
メタ理論........................ 37, 62
メンタルモデル.................... 201
燃えよドラゴン.................... 146
物語的理解........................ 119

や 行

野生の思考........................ 104

柔らかい戦略...................... 105
柔らかな制御................ 104, 105
有益な誤解........................ 201
要素還元主義.................. 50, 52
予言の自己成就.............. 173, 194
弱い合理性........................ 69

ら 行

羅生門.................. 65, 102, 120
羅生門的現実.................. 65, 201
ラテラル・シンキング.............. 205
ラテラル・マーケティング...... 15, 205, 206
リアリティ........................ 129
リーン・スタートアップ.......... 132
理解.................................. 54
リスク（危険）..................... 98
理性............................ 68, 149
リフレーミング.................... 195
リフレクティブ・フロー...... 25, 26, 206
利用価値........................ 191
利用可能ヒューリスティック...... 182
量質転化の法則.................... 135
量子力学.............. 42, 62, 221, 227
量的研究.............. 135, 137, 138
理論.............................. 15, 36
理論負荷性........ 36, 37, 39, 64, 125, 207
臨床の知........................ 192
ロジカル・シンキング.............. 228
論理経験主義...................... 67
論理実証主義.............. 62, 64, 66

わ 行

ワクワク系マーケティング........ 153

■著者略歴

鈴木　隆（すずき　たかし）
大阪ガス株式会社　エネルギー・文化研究所　主席研究員。

京都府生まれ。東京大学法学部卒業後、大阪ガス株式会社入社。国際大学大学院国際関係学研究科修士課程修了。家庭用ガス機器の飛び込み営業で、3か月で150台とダントツの販売実績をあげる。社内起業により住宅リフォーム仲介サイト「ホームプロ」を立ち上げ、試行錯誤の末、国内利用実績No.1のサイトに育て上げる。株式会社ホームプロ代表取締役専務、日本郵政株式会社の事業開発部アドバイザー等を経て、現在は、大阪ガスのエネルギー・文化研究所で、マーケティングにおける理論と実践の統合を研究。京都光華女子大学短期大学部非常勤講師。
主な著書に、『リフォームを真剣に考える』（光文社新書、2004年）、*The Paradigm Shift in International Politics: An Analysis of Transborder Data Flows and the Pax Americana*（International University of Japan, 1989）などがある。

碩学叢書

マーケティング戦略は、なぜ実行でつまずくのか
実践のための新しい理論とモデルの探究

2016年2月15日　第1版第1刷発行

著　者　鈴木　隆
発行者　石井淳蔵
発行所　㈱碩学舎
　　　　〒101-0052　東京都千代田区神田小川町2-1　木村ビル10F
　　　　TEL 0120-778-079　　FAX 03-5577-4624
　　　　E-mail info@sekigakusha.com
　　　　URL http://www.sekigakusha.com
発売元　㈱中央経済グループパブリッシング
　　　　〒101-0051　東京都千代田区神田神保町1-31-2
　　　　TEL 03-3293-3381　　FAX 03-3291-4437
印　刷　三英印刷㈱
製　本　誠製本㈱
Ⓒ 2016 Printed in Japan

＊落丁、乱丁本は、送料発売元負担にてお取り替えいたします。
ISBN978-4-502-17701-9　C3034
本書の全部または一部を無断で複写複製（コピー）することは、著作権法上での例外を除き、禁じられています。